知行信创新管理丛书

产品经理实务

THE PLAYBOOK OF
PRODUCT MANAGER

成海清◎著

电子工业出版社
Publishing House of Electronics Industry
北京·BEIJING

图书在版编目（CIP）数据

产品经理实务 / 成海清著. —北京：电子工业出版社，2018.3

ISBN 978-7-121-33724-6

Ⅰ. ①产… Ⅱ. ①成… Ⅲ. ①企业管理－产品管理 Ⅳ. ①F273.2

中国版本图书馆 CIP 数据核字(2018)第 029634 号

责任编辑：刘露明

印　　刷：北京虎彩文化传播有限公司

装　　订：北京虎彩文化传播有限公司

出版发行：电子工业出版社

　　　　　北京市海淀区万寿路 173 信箱　　邮编 100036

开　　本：787×1092　　1/16　　印张：26.25　　字数：363 千字

版　　次：2018 年 3 月第 1 版

印　　次：2020 年 3 月第 6 次印刷

定　　价：79.80 元

凡所购买电子工业出版社图书有缺损问题，请向购买书店调换。若书店售缺，请与本社发行部联系，联系及邮购电话：(010) 88254888，88258888。

质量投诉请发邮件至 zlts@phei.com.cn，盗版侵权举报请发邮件至 dbqq@phei.com.cn。

本书咨询联系方式：(010) 88254199，sjb@phei.com.cn。

在创新驱动发展的新时代，

产品经理的专业性与数量，

很大程度上决定了企业能否高质量发展！

知行信研发与产品创新管理体系（RDIM™）框架

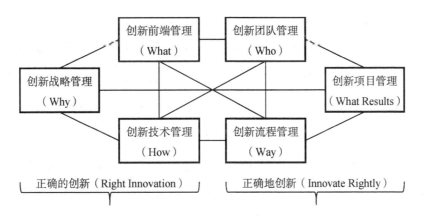

知行信 4D 创新流程

本书概要

本书是作者 10 余年产品创新管理研究、咨询与培训实践的倾力之作，是具有完整自主知识产权的面向科技企业产品经理的实践操作手册。本书介绍的所有产品创新管理方法和工具均经过知行信顾问团队 10 余年的产品创新管理体系建设咨询实践验证，是适合科技创新型企业学习和应用的。

本书主体内容包括创新战略管理、创新前端管理、产品开发管理和产品交付管理四大产品创新管理阶段的主要创新方法与工具，涵盖产品经理在产品全生命周期管理应知应会的主要内容。本书还介绍了企业应该如何选拔和培养产品经理，产品经理应该如何循序渐进地采取行动以实现职业生涯梦想。

本书特别适合高科技企业负责或参与复杂产品开发的产品经理、产品总监、首席产品官、产品开发团队成员及公司中高层管理者阅读。复杂产品开发普遍具有开发投入大、开发周期长、开发风险高、开发管理难等特点，需要产品经理"严肃地玩"。传统生产型企业、服务型企业及互联网企业等有意实施产品经理制度的企业也可从本书中获取很多真知灼见。本书对创业团队开发和上市首款成功的创新产品也非常有帮助。对产品经理职位感兴趣的各界人士也可参阅本书。

本书还可以作为参加国家外国专家局国际产品经理认证（NPDP）考试学员的实务参考书。

期待本书成为产品经理的操作手册，为产品经理洞察客户需求，开发精品产品，创造卓越绩效保驾护航。

致　谢

任何人类进步的取得，都是基于前人的工作。一本书籍的写作，更是与前人的工作及周边亲友的关心与支持密不可分的。

首先，要感谢各位导师，是他们的指导和教诲使我逐步走上了创新管理实践、研究和咨询之路。他们分别是复旦大学的项保华教授（原任教于浙江大学）、天津大学的李敏强教授、深圳现代计算机公司的顾学道教授及浙江大学的吴晓波教授。

其次，要感谢引领我走上创新管理研究之路的多位高人。正是他们让我体味到了"书中自有颜如玉"，"书中自有黄金屋"。他们分别是管理学大师彼得·德鲁克、新产品开发管理知名学者库珀教授，以及一位中国读者或许还不太了解的南非独立咨询顾问 Tony Manning。

再次，我要特别感谢 10 余年来为我们提供服务机会的咨询客户和培训学员。正是他们的支持和配合，让我们有了验证各种创新方法和工具的平台。在与咨询客户和培训学员的相互交流之中，我也收获颇丰，这就是所谓的"教学相长"。

在此，我还要特别感谢清华大学的陈劲教授、中国科学院大学的孙玉麟教授及大连外国语大学的刘立教授。正是他们的支持、帮助和鼓励，才使我在创新管理研究和实践之路上一路前行，矢志不渝。

我还要感谢知行信的各位咨询顾问，可以说本书是知行信同人共同研究和实践的结晶。

最后，我要感谢家人无微不至的关爱和对我阶段性"沉湎"于书籍写作的宽容！

目　录

知行信研发与产品创新管理体系（RDIM™）框架

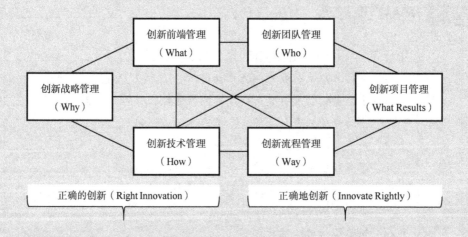

产品经理首先要对产品创新管理体系有系统的认识，要有全局观，要理解企业如何才能持续开发出成功的创新产品，要把握住产品创新的关键成功要素。知行信RDIM™体系六大子系统是产品经理"应知"的主要内容。

在对产品创新管理体系有系统认识的基础上，产品经理要基于自身能力水平，循序渐进地系统学习和掌握主要的产品创新管理方法，通过持续的新产品开发项目实践，逐步成长为合格的产品经理、优秀的产品经理、卓越的产品经理。

产品经理的行动准则：知而行，行有信！

第一章
产品与产品经理

知者行之始，行者知之成：圣学只一个功夫，知行不可分作两事。

——［明］王阳明

本章主要帮助产品经理对产品、产品创新、产品创新管理及产品经理自身角色有正确的认识，为后续学习各种产品创新管理方法奠定基础。

第一节，什么是产品。产品经理要认识到产品是客户愿意花钱购买的任何东西，产品是客户满足需求的手段，产品是企业赚钱的工具。

第二节，什么是产品创新。产品经理要认识到企业要由运营驱动走向创新驱动，要认识到企业最重要的创新是产品创新，而不是技术创新、管理创新或商业模式创新。产品经理要认识到产品创新具有开发周期长、开发投入大、开发风险高、开发管理难等特点，要对产品创新工作的复杂性、艰巨性和长期性有深入的认识与充分的思想准备。

第三节，如何进行产品创新管理。产品经理要理解只有转变创新观念、建立创新体系、培育创新人才，才能开发精品产品，实现持续成功的创新。

第四节，如何培养产品经理。产品经理要理解产品经理职位在企业中的重要性，要对产品经理的角色与职责有正确的认知，要有强烈的使命感和责任心。产品经理要评估自己是否具备强烈的企业家精神，是否具备必要的创新能力，是否有效掌握了主要的创新方法。产品经理要从"应知应会"出发，在新产品开发项目实践中系统学习和掌握各种必备的创新方法。

第一节 什么是产品

产品是客户满足需求的手段，
产品是企业赚钱的工具，产品好才是真的好！

> **❓ 产品经理思考**
>
> （1）什么是产品？企业有产品吗？
>
> （2）企业有明确的产品概念和分类定义吗？有效性如何？
>
> （3）企业有专门的部门（专人）负责产品管理吗？管理的有效性如何？

一、产品是客户愿意花钱购买的任何东西

产品包括有形实物、软件、无形服务，以及集成了有形实物、软件和无形服务的解决方案等。简而言之，产品是客户愿意花钱购买的任何东西。只要客户愿意花钱购买，只要客户认为值，不管有形还是无形，不管是硬件还是软件，不管是单一实物还是产品包，都是产品。

从图 1-1 可以看出，华为公司针对企业客户的产品既有路由器、交换机等有形产品，也有云操作系统等软件产品，还有咨询和评估等服务产品，也包括电子政务、智能城市等行业解决方案产品。

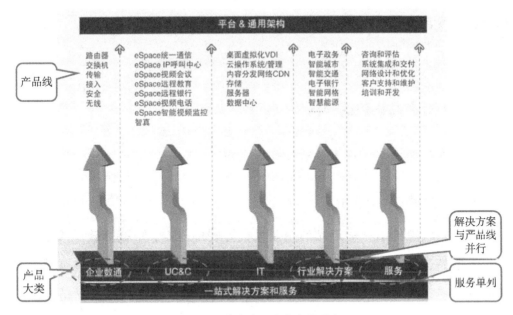

图 1-1 华为公司企业产品列表

产品是可以重复销售的标准化的东西。企业为什么要做可规模化生产的商品，而不做完全个性化的艺术品？主要原因是企业要实现规模经济性，要以客户能够接受的价格销售产品。

（一）产品的主要特点

产品有如下主要特点：

（1）产品是标准化的，可以重复销售，可以卖给尽可能多的人。比如苹果公司的 iPhone 手机就是全球单一产品销量最大的产品。

（2）允许在标准化的基型产品的基础上做适当的个性化订制，或者推出多款大同小异的系列产品，以适当满足客户的个性化需求。比如客户可以定制不同动力、颜色、外观、内饰及安全配置的汽车等。

（3）大规模订制是未来产品开发的主流方向。单一产品很难取得很大批量的销售量（苹果公司的 iPhone 手机是个例外），完全个性化的产品很难赚钱。**大多数企业做产品要在完全标准化与完全个性化之间取得平衡，在较高**

标准化的基础上提供个性化订制。平台化开发、模块化设计是实现大规模订制的有效方法。

（二）对产品认识的误区

对于产品的认识，很多企业存在以下误区。

1. 不认为软件是产品

一些做软硬件结合的产品的企业只核算硬件成本，不核算软件成本，软件作为赠品送给客户。这样导致企业内部做软件开发的部门没有成就感，难以衡量这些部门的绩效。还有一些做纯软件的企业，也不认为自己是在做产品，而是在做项目。每做一个类似项目，都当成全新项目去做，都重新写代码，导致重复工作量大、项目交付周期长、质量问题多、客户满意度低，回款周期长，企业赚钱难。其实，软件也是一种产品，软件也应该产品化、标准化，也应该核算成本，进行定价。即使对客户的报价中不体现软件价格，在企业内部也应该有部门之间的交易价格。比如微软公司的 Windows 操作系统、Word 和 Excel 等办公软件都是产品，都定价销售。

2. 不认为服务是产品

由于服务的无形性，导致很多企业不认为服务是产品，未能将服务产品化，未能将服务定价进行单独销售。比如一些做安防系统的企业，销售给客户的产品过了保质期还需要进行维护。一些企业要么继续无偿提供维护服务，要么不再进行维护。其实，这些企业可以对保质期后的产品或系统的维护服务进行定价，提供有偿服务。这样既可以为公司带来收入，也可以提高客户满意度，甚至可以带来后续的重复销售、交叉销售或引荐销售机会。

3. 不认为解决方案是产品

一些提供集成服务的企业只是在做项目，为不同客户提供不同的解决方案，甚至将个性化的解决方案当成公司的核心竞争力。这样做的结果往往是项目交付周期长、交付质量差、客户满意度低、企业利润率低。其实，解决方案也是产品，企业要设立解决方案经理，将解决方案产品化，在标准化产品的基础上再针对客户的实际需要进行适当的个性化，实现大规模订制。这样做既提高了公司的规模经济性，也满足了客户的个性化需求，双方皆大欢喜。

 产品经理行动

请参照华为公司企业产品列表画出自己企业的产品列表。

二、产品是客户满足需求的手段

客户购买企业的产品，不是为了拥有产品本身，而是希望产品能够满足自己的需求，或者产品能够解决自己的问题。对于客户而言，不能满足自己需求的产品就不是好产品。购买钻机的客户需要的是在墙上打出符合自己需要的孔，而不是拥有钻机本身。去酒店住宿的客人需要的是舒舒服服地睡个好觉，而不是为了欣赏酒店精美的装修。

（一）对产品"自以为是"的认识误区

对于产品的认识，很多企业存在以下"自以为是"的误区。

1. 技术越先进，产品就越好

一些企业喜欢宣传产品炫酷的"黑科技"（如手机），认为产品技术含量越高，客户就会越喜欢。

2. 功能越多，产品就越好

一些企业的产品患了功能疲劳综合征，产品虽然堆砌了很多功能，但是客户并不"感冒"。比如某品牌汽车厂商曾经宣传其电子驾驶系统有 300 多项功能，客户每天学习一项功能都要将近一年才能掌握这些功能，而这些功能对于汽车驾驶者而言到底有多大意义呢？

3. 性能参数越高，产品就越好

一些企业盲目追求产品的某些性能参数（如手机摄像头像素、汽车百公里加速时间），将很高的性能参数作为产品的主要卖点。这样做，大幅增加了产品成本，却并不一定能讨客户欢心。

4. 质量越好，产品就越好

一些企业将产品质量简单理解为结实、耐用、摔不烂。比如某手机厂商将手机从 10 层楼摔下来也不会烂作为产品卖点，难道客户买手机是用来摔的？现代社会，质量主要是指客户需求的满足度。客户满意的产品，质量就好；客户不满意的产品，质量就不好。

5. 价格越便宜，产品就越好

一些企业的领导者还是采用"制造思维"在做创新，期待通过尽可能降低产品成本，以低价竞争获得客户和市场。须知，对于客户而言，价格是相对价值而言的。客户认为不值的产品，价格再便宜客户也不会购买；相反，客户认为超值的产品，价格贵一些客户也会购买。客户做出购买决策是基于价值／价格的权衡，"值得"才会买，"不值得"就不会买。企业靠低价作为竞争优势的年代已经一去不复返了！这也能解释苹果公司的 iPhone 手机价格很贵，但是在全球卖得最多；而一些"山寨"智能手机不到 1 000 元，买的人却很少。

6. 越有卖点，产品就越好

一些企业人为制造一些卖点并大肆宣传，但是客户却无动于衷。只有客户看重的"卖点"才是真正意义上的卖点。客户不看重的所谓卖点其实只是噱头，根本无法打动客户。

7. 个性化订制越多，产品就越好

一些企业非常强调产品的个性化，认为产品的个性化程度越高，客户就会越喜欢。其实，个性化也要适度。首先，个性化的功能或性能要被客户真正看重才有意义，客户不看重的个性化只是增加产品成本而已。其次，产品个性化程度太高，通常成本也会很高，产品的稳定性、可靠性会下降，产品的交付周期通常也会很长。比如劳斯莱斯就是纯手工订制的奢侈汽车，非常小众，企业整体盈利能力与奔驰、宝马等汽车厂商相比不可同日而语。

8. 价格越贵，产品就越好

一些产品故意定高价，期望客户在高价格与高品质之间画等号，期望通过高价吸引客户购买，其结果往往适得其反，"曲高和寡"。其实，高价格不一定意味着高品质，低价格也不一定意味着低品质，关键是产品的价格要与其价值匹配，价格要大部分目标客户都愿意接受。

（二）客户购买产品的决策原则

总体来说，客户购买的是价值，而不是产品。对于客户而言，贵与不贵是相对于"值"与不值而言的。大多数情况下，客户都是基于值或不值的权衡做出理性购买决策的。

（1）物超所值，购买。

（2）物值相符，可买可不买。

（3）物不符值，不买。

产品经理行动

企业存在上述一个或多个对产品认识的误区吗？如有，请列出误区项及改进措施。

三、产品是企业赚钱的工具

对于客户而言，产品是满足需求的手段。对于提供产品的企业而言，产品则是企业赚钱的工具。企业只有通过销售产品赚到钱之后，才有可能将利润的一部分继续投入新产品的开发。这样，企业才能走上持续成功创新的良性循环之路。

从图 1-2 中可以看出，企业首先要洞察客户需求，然后通过创新开发出满足客户需求的产品，客户确认企业的产品可以满足自己的需求后，就会支付购买费用给企业。这样，企业就创造了财富。可以看出，创新是源于客户需求，终于客户满意的。在洞察客户需求和满足客户需求之间所做的所有工作都可以认为是创新的。

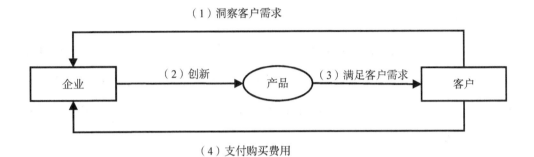

（1）洞察客户需求

企业　（2）创新→　产品　（3）满足客户需求→　客户

（4）支付购买费用

图1-2　企业-产品-客户之间的逻辑关系图

管理大师德鲁克认为，企业存在的目的就是创造客户。德鲁克的下面这段话很好地阐述了企业是如何创造客户、如何创造财富的：

> 做企业的，推出一项新产品、新服务或新流程，要满足客户未被满足的需求或潜在的需求，创造出新的客户满意。客户有新的所得，才会从不买到买，从买得少到买得多，或者愿意付出比过去更高的价格。这反映在企业的收入和利润上，就是创造了新的财富。

在通过什么赚钱方面，不同的企业有不同的认识。正是这些认识上的不同，导致企业的经营理念不同，最终企业发展的可持续性和经营业绩也差距悬殊。理念决定决策，决策决定行动，行动决定结果。

以下是一些企业在赚钱理念方面的一些误区。

1．通过政策赚钱

一些企业主要利用各级政府的优惠政策、补贴、资金支持赚钱。一旦这些补贴减少或取消，企业很快就陷入经营困境。常年的"输血"，导致这些企业缺乏"造血"功能，缺乏市场竞争力。现在，很多地方政府对企业的帮扶逐步由"授人以鱼"改为"授人以渔"，通过政府购买专业机构服务的方式帮助企业提升管理能力、创新能力。

2．通过融资赚钱

一些企业主要通过一轮又一轮的融资活着，一旦融不到资，这些企业很快就倒下。没有受客户欢迎的、有市场竞争力的产品支撑的所谓"独角兽企业"、"明星企业"迟早是要原形毕露的。泡沫不管怎么吹，不管吹多大，总有破灭的那一天。

3．通过商业模式创新赚钱

一些企业不关心产品本身，甚至不清楚产品到底是什么，期望通过所谓的商业模式创新获取回报。很多O2O、电子商务企业及一些餐饮等传统企业，制造一些很时髦的概念，利用融资"跑马圈地"，很短时间内做到了较大规模，但由于产品本身客户不能接受，在 2~3 年内又轰然倒下，比如互联网+洗车、网上卖二手手机、共享充电宝等。

4．通过模仿赚钱

中国改革开放 40 年来，很多企业通过模仿赚到了钱。一些企业简单模仿甚至抄袭知名企业的产品，将性能做到知名企业的 70%~80%，价格做到知名企业的 1/3，赚到了第一桶金。但是，面向未来，这些企业的生存会越来越困难。一是法律对知识产权的保护越来越强，模仿企业的违法成本越来越高；二是消费者对产品品质和企业品牌越来越看重，越来越不愿意购买模仿企业的产品。

5．通过低成本赚钱

通过低成本赚钱曾经是中国大多数制造型企业崛起的原因，也是现在这些企业陷入困境的原因。在产品过剩时代，消费者越来越趋向购买较高价位的高品质的少量产品，而不是购买大量的低价低质产品。一味地降成本的企业是很难有出路的，这些企业转型升级的根本出路是自主创新。

6. 通过宣传赚钱

一些企业期望通过一段时间广告大规模的"狂轰滥炸"实现快速增长。短期来看，这些企业的销售量会有一定的增长，但从中长期看，主要还是取决于产品本身的市场竞争力。产品不好，广告的效果只会昙花一现，很多曾经是电视中"标王"的企业都不复存在了。产品好，适度的广告投入是锦上添花；产品不好，广告投入再多最后也是打水漂。须知，品牌最终不是靠广告宣传出来的，而是靠消费者口口相传积累来的。产品自己会说话！

 产品经理行动

自己所在的公司主要通过什么赚钱？是否存在赚钱理念的误区？请列出并提出改进措施。

本节小结

（1）**产品是客户愿意花钱购买的任何东西。**有形产品、无形服务、软件和解决方案等都是产品。产品有全标准化的，也有部分标准化、部分订制的。基于平台的系列化产品开发和大规模订制是现代企业有效的产品开发与管理方法。

（2）**产品是客户满足需求的手段。**能满足客户需求的产品才是好产品，不能满足客户需求的产品就不是好产品。客户购买的不是产品本身，而是价值。"值得"是客户购买产品的理由。给客户交付物有所值甚至物超所值的产品是企业的不懈追求。

（3）**产品是企业赚钱的工具。**企业存在的目的是创造客户，企业创造客户的手段是产品。企业的产品只有得到了客户的认可才有可能产生收益。将企业赚钱的手段寄托在产品以外的方面最终都是"浮云"，产品好才是真的好！不忘初心，方得始终！

第二节　什么是产品创新

技术创新是手段，管理创新是基础，

商业模式创新是补充，产品创新是目标。

❓ 产品经理思考

（1）公司主要领导主要抓哪些事情？应该重点抓这些事情吗？为什么？

（2）公司重视产品创新吗？有何具体体现？

（3）公司对产品创新的复杂性有深入理解和认识吗？公司能持续高效地进行产品创新吗？

一、由运营驱动走向创新驱动

企业是营利性组织，不盈利的企业是"罪恶"的企业，盈利能力弱的企业是缺乏市场竞争力的企业。企业亏损意味着企业耗费了很多社会资源却没有创造出应有的价值，企业盈利能力弱说明企业管理水平低。长期亏损或盈利很少的企业会导致以下后果：

（1）企业倒闭或只是形式上存在。

（2）企业没有足够的资金投入面向未来的研发与创新。越投资未来，就越有未来；越不投资未来，就越没有未来！

（3）企业难以吸引和留住优秀人才。

企业需要通过做好两件事实现持续盈利，实现持续、健康、快速地成长，这两件事就是创新和运营（见图 1-3）。

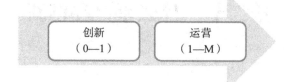

图 1-3　企业经营的两件事

企业通过有效创新做出好卖的产品，通过有效运营将好卖的产品卖给尽可能多的人，实现预期投资回报目标，实现预期盈利目标。创新做的是 0—1 的工作，运营做的是 1—M 的工作[M 可以理解为很多（Many），也可理解为赚钱（Money）]。**没有 0—1，就没有 1—M！**因此，创新是企业成长的发动机，发动机不转或转得不好，企业是不可能持续生存和发展的。

为了实现持续生存和发展，企业应该从运营驱动走向创新驱动。有以下观点与大家分享：

1. 企业领导者关注什么，企业就会成为什么

企业领导者关注销售，企业就会成为销售驱动的公司；企业领导者关注生产，企业就会成为成本驱动的公司。

2. 产品过剩时代只有创新驱动的企业才能持续生存和发展

销售驱动和成本驱动最终导致的结果就是企业之间陷入同质化竞争，利润率低，难以持续生存和发展。

3. 企业领导者只有关注创新才能真正把握企业的命运

企业通过持续洞察客户不断变化的需求，进而开发和交付满足客户需

求，甚至超出客户期望的创新产品，才能从激烈的市场竞争中脱颖而出，走向成功与卓越。首席执行官只有成为首席创新官、首席产品官，企业的命运才真正掌握在自己手里。

产品经理行动

请列出公司主要领导日常时间分配比例，思考时间分配的合理性及优化方向。

二、企业最重要的创新是产品创新

创新有技术创新、流程创新、制度创新、文化创新、商业模式创新等很多种，但对于企业而言，最重要、最根本的创新是产品创新，而不是技术创新或商业模式创新等。各类创新应服从和服务于产品创新，通过产品创新创造客户，获取投资回报（见图1-4）。

企业通过研发新技术实现产品功能，满足客户需求，因此技术创新是手段；企业通过建立和遵循规范的研发与产品创新管理体系，保证企业有效、高效、持续、成功地创新，因此管理创新是基础；企业通过各种可能的商业模式，将产品低成本地卖给尽可能多的人，因此商业模式创新是补充。企业的技术创新、管理创新和商业模式创新等最终通过产品创新开发和交付满足客户需求，甚至超出客户期望的产品，实现预期的创新投资回报。一个企业如果技术很好、管理很好、商业模式也很好，就是产品不好，这样的企业能够持续存活吗？

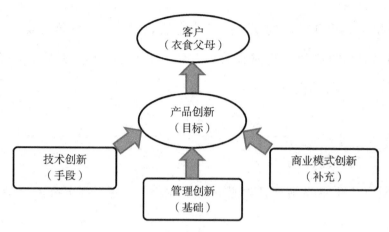

图1-4 企业各类创新之间的关系

在对各类创新的认识上，很多企业存在以下误区。

1. 过度偏执于技术创新

一些企业进行公司介绍时，非常喜欢介绍以下内容：公司是国家高新技术企业，是国家级（省级、市级）技术中心（工程中心）企业，有多少发明专利、"黑科技"、硕士博士，与哪些知名高校院士合作，等等。甚至有的企业将技术先进与产品卓越画等号，声称"技术这么先进，难道产品还不好吗？"须知，技术再先进，如果不能用于产品，或者虽然用于产品，但实现的产品功能或性能不是客户所看重的，那么，这样的技术对客户而言毫无意义，对企业而言也只是浪费创新资源。摩托罗拉的铱星项目就是典型的技术偏执，在耗费几十亿美元以后不但项目没有取得商业化成功，曾经如日中天的公司也走向衰落。

2. 过度热衷于管理创新

一些公司的高层管理者热衷于引进各种时髦的管理理论，在公司发起一场又一场组织变革运动。比如有的公司将主要用于体力劳动者的管理方法用于知识工作者，将公司划分为多个自负盈亏的小单元，公司内部各部门之间都是买卖关系，导致公司员工日常工作中花费大量时间算账，公司也很难集中资源做大事。还有一些公司的领导者不断"发明"各种管理理论，这些管理理论经常见诸媒体，也有不少企业管理者到这些公司"游学"、取经，但是这些公司的创新产品却很少见诸市场。有家过于重视管理理论创新的集团公司的销售人员每天要花半天的时间填写和提交各种报表，跑业务的时间反倒很少。管理固然非常重要，但是管理一定要有效和高效。如果为了管理而管理，企业很可能会走向官僚和低效。

3. 过度看重商业模式创新

与 2000 年全球网络泡沫非常类似，最近几年中国的互联网泡沫也大行其道。互联网思维、互联网+、O2O、P2P、PPP、"风口的猪"等新名词、新概念层出不穷，互联网企业一时风光无限。一些没有加上互联网概念的企业都感到低人一等，或者唯恐即将被时代所淘汰。其实，互联网只是工具，产品好才是真的好！比如网上订餐短期或许能提高餐厅的销售额，但长期来看，餐厅的出品才是制胜之宝。很多 O2O 企业靠融资活着，钱烧完了，企业也就倒闭了。这些昙花一现的企业很多只关注商业模式创新，不关注产品本身，甚至要做什么产品也没有想清楚。潮退了，就知道谁在裸泳。潮，一定是会退的！

 产品经理行动

公司最重视哪些创新？哪些创新重视不够？如何调整关注的重点？

三、产品创新的主要特点

真正意义上的产品创新不是简单的模仿或抄袭，而是具有较大的创新性。纵观国内外企业的产品创新实践，我们发现科技企业产品创新具有如下主要特点。

1. 开发周期长

真正具有创新性的新产品开发，从创意产生到新产品上市的周期一般为1~3年，短的也需要6个月以上。复杂程度高一些的新产品开发，如医疗器械的开发，加上临床检测可能需要5年以上。不确定性高的新产品开发，如药品开发等，可能需要10年以上。开发周期越长，不确定性越大，所谓"夜长梦多"。因为开发周期长，客户需求可能会发生变化，竞争对手会推出同类新产品，外部环境会发生变化，企业内部的人员也可能会有流动。在当今的信息社会里，谁都很难预料3年之后会发生什么。

2. 开发投入大

从事新产品开发工作是很"奢侈"的事，资金投入最少几十万元，一般的项目需要投入几百万元，大一些的项目可能需要投入上千万元，芯片、操作系统及药品等开发可能需要投入上亿元甚至数十亿元。新产品开发的资金投入主要包括人员费用、设备费用及差旅费用等。从创意到立项分析阶段的投入主要集中在市场研究方面；开发测试阶段的投入主要集中在开发团队的薪酬、样品制作及测试设备投入等方面；上市阶段的投入主要集中在批量生产、市场营销及销售等方面。随着新产品开发的进行，越往后面的阶段走，资金投入越大。比如，一款医疗器械产品的开发在市场研究阶段的投入可能只需要50万元，开发阶段的投入可能需要500万元，而上市阶段的投入可能需要5 000万元。

3. 开发风险高

从某种意义上说，新产品开发就是一场高风险的赌博。国际最佳实践的研究表明，优秀的公司每 4 个新产品创意有 1 个取得商业化的成功；比较差的公司每 10 个新产品创意只有 1 个取得成功；平均来看，每 7 个新产品创意才有 1 个取得商业化的成功。新产品的创新性越高，失败的风险越大。而且，失败的新产品项目的损失需要靠成功的新产品项目去弥补。因此，创新型企业要追求比较高的利润率，以应对创新失败风险。越到新产品开发的后期，企业投入越大，所以越到后期应该风险越小。

4. 开发管理难

新产品开发与企业其他职能性事务不同，很难由一个部门独立完成。很多企业认为新产品开发是研发部门的事。实际上，研发部门离开了市场部门、采购部门、生产部门、财务部门、销售部门及服务部门等的配合，是很难成功地开发出一款新产品的。传统的组织模式认为，分工越细，效率越高。这对生产企业可能比较合适，因为这些企业所做的事情重复性很高，不确定性比较低。但是，新产品开发创新性很强，不确定性很高，如果没有多个部门紧密配合，是很难取得理想结果的。现实情况是，很多企业的"部门墙"很厚，研发部门与其他职能部门之间沟通和配合很不理想。一些部门认为新产品开发与本部门没有太多关系，认为只是给研发部门帮忙，有空的时候就帮一下，没空的时候就顾不上了。职能部门之间的沟通和协作障碍，为新产品开发管理工作带来了很大的难度。

产品创新的以上特点，决定了产品创新管理是企业各类管理任务中挑战最大、复杂度最高的管理任务之一。企业必须有效地管理产品创新，通过持续开发和上市成功的创新产品，实现企业的可持续发展。

产品经理行动

公司的产品创新也具有以上特点吗？公司应该采取哪些有效措施和方法应对产品创新的挑战？

本节小结

（1）**由运营驱动走向创新驱动**。创新是从 0 到 1，运营是从 1 到 M。面向未来的企业要由运营驱动走向创新驱动，首席执行官要成为首席创新官、首席产品官。

（2）**企业最重要的创新是产品创新**。技术创新是手段，管理创新是基础，商业模式创新是补充，产品创新是目标。企业通过产品创新满足客户需求，实现投资回报。

（3）**产品创新的主要特点有开发周期长，开发投入大，开发风险高，开发管理难等**。产品创新管理是企业最重要又最难管理的部分，非常考验企业领导者的耐心、毅力和智慧。

第三节　如何进行产品创新管理

建立高效创新体系，实现持续成功创新。

产品经理思考

（1）公司能持续成功创新吗？

（2）公司有系统、完整、科学、高效的产品创新管理体系吗？

（3）公司有足够数量、足够专业的创新人才吗？

只有持续成功创新的企业才能持续存活、持续成长。因此，追求永续经营的企业都必须能够持续成功创新。转变创新观念、建立创新体系、培育创新人才是企业持续成功创新的三大关键要素（见图 1-5）。

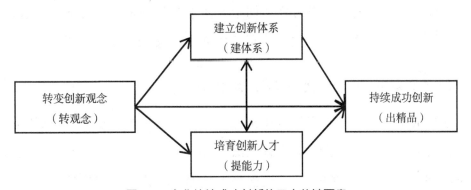

图 1-5　企业持续成功创新的三大关键要素

创新观念不正确的企业不可能持续成功创新；创新观念正确但缺乏系

统、完整、科学、高效的产品创新管理体系的企业也不可能持续成功创新。观念正确、体系规范，但缺乏足够数量、足够专业的创新人才的企业还是不能持续成功创新。因此，创新型企业需要转观念、建体系、提能力，这样才能持续出精品，实现持续成功创新。

一、转变创新观念（转观念）

观念决定决策，决策决定行动，行动决定结果。企业领导者，特别是企业一把手的创新观念对企业的生存和发展往往有着决定性的影响。**过去成功的经验可能成为今后失败的原因**。势易时移，变化宜焉！

以下是笔者 10 多年与上百家大中型科技企业高层管理者深入交流后总结的大多数企业需要转变的十大创新观念。

1. 由商人转变为企业家

商人是机会主义导向，什么赚钱就做什么，缺乏做好一件事情的定力和耐性，虽然有时也能赚到一些钱，但很难成就一家伟大的公司。而企业家是要成就一番事业的，目标是将一件事做到极致，赚钱往往是"副产品"、是很自然的事。企业家善于抓住机会，但不是机会主义者。企业家的典型特质是敢于冒险、善于创新。华为公司创始人任正非就是企业家的典型代表。任正非在创业早期曾说，华为要立志成为大企业，赚钱不是最重要的。

2. 由以老板为中心转变为以客户为中心

一些企业的新产品开发流程图的第一步是"老板提出创意"，也就是说，如果老板不提出创意，后续工作就无法开展。一些企业的员工的行为准则是"面向老板，屁股对着客户"，唯老板马首是瞻。随着公司规模的扩大，老板的时间、精力越来越分散，老板很可能成为公司发展的瓶颈。创新型企业要由以老板为中心转变为以客户为中心，"客户就是老板"！以客户为中心进行创新，以客户为中心进行决策，以客户为中心进行组织模式优化，以客户为中心进行流程设计。以客户为中心，再错也错不到哪儿去；不以客户为中心，再对也对不到哪儿去。须知，客户是企业的衣食父母，客户是创新之母，创造客户是企业存在的目的。

3. 由运营驱动走向创新驱动

运营驱动关注销售，关注低成本；创新驱动关注客户需求，关注创新产品的开发和上市。创新是从 0 到 1，运营是从 1 到 M。从 0 到 1 做不好，从 1 到 M 就好不到哪儿去。企业高层管理者要从日常运营细节中走出来，要走向客户，去洞察创新机会。首席执行官要成为首席创新官、首席产品官。

4. 由技术人员创新走向全员创新

很多高新技术企业的创新工作是研发部的事，其他部门只是有空时帮帮忙。研发部门只是技术实现部门，不可能独立开发出伟大的产品。创新不是研发部的事，创新是全公司的事。创新型企业应成立跨职能团队进行创新，充分发挥各职能部门的专业优势，实现持续成功创新。创新型企业应该在全公司营造积极的创新氛围，应该"人人创新，事事创新，时时创新，处处创新"。

5. 由模仿走向引领

模仿只是企业起步期的阶段性战略选择，不应该成为企业的长期战略。长期模仿的企业将失去创新动力与创新能力，最终极有可能走向衰亡。中国手机市场上曾经风光一时的模仿者基本上都不知所踪，而智能手机的引领者苹果公司则继续独步全球。在竞争全球化和知识产权保护越来越严格的今天，模仿战略的有效性将越来越有限。有志于成就卓越的企业应该由模仿走向引领，由跟随者走向领导者。

6. 由区域走向全球

在全球化竞争日益加剧的今天，成为区域市场的领先者已经意义不大了，只有成为全球市场领导者才会有持续的竞争力。主动走向国际市场，进而走向全球市场是国内市场领导者的成长路线图。主动走向国际市场主要有两大好处：一是可以扩大市场空间，实现持续增长目标；二是可以与全球领先企业同台竞技，学习全球领先企业的经营理念与管理方法，提升企业经营管理水平。华为公司正是在国内取得领先地位后，主动走向国际市场，成长为在全球 170 多个国家和地区都有业务的全球性企业，2017 年营业收入达到 1 000 亿美元。

7. 由经验式管理走向规范化管理

一些企业的日常管理过度依赖老板，即使一些年营业收入在 20 亿元以上的上市公司的日常管理也是老板"一支笔"，老板事无巨细地参与公司各个方面、各个层面的日常工作。老板不发号施令，公司就无法有效运转。我经常通过一个度假设想来让企业老板测试自己企业的规范化管理水平，即老板关掉手机、不收发邮件，失联多久公司能不乱。有的老板说，不能超过一星期，有的不能超过两星期，很少有能超过一个月的。规范化管理能将老板等高层管理者从日常事务中解脱出来，面向未来探寻战略性的成长机会。同时，老板尽可能少地参与日常运转，也能有效地培养团队。创新型企业要通过规范端到端的管理流程，将能力建立在组织上，由人治走向法治。对于较大规模的企业，看起来无所事事的老板是最好的老板，成天疲于奔命的老板其企业前景堪忧。

8. 由个人英雄走向团队卓越

在知识经济时代，单打独斗的个人英雄已经很难成功了。创新型企业要将个人能力转变为组织能力，要由个人英雄走向团队卓越，要培育明星团队而不是明星员工。任何一款复杂产品的开发都不是任何一个个人可以胜任的，即使某个人可以独自完整地做出一款新产品，日趋紧迫的上市周期也不容许其慢慢来。密切配合的跨职能团队应成为创新型企业的标准组织模式。

9. 由商业模式创新走向产品创新

商业模式回答的是如何低成本地快速销售产品，其前提是产品本身必须真正畅销。因此，应先做好产品，再卖好产品，而不能本末倒置。再炫、再酷、再时髦、再前卫的商业模式，如果没有有市场竞争力的产品支撑，终将昙花一现，走向衰亡。在咨询实践中，如果一家企业的老板不停地谈论其商业模式如何如何好，而且这些商业模式很新奇难懂，但绝口不提产品，我将尽可能远离这样的老板。如果一家企业的老板详细地向我介绍客户的需求和痛点，介绍产品开发的规划和思路，我会由衷地尊重这位老板，并且期望提供力所能及的帮助。

10. 由多元化走向精准化

一些企业年营业收入几亿元就宣称自己是集团公司，有四五个事业部，甚至有上十家二级企业，就开始向产业链上下游扩张，就开始在多个行业领域进行投资。这些企业的前景堪忧，因为三五年之后，这些企业可能哪一块也做不好。在强者如林、竞争日趋激烈的市场环境下，一家企业聚焦一个领域都不一定能够胜出，何况同时涉足多个领域呢？**企业有效的战略应该是少而精、精而准，要聚焦、聚焦、再聚焦！**要像华为公司那样，坚守"主航道"，涉足极少的业务领域，采取"针尖战略"，实施"饱和攻击"，"不受任何非战略机会诱惑"。

产品经理行动

公司是否存在上述创新观念误区？如何转变？请列出具体措施。

二、建立创新体系（建体系）

卓越的创新体系带来卓越的创新产品，卓越的创新产品带来卓越的创新绩效。相反，如果创新绩效不好，就要反思是否缺乏好的创新产品。如果缺乏好的创新产品，就要反思是否缺乏有效的创新体系（见图1-6）。

图1-6 创新体系-创新产品-创新绩效之间的逻辑关系

按照以上逻辑，企业可以一步一步地对自身的创新能力进行评价，对存在的主要创新管理问题进行诊断。

（一）评价企业创新绩效

评价企业创新的绩效，要从结果反推原因。我们可以从"多、快、好、省"4个方面评价企业的创新绩效。"快、好、省"主要是创新项目层面的创新绩效评价指标，而"多"则是公司层面的创新绩效评价指标。对于创新型企业而言，"快、好、省"的创新项目越"多"，企业的创新绩效就越好（见图 1-7 ）。

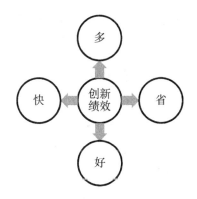

图 1-7　企业创新绩效评价的 4 个方面

表 1-1 对创新绩效的 4 个方面进行了具体描述，企业可以通过与主要竞争对手对比，对创新绩效进行"卓越、良好、一般、较差、很差"5 级评价。

表 1-1　企业创新绩效评价表

序号	创新绩效评价的主要方面	卓越	良好	一般	较差	很差
（1）	多：在近 3 年，由新产品贡献的营业收入和利润占总体收入和利润的比重高吗？					
（2）	快：公司新产品开发和上市的速度比主要竞争对手更快吗？					
（3）	好：公司开发的新产品能满足客户需求，甚至超出客户期望吗？					
（4）	省：公司新产品的综合成本比主要竞争对手的同类产品的成本更低吗？					

如果 4 个方面评价均为"一般"及以下，说明企业的创新绩效需要大幅改善，否则企业将缺乏市场竞争力；如果 4 个方面评价均为"良好"或"卓越"，说明企业具有较强的市场竞争力，可以通过对创新体系的持续优化和改进，保持领先地位。

（二）评价企业产品竞争力

如果企业创新绩效不够好，直接的原因是缺乏卓越的创新产品。我们可以从"客户、竞争、企业和社会"4 个方面评价企业产品的竞争力（见图 1-8）。

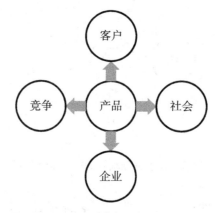

图 1-8　企业产品竞争力评价的 4 个方面

表 1-2 对企业产品竞争力评价的 4 个方面进行了具体描述，通过与主要竞争对手比较，企业可以对产品竞争力进行"卓越、良好、一般、较差、很差" 5 级评价。

表 1-2　企业产品竞争力评价表

序号	产品竞争力的主要方面	卓越	良好	一般	较差	很差
1	客户方面：满足客户需求，甚至超出客户期望					
2	竞争方面：具备竞争特色，不会轻易被模仿或追赶					
3	企业方面：具有高附加值，产品生命周期长					
4	社会方面：符合安全、健康、环保等法律、法规及标准要求					

如果某款产品或某类产品的竞争力评价的 4 个方面都是"一般"或以下，说明产品缺乏市场竞争力，不可能有良好的市场表现；如果产品竞争力评价的 4 个方面都是"良好"及以上，那么产品将有较好的市场竞争力，能够取

得符合预期的销售业绩。

产品竞争力评价方法不仅可以用于事后评价，反思产品上市后销售业绩不理想的主要原因，更应该用于事前评价，即在产品规划和开发过程中多次在以上 4 个方面评价产品，确保 4 个方面的评价均为"良好"及以上，这样就能预测成功。相反，如果产品上市前 4 个方面有一个或多个方面评价为"一般"及以下，则要么整改产品，要么及时终止产品上市。比如，某产品在竞争方面评价为"很差"，即基本上没有难以模仿的竞争特色，那么即使强行上市，其结果也是面临激烈的同质化竞争，陷入打价格战的困境，最终难以实现预期的投资回报。

如果企业创新绩效总是不好，产品总是缺乏市场竞争力，那么就要系统反思企业产品创新管理体系的有效性了。

（三）评价企业创新能力成熟度（ICMM^{TM}）

通过 10 余年的持续深入研究和咨询实践，知行信顾问团队总结出了一套具有自主知识产权的研发与产品创新管理体系（Research and Development and Innovation Management，RDIM^{TM}）。RDIM^{TM}体系融合了门径管理体系（Stage-Gate System，SGS）、集成产品开发体系（Integrated Product Development，IPD）、产品生命周期优化方法（Product And Cycle-time Excellence，PACE）及美国产品开发管理协会（Product Development and Management Association，PDMA）的新产品开发专业人士认证体系（New Product Development Professional，NPDP）的精髓，具有系统性、完整性、针对性和实操性等特点。10 余年来，RDIM^{TM}体系在不同地域、不同行业、不同规模、不同发展阶段、不同管理素养的 200 多家科技企业中广泛应用，验证了其适应性与有效性。

RDIM™体系分为六大子系统，每个子系统又分为若干管理模块。我们将 RDIM™ 体系的六大子系统总结为 5W1H。其中，创新战略管理、创新前端管理和创新技术管理主要回答如何"做正确的事"，即如何做"正确的创新（Right Innovation）"；创新团队管理、创新流程管理和创新项目管理主要回答如何"正确地做事"，即如何"正确地创新（Innovate Rightly）"（见图 1-9）。

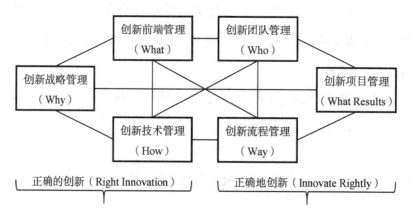

图 1-9　研发与产品创新管理体系（RDIM™）框架

知行信顾问团队基于 RDIM™ 体系开发了企业创新能力成熟度评价模型 ICMM™（Innovation Capability Maturity Model），将企业创新能力成熟度分为不规范、有规范、有效和高效 4 级。创新型企业可以据此对自身产品创新管理体系的规范性和有效性进行评价（见图 1-10）。

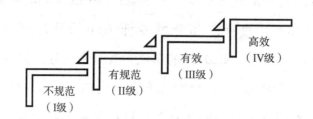

图 1-10　知行信企业创新能力成熟度评价模型（ICMM™）

表 1-3 对企业创新能力成熟度的 4 级进行了具体描述，企业可以对照该

评级标准对自身的创新能力成熟度进行评价。

表 1-3　企业创新能力成熟度（ICMM™）评级描述

评　　级	名　　称	描　　述
I 级	不规范	主要是经验式管理,项目质量及项目成功率主要取决于个别核心人员的经验、能力和责任心
II 级	有规范	形成了基本的创新管理规范,但规范本身科学性不够,规范的实施不够严格,项目质量及项目成功率很大程度上还取决于个别核心人员的经验、能力和责任心
III 级	有效	形成了比较系统和科学的创新管理规范,项目运作以创新管理规范为依据,依据规范运行能重复取得项目的成功,对个人的依赖较少
IV 级	高效	公司能够根据实际需要不断优化创新管理体系,对创新管理体系进行版本管理,项目质量及项目成功率基本上不取决于某个人。公司无论是在创新成果还是创新管理方面都是行业学习的标杆

　　知行信顾问团队对 RDIM™ 体系的六大子系统分别进行了创新能力成熟度描述（详见本书最后的附录 A）,企业可对照描述将自身评级填入表 1-4。

表 1-4　企业创新能力成熟度评价表

	I 级（不规范）	II 级（有规范）	III 级（有效）	IV 级（高效）
创新战略管理				
创新前端管理				
创新技术管理				
创新团队管理				
创新流程管理				
创新项目管理				
整体水平				

　　在对六大子系统分别进行评级的基础上,可以对企业创新能力成熟度整体水平进行评级。如果单个子系统或整体评级为 I 级或 II 级,说明企业创新能力成熟度低,基于这样的产品创新管理体系难以持续开发出精品产品,难

以持续取得卓越创新绩效；如果各个子系统或整体评级为 III 级或 IV 级，说明企业创新能力成熟度高，基于这样的产品创新管理体系能够持续开发出精品产品，能够持续取得卓越创新绩效，能够实现持续成功创新可复制。

　　"偶然成功是运气，持续创新靠体系"！建立和持续优化产品创新管理体系是企业首席产品官的主要职责。

产品经理行动

　　公司的创新绩效符合预期吗？公司的产品具有很强的市场竞争力吗？我们具有系统、完整、科学、高效的产品创新管理体系吗？我们应该重点改善哪些方面？如何改善？

三、培育创新人才（提能力）

　　建立起系统、完整、科学、高效的产品创新管理体系非常重要，这是企业持续开发精品产品、持续实现卓越创新绩效的基础。但是，光有好的创新体系，缺乏足够数量、足够专业的创新人才，创新体系无法有效运转，创新绩效目标也无从实现。对于期待实现持续成功创新的企业而言，创新体系是基础，创新人才是保障！有方法，还要有能利用方法将活干好的人。

　　知行信顾问团队在 10 多年的创新咨询与培训实践中，总结出"1+6"创新人才培养体系，帮助创新型企业系统地培养企业持续成功创新所需要的各类创新人才（见图 1-11）。

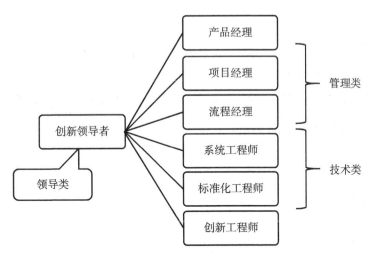

图 1-11 "1+6" 创新人才培养体系

知行信"1+6"创新人才培养体系将创新人才分为领导类、管理类和技术类 3 类。须知，**创新人才不只包括技术人才，创新领导人才和创新管理人才也是非常重要的创新人才，甚至比技术人才更重要。**

（1）**领导类**：主要是指企业职能部门负责人以上的管理者。对公司创新投资回报负总责的首席产品官（Chief Products Officer，CPO）是重点培养对象。

（2）**管理类**：包括产品经理、项目经理和流程经理 3 类关键创新人才。产品经理在各大创新型企业中普遍稀缺，是重点培养人才。

（3）**技术类**：包括系统工程师、标准化工程师和创新工程师 3 类创新人才。系统工程师和标准化工程师是重点培养对象。系统工程师是对产品或产品线整体技术负责的人，与产品经理密切配合。标准化工程师是进行企业技术知识标准化和被重用的骨干技术人才。

产品经理行动

公司具有足够数量、足够专业的上述 3 类创新人才吗？哪些创新人才需要重点培养？如何有效培养？

四、持续成功创新（出精品）

转观念、建体系、提能力，出精品！如果企业树立起了正确的创新观念，建立起了高效的创新管理体系，培养出了足够数量和足够专业的各类创新人才，就能够源源不断地开发出精品创新产品，实现持续成功创新可复制。只有能够持续成功创新的企业才能持续、健康、快速地成长。

从表 1-5 中举的例子可以看出，非常弱小的企业，如果能够持续成功创新，就有可能成为世界级企业，比如华为。非常强大的企业，如果不能持续成功创新，就有可能走向衰亡，比如朗讯。由此可以看出，小企业要持续成功创新，才能存活和发展；大企业要持续成功创新，才能持续保持领先地位。持续成功创新是所有企业持续存活和持续成长的必然选择。

表 1-5　能够（不能）持续成功创新的企业举例

持续成功创新因而持续成长的企业	不能持续成功创新走向衰亡的企业
• 苹果	• 诺基亚（手机业务）
• 谷歌	• 朗讯
• 华为	• 北电
• 爱立信	• 阿尔卡特

续表

持续成功创新因而持续成长的企业	不能持续成功创新走向衰亡的企业
• 腾讯	• 柯达
• 亚马逊	• 戴尔（电脑业务）
• 奔驰	• 摩托罗拉（手机业务）
• ……	• ……

下面我们将首先分析导致企业产品创新失败的根本原因，然后概要介绍企业持续成功创新 4D 流程，最后分享企业如何走向持续成功创新。

（一）导致企业产品创新失败的根本原因分析

先找失败根源，再寻成功之道！失败的根本原因找到了，解决问题的对策也就明朗了。企业经营失败主要是两方面的原因：一是产品本身不好（从 0 到 1 的创新工作没做好），二是产品卖得不好（从 1 到 M 的运营工作没做好）。如果是产品卖得不好，主要从订单获取和订单交付等方面找原因，重点改善营销管理和生产运营管理；如果是产品本身不好，需要再深入分析导致产品本身不好的根本原因（见图 1-12）。

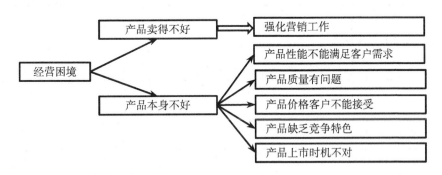

图 1-12　企业经营失败原因分析

基于 10 余年的创新咨询服务经验，我们总结了导致产品本身不好的 5 个方面的主要原因，并在此基础上进一步分析了产生这 5 个方面问题的更深层次的原因（见表 1-6）。企业可以基于这些问题及原因分析，对照找到企业需要重点解决的创新问题及解决这些创新问题的主要方法。

表1-6　分析导致产品本身不好的根本原因

主要原因方面	根本原因（请在相应框内打"√"）	需要学习的主要创新方法
1. 产品性能不能满足客户需求	☐ 1.1 未能有效了解客户需求 ☐ 1.2 客户需求未能有效转化为产品定义 ☐ 1.3 技术不能实现客户需求 ☐ 1.4 开发过程管理有效性低 ☐ 其他原因：	
2. 产品质量有问题	☐ 2.1 技术不过关 ☐ 2.2 开发过程管理有效性低 ☐ 其他原因：	
3. 产品价格客户不能接受	☐ 3.1 产品成本太高 ☐ 3.2 产品定价策略有误 ☐ 其他原因：	
4. 产品缺乏竞争特色	☐ 4.1 产品本身没有特色 ☐ 4.2 产品本身有特色，但很容易被模仿和超越 ☐ 其他原因：	
5. 产品上市时机不对	☐ 5.1 产品上市太早 ☐ 5.2 产品上市太晚 ☐ 其他原因：	
6. 其他原因	☐ ☐ ☐	

对照表 1-6，企业可以基于根本原因，明确需要学习和掌握的主要创新方法。比如导致产品创新失败的第一个原因是产品功能／性能不能满足客户需求，而产品功能／性能不能满足客户需求的根本原因又包括 4 个方面，其中第一个方面是未能有效了解客户需求。对应地，企业需要学习和掌握的创新方法就是如何有效了解客户需求。

（二）企业持续成功创新 4D 流程

对照以上产品创新失败原因分析，下面我们从端到端的流程视角简要讨论在每个创新阶段需要学习和掌握的主要创新方法。

知行信产品创新管理 4D 流程（见图 1-13）具有如下主要特点。

图 1-13　产品创新管理 4D 流程

（1）**4D 流程是基于客户需求的创新流程**。创新法则：源于客户需求，终于客户满意。

（2）**4D 流程是端到端的创新流程**。4D 流程包括创新战略管理、创新前端管理、产品开发管理、产品交付管理 4 个阶段，涵盖产品全生命周期的各个阶段：从摇篮到坟墓。

（3）**4D 流程的不同创新阶段分别由不同的创新团队主责管理**。创新战略管理阶段由产品规划团队主责，创新前端管理阶段由产品管理团队主责，产品开发管理阶段由产品开发团队主责，产品交付阶段由产品生命周期管理团队主责。公司首席产品官总体负责所有产品的全生命周期管理，产品线经理负责相应产品线的全生命周期管理。

4D 创新流程的每个阶段又可以分别分为多个子阶段，每个子阶段需要创新团队分别完成多项创新任务。每项创新任务的完成质量直接影响了最终产品的质量和产品的成功。因此，各个创新子阶段的各项创新任务都需要创新团队按时、按质、按量完成。公司首席产品官可组织公司管理团队成员审视表 1-7，看看哪些任务完成得好，哪些任务需要重点改善。

表 1-7　4D 创新流程各阶段的主要创新任务

4D 流程阶段	子阶段	主要创新任务
第一阶段 创新战略管理	1. 企业创新战略决策	☐ 产品线梳理 ☐ 现有产品线决策 ☐ 新产品线决策 ☐ 创新资源分配
	2. 产品线战略规划	☐ 产品线战略目标制定 ☐ 产品平台规划 ☐ 产品线规划 ☐ 年度新产品、新技术开发计划制订
	3. 产品差异化战略定位	☐ 目标客户定位 ☐ 客户价值定位 ☐ 商业模式定位
第二阶段 创新前端管理	4. 新产品创意激发	☐ 创新氛围营造 ☐ 突破性新产品创意激发 ☐ 新产品创意评审 ☐ 新产品创意管理
	5. 新产品概念开发	☐ 优化新产品概念 ☐ 评审新产品概念 ☐ 管理新产品概念
	6. 项目立项分析	☐ 市场研究 ☐ 客户需求研究 ☐ 产品定义 ☐ 概念测试 ☐ 项目可行性分析 ☐ 项目决策评审

续表

4D 流程阶段	子阶段	主要创新任务
第三阶段 产品开发管理	7. 设计开发	□ 系统设计 □ 详细设计 □ 单元开发 □ 集成测试 □ 系统测试
	8. 测试矫正	□ 现场测试 □ 市场测试 □ 产品矫正 □ 小批量试产 □ 上市准备
	9. 上市管理	□ 小规模上市 □ 规模上市 □ 产品生命周期管理准备 □ 产品上市后总结
第四阶段 产品交付管理	10. 产品生命周期管理	□ 持续销售 □ 订单交付 □ 服务 □ 促销 □ 产品改进与升级 □ 产品系列化 □ 制订退市计划
	11. 产品退市管理	□ 执行退市计划 □ 产品退市后总结

（三）如何走向持续成功创新

客户需求、市场环境、竞争对手、政策法规等都在持续变化，企业要通过持续成功创新和持续适应变化，实现持续存活和持续成长。创新型企业如何走向持续成功创新？笔者有以下体会与各位创新领导者交流。

1．企业领导者要具有强烈的企业家精神

企业领导者要有将一件事做到极致的理想、恒心和毅力，不要以短期赚钱为导向，要持续投资未来。企业家要敢于冒险，善于创新。有再好的创新体系、再多的创新人才，如果企业领导者缺乏企业家精神，这样的企业是不可能长久的。正如华为公司所主张的：高层要有使命感，中层要有危机感，基层要有饥饿感。

2．要借助外脑建立起系统、完整、科学、高效的产品创新管理体系

专业的外部咨询机构主要有两大价值：结构化的知识和推动组织变革的能力。看几本书、听几次课、从知名企业挖几个人，是很难建立起规范的产品创新管理体系的。产品创新管理体系建设需要高层领导者的洞察力和意志力，需要中基层骨干的学习能力和执行能力。在建立产品持续管理体系 1.0 版本的基础上，企业要严肃执行和持续优化产品创新管理体系，确保产品创新管理体系适应公司发展的需要。

3．要系统培养各类创新人才

创新型企业首先要明确企业层面对产品创新投资回报负总责的人，要任命首席产品官。如果公司暂时没有合适的人胜任首席产品官职责，公司董事长、总经理应该主动承担起首席产品官的职责。其次，公司要重点培养对各条产品线的投资回报负责的产品（线）经理，要确保在产品全生命周期都有人对客户需求和产品的投资回报负责。最后，要根据公司发展的需要，及时培养足够数量、足够专业的各类创新人才。

4．要践行"干中学"

企业家在创新实践中日渐成熟，创新体系在创新项目运用中持续优化与

完善，创新人才在创新实践中持续成长与提高。实践是最好的老师，善于总结、持续改善的企业是最有前途的。日积月累，止于至善！

 产品经理行动

公司主要是产品卖得不好，还是产品本身不够好？导致产品本身不够好的根本原因是什么？我们应该重点学习哪些创新方法？我们如何才能实现持续成功创新？

本节小结

（1）**转变创新观念**。企业高层管理者特别是一把手的观念对企业的发展有着决定性的影响。正确观念源于实践、借鉴、总结、感悟。谦逊与坚毅是卓越领导者的两大共同品质。自负与机会主义是企业持续成功创新的大敌。巨变时代呼唤企业家精神，企业家是社会最宝贵的财富。企业家精神的核心特质是敢于冒险，善于创新。

（2）**建立创新体系**。基于系统、完整、科学、高效的产品创新管理体系才能实现企业持续成功创新可复制。基础不牢，地动山摇。创新体系建设既需要体系化的最佳实践，也需要强力推动组织变革。创新体系建设对企业高层管理者的胆识、智慧和毅力都是巨大挑战。创新体系建设是企业持续、健康、快速成长必须做的事，哪怕有千难万险，也要勇往直前。

（3）**培育创新人才**。创新人才不只是技术人才，领导人才和管理人才同等重要。要任命和培养对公司整体创新投资回报负责的首席产品官，要培养各条产品线的专业的产品经理，要系统培养足够数量、足够专业的各类创新人才。人才是企业最宝贵的财富，企业要善待人才、培养人才、用好人才。

（4）**持续成功创新**。持续成功创新既是创新型企业的不懈追求，也是企业持续存活的基本要求。转观念、建体系和提能力是企业实现持续成功创新的关键抓手。

第四节　如何培养产品经理

产品经理的专业性和数量，很大程度上决定了创新型企业的未来。
得产品经理者得"天下"。

❓ 产品经理思考

（1）公司有产品经理职位吗？公司需要产品经理吗？为什么？

（2）产品经理的主要职责有哪些？我们应该选拔什么样的人担任产品经理？

（3）产品经理应知应会的内容有哪些？我们应该如何有效培养产品经理？

在客户基本需求已经满足、全球化市场竞争日益加剧、低端产能严重过剩、低价战略不再有效的今天，产品经理这一角色对于企业的前途和命运的关键作用日益显现。对于创新型企业而言，提出"得产品经理者得'天下'"亦不为过。对于企业而言，本文"天下"这个词的主要含义包括生存空间、盈利水平、市场份额、行业地位等。产品经理是企业夺取"天下"、稳固"天下"的关键角色。从某种意义上讲，一个企业能做多强、能做多大、能活多久，很大程度上取决于企业有多少名卓越的产品经理。

本节将从产品经理的角色与职责、胜任素质与能力要求、选拔与培养等方面比较系统地介绍产品经理这一职位，帮助企业有效地选拔和培养足够数量、足够专业的产品经理，持续开发出成功的创新产品，实现企业持续、健康、快速地成长。

一、企业为什么需要产品经理

过去 30 年，很多中国企业依靠模仿和低成本赚到了第一桶金，发展到了一定规模，甚至有些企业发展成为细分市场的领先者。但是，随着客户基本需求的满足，很多行业出现了严重的产能过剩。低质、低价、大批量、同质化的产品很难再找到足够的客户，企业迫切需要进行供给侧改革，实现高质量发展。面向未来，大多数企业需要从运营思维向创新思维转变，要将企业核心竞争力培育从制造与销售向研发与创新转变，要从制造型企业走向创新型企业！

创新型企业需要自己面对市场，自己洞察客户需求，自己决定做什么产品，而不能跟在领先者后面简单模仿。而**产品经理正是"洞察客户需求，开发精品产品"的关键角色**。企业缺乏专业的产品经理通常会在创新流程的不同阶段出现多种症状（见表 1-8）。

表 1-8 企业产品经理缺失的典型症状

创新流程阶段	产品经理缺失的典型症状
创新战略管理	（1）公司创新方向、目标和重点不清晰，创新资源分配不明确，"拍脑袋"决策多，公司创新资源投资回报不理想 （2）产品线缺乏有效规划和管理，没有做到"上市一代、开发一代、规划一代" （3）产品没有真正意义上的差异化，同质化竞争严重
创新前端管理	（1）平庸的新产品创意很多，突破性的新产品创意很少 （2）对客户需求了解不系统、不深入、不完整，不正确，很多项目匆忙上马 （3）项目可行性分析不严谨，半途而废的项目很多
产品开发管理	（1）开发过程中产品需求变更频繁，边了解需求、边开发技术、边开发产品，很多项目要么延期上市，要么中途夭折 （2）产品上市无人计划和管理，很多产品仅仅开发出样机就"结束战斗"了，成为"独生子"产品

续表

创新流程阶段	产品经理缺失的典型症状
产品交付管理	（1）没人对产品上市绩效进行管理，哪个产品盈利、哪个产品亏损不清楚
	（2）盈利产品不能有效延长生命周期或系列化，不能有效提升总体利润
	（3）亏损产品不能及时终止或退市

有以上症状的企业还是在用"制造思维"创新，营销部门和研发部门之间缺乏一个系统搜集和管理客户需求的"产品管理部门"。很多企业还是营销中心"告诉"研发中心做什么产品。企业认为产品很重要，企业想通过产品赚钱，大家都很忙，但没有人对产品的成败负责！这看起来是一个笑话，但在很多企业却是现实（见图 1-14）。

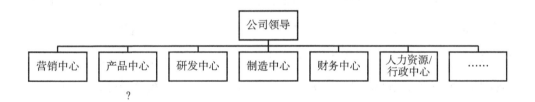

图 1-14　很多企业组织结构中缺乏产品管理部门

由上可见，创新型企业普遍迫切需要设立产品管理部门，任命专职的产品经理对每条产品线进行端到端的产品全生命周期管理。

产品经理行动

我们公司有产品经理吗？我们公司需要设置产品管理部门和产品经理职位吗？为什么？

二、产品经理的角色与职责

产品经理是从事产品规划和管理工作的人员的统称，基于管理幅度的不同，产品经理可以有不同的名称（见表 1-9）。

表 1-9　产品经理头衔与管理幅度

产品经理头衔	管理幅度
产品经理	管理一款产品或一条产品线
产品线经理	管理一条或多条相似产品线
产品总监	管理多个产品品类，或者管理一个事业部的所有产品
首席产品官（CPO）	管理一家企业多个事业部的所有产品组合

随着产品经理能力的增强，管理产品的幅度不断增大，职位也不断提升，这其实也正是产品经理的职业生涯规划。有些企业可能会有解决方案经理这样的角色，负责整合公司的多条产品线形成一个产品包，为某类行业客户提供整体解决方案。其实，解决方案也是产品，解决方案经理也是产品经理的一种。

（一）产品经理的三大核心角色

从本质上看，产品经理是产品全生命周期的守护者（见图 1-13）。产品经理主要有三大核心角色：

（1）**客户代言人**。在企业内部，产品经理代表客户的需求与利益，企业以客户为中心也就是要以产品经理为中心开展工作。产品经理必须**比客户自己还了解他的需求**。也就是说，客户说出来的需求产品经理必须知道，**客户没有说出来的、没有想到的、没有预期的需求产品经理也必须洞察到**。洞察客户需求是产品经理最基本，也是最核心的职责。苹果公司创始人乔布斯就是一位卓越的客户隐性需求的洞察者。

（2）**产品全生命周期守护者**。产品经理负责产品的端到端管理，产品经理要做的工作是"100-X"。也就是说,产品成功需要做好的工作是100,团队其他成员做了X,剩下的工作必须由产品经理做好。**创新型企业必须确保在任何时间、任何地点,都有人随时对产品的成功负责**。这个人就是产品经理。

（3）**产品的迷你 CEO**。产品经理是产品的总经理,对产品的上市成功负责,对产品的投资回报负责。创新型企业设立产品经理制度,选拔和培养多名产品经理的主要目的就是要培养多名小总经理,将企业由只有一个"孙悟空"（老板）变为拥有多个大大小小的"孙悟空"（产品经理）。有些企业产值增长到几亿元之后很难再上台阶的一个主要原因就是企业只有一个"孙悟空"——老板。由于时间、精力和学识等的限制,老板不可能亲自管理多条产品线,不可能所有新产品创意都来自老板! 企业的产品创新过度依赖老板的结果就是老板成了企业持续快速发展的瓶颈。如果一个公司有 10 个产品经理,每个产品经理每年都能为企业创造 3 亿元的营业收入,那么企业年收入不就到了 30 亿元吗?

（二）产品经理的主要职责

基于以上产品经理的角色定位,产品经理的主要职责如下:

（1）组织产品线规划,负责产品线管理,对产品线经营结果负责。

（2）负责新产品创意激发、搜集、管理和评审。

（3）负责新产品概念开发、测试、完善和评审。

（4）组织市场研究工作。

（5）洞察客户需求。

（6）组织产品定义工作。

（7）组织项目可行性分析工作,提交立项分析报告。

（8）在新产品开发过程中验证客户需求,管理需求变更。

（9）组织新产品上市管理工作。

（10）负责产品生命周期管理工作,组织产品退市管理工作。

产品经理行动

我们公司有不同层面的产品经理吗？产品经理在公司是什么样的角色？产品经理能够真正履行以上职责吗？为什么？

三、产品经理的胜任素质与能力要求

大家明白了创新型企业为什么需要设立产品经理职位，也明白了产品经理的角色定位与主要职责，下一个问题就是要选择什么样的人培养成产品经理。从知行信 10 余年的创新咨询实践看，产品经理培养是一个低成功率的工作。因此，选拔合适的人进行培养就显得尤为重要。当然，多选择一些人进行培养也能增加产品经理培养的成功概率。

从胜任素质的角度看，**产品经理最核心的胜任素质是具有企业家精神**，也就是具有从 0 到 1 的精神。产品经理实际上是企业的内部创业者，其工作要么在现有产品的基础上，对现有产品进行改进和完善，或者开发出新的系列产品；要么负责一条全新的产品线，组织开发和上市对于企业而言甚至对于整个世界而言是全新的产品。因此，产品经理要乐于面对不确定性，要敢于冒险，要善于创新。**产品经理一定要有对做成一件别人没做过（突破型创新）或别人没做好（重大改进型创新）的事情的持续激情与耐心！**

在具有强烈的企业家精神的基础上，具有以下能力能够更好地帮助产品经理走向成功：

（1）快速学习能力。

（2）想象力与创造力。

（3）领导能力。

（4）有效沟通能力。

（5）愈挫愈奋能力。

产品经理行动

作为产品经理，我具有强烈的企业家精神吗？以上产品经理的胜任素质，我符合哪些方面？哪些方面需要重点加强？有何具体的改善措施？

四、产品经理的选拔与培养

产品经理最好的获取途径是选拔内部员工进行培养。从外部招聘或从同行"挖人"的做法效果不会太好。一是当前市场上优秀的产品经理本来就奇缺，很难找到；二是即使好不容易挖到了一个，也可能由于文化、制度等原因而水土不服，中途夭折。有些企业老板说产品经理培养时间太长、培养来不及了，这其实是一个人才规划问题。如果你5年前就开始培养产品经理，那么现在应该有人可用了。同样，如果从现在开始培养产品经理，那么三五年之后可能会培养出几名优秀的产品经理。最好是不要过了三五年之后还是抱怨企业没有合格的产品经理。

（一）如何选拔产品经理

我们列出以下产品经理选拔标准，供创新型企业管理层选拔产品经理培养对象时参考：

（1）本科以上学历（条件优秀者可适当放宽），具备 5 年以上相关行业工作经验，3 年以上本公司研发、销售、市场等领域工作经验。

（2）上进心强，喜欢面对不确定性，企业家精神强。

（3）创新能力强，有开创精神。

（4）同理心强，善于与客户沟通。

（5）领导力强，能够协同公司内外相关人员有效开展工作。

（6）学习能力强，能够快速学习和掌握新的知识和方法。

（7）诚实坚韧，对结果负责。

建议企业选择 5 名以上产品经理候选人进行培养，确保企业未来 3～5 年有 3 名以上合格的甚至优秀的产品经理能担当大任。知行信 2012 年帮助北京某高科技企业从 500 名研发人员中选拔出了 30 多名产品线经理，每条产品线经理对 1 亿~3 亿元的年营业收入负责。现在，已经有 10 多名产品线经理能够有效负责相应产品线的规划和管理，能够根据规划有节奏地持续推陈出新。

（二）如何培养产品经理

产品经理的培养应该采取"创新行动学习法（Innovation Action Learning，IAL^{TM}）"，在干中学。以下列出产品经理培养路线图，供创新型企业高层管理者培养产品经理时参考：

（1）选拔具有企业家精神，符合公司核心价值观，未来 5~10 年能为公司做出巨大贡献的优秀员工培养为产品经理。

（2）系统学习基于最佳实践的创新方法（本书是系统、完整的产品经理实务手册）。

（3）在创新项目实践中应用所学创新方法（干中学）。

（4）适时总结、优化、系统化创新方法，提高创新方法适应性。

（5）鼓励创新，宽容失败。

（6）坚持！

附表 B 列出了知行信产品经理能力成熟度模型（PMCMM™），供企业培养各级产品经理参考。

产品经理行动

我们公司应该如何选拔产品经理？我们应该如何培养产品经理？

五、产品经理的应知应会

每个职业的赋能都有应知应会的要求。"应知"是指该职业需要系统了解的知识，不要求深度；"应会"是指该职业必须精通的内容，否则不可能胜任该职位的要求。"应知"代表广度，"应会"代表深度。对于产品经理而言，"应知"的内容是产品创新管理体系框架及其主要内容，"应会"的内容在产品创新流程的不同阶段有所不同。

产品经理"应知"的内容包括研发与产品创新管理体系（Research and Development and Innovation Management，RDIM™）的六大子系统：创新战略管理、创新前端管理、创新技术管理、创新团队管理、创新流程管理及创新项目管理（见图 1-9）。RDIM™体系六大子系统是企业首席产品官（CPO）

"应会"的内容，RDIM™体系将在作者下一部著作《首席产品官（CPO）实务》中详细介绍。

产品经理"应会"的内容应该通过干中学掌握，先逐一系统学习各种创新方法，然后在创新项目实践中反复应用、总结和优化。产品经理"应会"的创新方法可以通过阅读本书自学，也可以参加专业的产品经理核心技能培训课程学习，最好的方法是通过引进专业的创新咨询机构手把手地教授。

在图 1-15 中，我们列出了产品经理在创新流程各阶段必须掌握的 15 个主要创新方法。

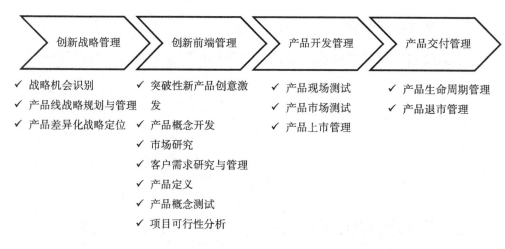

图 1-15　产品经理在各创新流程阶段必须掌握的主要创新方法

从以上介绍中，大家应该对产品经理角色的作用及其重要性有了一定的了解，同时对产品经理的选拔和培养的挑战性也有了较为深入的认识。在创新驱动发展的新常态下，立志成为市场领导者的创新型企业领导者，需要尽快做出艰难的决策：是自己培养专业的产品经理开发创新产品，还是止步于做一个没有长远未来的跟随者！

产品经理培养就是投资于未来！越投资于未来，越有未来；越不投资于未来，越没有未来！早投资，早受益！

创新的时代呼唤产品经理，全球化剧烈竞争的时代呼唤卓越的产品经理！

得产品经理者得"天下"！

产品经理行动

关于产品经理应知应会的内容，我们的产品经理掌握了哪些？还有哪些是需要重点掌握的？

本节小结

（1）创新型企业要设立产品管理部，系统规划和管理产品创新管理工作。产品经理是产品规划和管理的核心岗位，产品经理的专业性和数量很大程度上决定了企业能否持续成功创新。

（2）根据管理产品幅度的不同，产品经理也可以是产品线经理、产品总监和首席产品官。产品经理的三大核心角色是客户代言人、产品全生命周期管理者、产品的迷你CEO。

（3）产品经理最重要的胜任素质是具有企业家精神，快速的学习能力、想象力与创造力、领导能力、有效的沟通能力，以及愈挫愈奋的能力也是卓越产品经理非常重要的能力。

（4）产品经理的培养要干中学，既要系统学习有效的产品创新管理方法，也要持续进行项目实践，在项目实践中不断总结提升。

（5）产品经理应知的内容包括RDIM^{TM}体系的6个子系统，产品经理应会的内容包括4D创新流程4个阶段的主要创新方法。

知行信 4D 创新流程

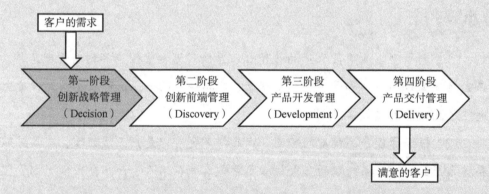

在知行信 4D 创新流程中，创新战略管理是第一个阶段，回答"为何做（Why）"的问题，也就是企业高层管理者需要决策（Decision）进入什么业务领域，需要回答为什么要进入该业务领域。常言道：男怕入错行，女怕嫁错郎。如果业务方向选择错误，那么再怎么努力也很难实现预期的战略目标。

创新战略管理包括企业创新战略决策、产品线战略规划、产品差异化战略定位等三个层面的内容。

创新战略管理准则：少就是多！

第二章
创新战略管理

不谋万世者，不足谋一时；不谋全局者，不足谋一域。

—— [清] 陈澹然

　　本章分为 3 节，内容包括企业创新战略决策、产品线战略规划和产品差异化战略定位 3 个方面。

　　第一节，企业创新战略决策。主要内容包括现有产品线梳理、现有产品线生杀决策、规划中的产品线取舍决策和创新资源分配等。企业创新战略决策是企业首席产品官（CPO）的核心职责，首席产品官要明确做什么、不做什么；先做什么、后做什么；多做什么、少做什么。首席产品官要通过不同产品线、不同创新项目类型的创新资源分配实现创新资源投入回报最大化。

　　第二节，产品线战略规划。主要内容包括明确产品线战略目标、规划产品平台、规划产品线、制订年度开发计划和产品线日常管理等。产品线战略规划与管理是产品线经理的核心职责，产品线经理及产品管理团队通过有效的产品线规划和管理实现公司预期的收入和利润目标。

　　第三节，产品差异化战略定位。主要内容包括目标客户定位、客户价值定位和商业模式定位等。产品差异化战略定位是产品经理的关键工作，产品差异化战略定位指导新产品的设计和开发，产品管理不能"输在起跑线上"。

请企业首席产品官组织企业产品管理团队对照下表，评估企业在创新战略管理方面是否存在以下常见问题，并从本章后续章节的介绍中寻求相关问题的解决方法。

创新战略管理常见问题描述

创新战略管理常见问题描述	公司现状描述
（1）公司发展方向不清晰，发展重点不明确，发展方向经常摇摆或变化，业务决策轻率	
（2）进入的业务领域太多、太杂，哪块都缺乏强有力的竞争优势，哪块都未能做到细分市场数一数二	
（3）产品线缺乏明确、具体的定义和规划，公司日常新技术、新产品开发计划性不强，重要而不紧急的战略性开发项目总是不断延期，很可能2~3年后无合适的产品可卖	
（4）产品缺乏难以模仿的差异化，同质化竞争激烈，主要靠打价格战获得一些市场份额，企业盈利能力不强	
（5）公司缺乏明确的研发资源投入预算，缺乏明确的研发资源投入分配决策，总体新产品开发成功率不高，研发投资回报率低	

第一节　企业创新战略决策

少就是多，多就是少。企业创新战略决策原则：聚焦、聚焦、再聚焦！

❓ 产品经理思考

（1）我们清楚地知道公司有多少款产品吗？我们清楚地知道哪些产品赚钱，哪些产品不赚钱吗？有没有不赚钱的产品还在继续卖？

（2）我们应该保留哪些产品线？应该淘汰哪些产品线？应该进入哪些新的业务领域？为什么？

（3）我们每年有明确的创新投入预算吗？我们要求创新预算一定要花完吗？我们的创新投入与主要竞争对手相比处于什么水平？

一、梳理现有产品线

产品创新管理咨询服务的第一件事就是帮助企业梳理产品线，"盘家底"。通过产品线梳理，理清产品线现状，为产品线战略决策提供输入。

（一）什么是产品线

首先，我们需要理解与产品线梳理相关的一些名词：产品大类、产品系列、产品线和产品。

（1）**产品大类**：指满足同类需求的具有相似功能的多个系列产品的集合，比如汽车厂商的乘用车是一个大类，客车是一个大类，货车又是一个大类。

（2）**产品系列**：同类应用多条产品线的组合，比如乘用车中轿车、SUV和跑车分属不同系列。

（3）**产品线**：同一细分市场同类应用多个产品的组合，比如轿车中不同档次的产品线。

（4）**产品**：同一产品线中具有不同功能或配置的产品，产品直接定价销售给客户，比如奥迪 A6 产品线中 30FSI 技术型产品。

图 2-1 通过奥迪汽车的产品线划分说明了以上 4 个名词的含义。

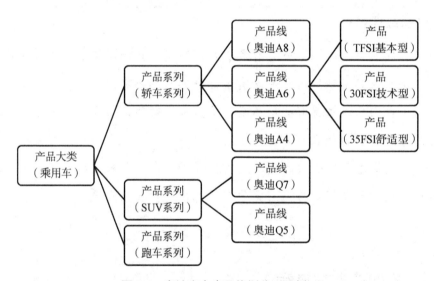

图 2-1　奥迪汽车产品线划分（示例）

注意：定义一条产品线的核心标准是基于共同的需求和共同的技术，而不是按共同的客户划分。产品系列和产品线也可以简单称为一级产品线和二级产品线。

（二）为什么要梳理产品线

梳理产品线的根本目的是：将公司有限的创新资源投入少数最有"钱景"的产品线组合之中，实现公司创新资源的投资回报最大化。

以下列出了产品线梳理的具体目的：

（1）了解各条产品线及各款产品的盈利情况。

（2）让公司领导及产品线管理人员对公司产品线现状达成共识。

（3）为产品线取舍决策提供依据。

（4）为产品线划分决策提供依据。

（5）为公司创新战略决策提供依据。

（6）为产品线战略规划提供基础资料。

（7）为产品线经营奠定基础。

（三）如何梳理产品线

产品线梳理分为 3 个步骤进行：① 呈现公司所有产品；② 删除明显没有"钱景"的产品；③ 重新划分产品线。以下分别介绍各个步骤。

1. 呈现公司所有产品

要按照"完全穷尽、相互独立"的基本原则进行产品线划分和汇总，不要将不同的产品线混在一起。定义一条产品线的核心标准是基于共同的需求和共同的技术，而不是按共同的客户划分。先不考虑合并与取舍事宜，参考表 2-1 将公司所有产品线和所有产品呈现即可。销售收入和利润数据尽可能真实可靠。

表 2-1　产品线梳理表

产品系列	产品线	产 品	产品状况	销售额/利润			销售额/利润预测			初步决策建议
				Y–3	Y–2	Y–1	Y	Y+1	Y+2	

填表说明：

（1）表中产品状况分为 3 类：销售中、开发中、规划中。

（2）表中 Y 表示当前年，Y–3 表示 3 年前，Y+1 表示明年。

（3）历年销售额／利润尽可能准确地进行核算，这是产品线、产品生／杀决策的主要依据。

（4）未来销售额／利润预测数据应该尽可能客观，有明确的假设依据。

（5）初步决策建议包括 5 种：立即退市，××年内退市，扩展市场，改进升级，降成本。

（6）本表填写成员应该包括各产品线负责人、各产品线销售代表、技术代表和财务代表。

2．删除明显没有"钱景"的产品

在第一步整理出所有产品后，对明显没有"钱景"的产品应该坚决删除。删除这些产品后重新整理产品线梳理汇总表。

较大规模的企业可以考虑设定未来 3 年销售收入与利润下限作为产品删除决策准则：

（1）未来 3 年销售收入：不低于 3 000 万元（参考值）。

（2）未来 3 年销售利润：不低于 600 万元（参考值）。

思考：能否砍掉 50%以上的产品？**见面砍一半！**

在产品线梳理方面，公司首席产品官要做出坚定的、艰难的决策。舍得，舍得，有舍才有得！少舍少得，多舍多得，不舍不得。

A 企业年营业收入不到 1 亿元，产品有 100 多款；B 企业年营业收入 30 亿元，产品有近万款。对于大多数规模较大的企业而言，产品不是太少了，而是太多了。或者说，是精品产品太少了，平庸的产品太多了。我们要思考的问题是：苹果公司是世界上最有钱的公司，为什么做那么少的产品？或者说，是否正是由于苹果公司只专注于做极少数的精品产品，苹果公司才成为了世界上最富有的公司？

产品管理原则：**少就是多，多就是少！聚焦，聚焦，再聚焦！**

▶ 咨询实例

2013 年知行信顾问团队帮助深圳某复合肥上市公司梳理产品线，砍掉了 40%左右的产品。2014 年，该公司年营业收入与上年相比基本持平，但是税后利润增长了一倍。事实证明：砍掉不赚钱的产品就是增加盈利！

3. 重新划分产品线

在第二步删除明显没有"钱景"的产品之后，对产品线重新进行划分，为后续产品线的决策和管理奠定基础。重新划分产品线的步骤如下：

（1）制定产品线划分准则。

（2）依据产品线划分准则对所有产品线进行划分。

（3）依据产品线规模适当合并或拆分一些产品线。

可参照表 2-2 制定企业产品线划分准则。

表 2-2 产品线划分准则

产品线划分准则描述	说　明
（1）战略一致性	产品线设置与公司愿景、发展战略是一致的
（2）有共同需求的细分市场	• 细分市场主要是基于共同需求划分的，而不是基于客户类型划分的 • 产品线划分（及解决方案的设置）基于有共同需求的细分市场 • 产品线的产品、产品组合及解决方案能够满足细分市场客户的某类具体或系统需求

续表

产品线划分准则描述	说　明
（3）产品线共享一种或多种平台技术	产品线内的产品共享一种或多种平台技术,这些平台技术也可以与其他产品线共享
（4）具有一定的市场规模或良好的成长性	• 较为成熟的产品线市场规模为年销售收入大于 1 亿元,且未来 3 年每年不小于 15%的增长 • 培育中的产品线的成长性可以定义为未来第三年销售收入能够达到 5 000 万元以上, 未来第五年销售收入达到 1 亿元以上
（5）能够为公司带来盈利或具有战略价值	• 成熟产品线年净利率不低于 10%, 利润额不小于 1 000 万元 • 培育中的产品未来 3 年利润总额不小于 500 万元,未来第五年利润额不小于 1 000 万元 • 战略价值可以指: 有利于把握市场机遇, 有利于竞争, 有利于公司品牌形象提升, 有利于强化重点客户关系等
（6）产品线的产品可以独立销售	产品线的产品可以不必依托其他产品线的产品而实现销售

说明：表中数据仅供参考，各企业可以根据实际情况设定数值。

　　公司首席产品官可以组织公司管理团队结合对以下问题的思考进行产品线划分：

　　（1）公司所有产品一共应划分为多少条产品线？

　　（2）有哪些类似的产品（产品线）可以合并？

　　（3）有哪些规模很大的产品线需要拆分？

 产品经理行动

　　在公司首席产品官的组织下，对所负责的产品线进行梳理和划分。

二、对现有产品线进行生杀决策

在对现有产品线进行梳理和划分的基础上，需要对现有产品线进行生杀决策。以下是现有产品线生杀决策步骤：

（1）制定公司产品线生杀决策准则。

（2）依据公司产品线生杀决策准则对公司现有产品线进行生杀决策。

（3）对于难于进行生杀决策的产品线可从现有市场份额和未来盈利潜力两个维度进行可视化对比，选择更具潜力的产品线。

（一）制定产品线生杀决策准则

企业首席产品官可以参照表2-3组织公司管理层制定公司产品线生杀决策准则。

表2-3 产品线生杀决策准则

产品线生杀决策准则	说 明
（1）与公司发展战略不一致	与公司的愿景、使命、价值观相悖，难以支撑公司战略目标实现的，则应当舍弃或不予设置
（2）市场规模及成长性有限	可预知的市场规模及成长性不满足公司对最小市场规模要求的，则应当舍弃： • 较为成熟的产品市场规模为年销售收入大于1亿元，且未来3年每年不小于15%增长； • 培育中的产品线的成长性可以定义为未来第三年销售收入能够达到5 000万元以上，未来第五年销售收入达到1亿元以上
（3）盈利能力弱且不具有战略价值	• 成熟产品线年净利率不低于10%，利润额不小于900万元，研发人均产值不小于500万元 • 培育中的产品线未来3年利润总额不小于500万元，未来第五年利润额不小于1 000万元，从第三年起研发人均产值不小于600万元
（4）技术实现难度过大或所占用创新资源过多	产品线所需技术实现难度超出公司创新资源能力范围，或者所占用的一次性或短期投入过高（可设定基准值），影响公司资金使用效率或给公司造成资金风险的，则应当舍弃或搁置

续表

产品线生杀决策准则	说　明
（5）有很高的失败风险	因为政策的不确定性及市场、技术变化等原因，产品线有很高的失败风险的，则应当舍弃或只做小规模跟踪投入

说明：表中数据仅供参考，各企业可以根据实际情况设定数值。

（二）对现有产品线进行生杀决策

对于难以进行生杀决策的产品线可从现有市场份额和未来盈利潜力两个维度进行可视化对比，选择更具潜力的产品线。

可以采取"贴纸法"将公司现有所有产品线贴在图 2-2 的适当位置，通过产品线之间可视化的相对对比，做出更有效的产品线生杀决策。

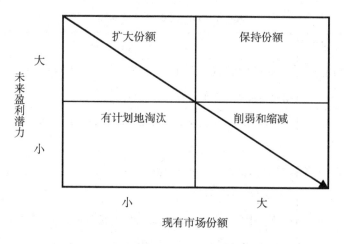

图 2-2　现有产品线生杀决策分析矩阵

（三）制定保留下来的产品线的管理策略

除了做出立即退市决策的产品线外，对保留下来的产品线，可以采取以下 4 种管理策略.

（1）**保持份额**。现有市场份额大，未来盈利潜力大。

（2）**扩大份额**。现有市场份额小，但未来盈利潜力大。

（3）**削弱和缩减**。现有市场份额大，但未来盈利潜力小。

（4）**有计划地淘汰**。现有市场份额小，未来盈利潜力小。

在相同的市场份额或未来盈利潜力的情况下，优先保留对角线之上的产品线。

 产品经理行动

基于公司制定的产品线生杀决策准则，提出所负责产品线的生杀决策建议，经公司决策后，对保留下来的产品线进行有效管理。

三、对规划中的产品线进行取舍决策

上节我们讨论了对现有产品线的生杀决策方法，对于正在规划和论证中的产品线也要适时进行取舍决策。不应该让没有"钱景"的规划中的产品线变成现有产品线，以尽可能地提升公司创新资源投资回报率，降低公司机会成本。

新增产品线取舍决策步骤如下：

（1）依据公司产品线生杀决策准则（见表 2-3）对规划中的产品线进行取舍决策。

（2）对于难于进行取舍决策的产品线可从技术成功概率和未来盈利潜力两个维度进行可视化对比，选择更具潜力的产品线。

（一）对规划中的产品线进行可视化分析与取舍决策

同样可以采取贴纸法将公司所有规划中的产品线贴在图 2-3 的适当位置，通过产品线之间可视化的相对对比，做出更有效的产品线取舍决策。

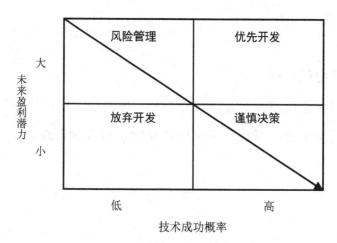

图 2-3 规划中的产品线取舍决策分析矩阵

在相同的技术成功概率或未来盈利潜力的情况下，优先选择对角线之上的产品线。

（二）对规划中的产品线的管理策略

对规划中的产品线，可以采取以下 4 种管理策略。

（1）**优先开发**。技术成功概率高，未来盈利潜力大。

（2）**风险管理**。技术成功概率低，但未来盈利潜力大。

（3）**谨慎决策**。技术成功概率高，但未来盈利潜力小。

（4）**放弃开发**。技术成功概率低，且未来盈利潜力小。

产品经理行动

基于公司制定的产品线生杀决策准则，对所负责的规划中的产品线提出取舍决策建议，经公司决策后，对保留下来的产品线进行有效管理。

四、有效分配创新资源

只有开始花钱，战略才能落地。也就是说，企业只有对现有或规划中的各条产品线开始进行创新资源投入，才会有创新产品上市，企业才有可能实现回报。**越投资未来，企业越有未来；越不投资未来，企业越没有未来**。"种瓜得瓜，种豆得豆"。

但是，对于任何企业而言，能投入的创新资源的数量是有限的。在创新资源投入方面，企业首席产品官的关键任务是：将有限的创新资源投入最有"钱景"的少数产品线组合之中，以实现公司总体投资回报的最大化。

创新资源主要包括钱、人及人的时间。资金和人才都需要基于公司创新战略提前规划，这样才不至于频频出现"人到用时方恨少"的局面。

（一）明确创新资源的投入总量与投入分配

企业创新资源分配需要回答以下两个问题。

（1）**投入总量问题**。公司每年将销售收入的多大比例投入研发和创新？此比例与同行主要竞争对手相比是否具有竞争力？

（2）**投入分配问题**。相同的投入总量，采取不同的分配方式能产生差别很大的投资回报率。企业需要在不同产品线及不同类型项目间进行合理的创新资源分配。

（二）创新资源投入组合的三大原则

创新资源投入组合应符合以下三大原则。

1．战略一致性原则

创新资源分配方式符合公司的战略规划方向和重点吗？能确保公司战略目标实现吗？投资的产品线组合应与公司愿景、使命及战略一致。不遵守投资的战略一致性是很多企业机会主义导向、盲目多元化扩张的原因。企业要明确并遵循发展"主航道"，不要在非战略领域浪费任何战略资源！

2．价值最大化原则

公司的资源分配方式能实现整体创新资源投资回报最大化吗？要保证有限的创新资源投入能实现公司总体投资回报最大化。

3．长短期平衡原则

公司的资源分配方式既考虑了公司短期生存的需要，也考虑了公司未来发展的需要吗？公司投资的产品线组合要长短期兼顾，既要有近期能够获利的产品线，也要有中长期能够获利的产品线。有些企业的投资过于短期化，赢得了短期的"一场战斗"，但很可能输掉"整场战争"。当然，只考虑未来的发展，不考虑眼下的生存也是不理性的。

（三）创新资源投入分配

创新资源投入组合可以按照创新项目类型划分。图2-4中各类创新项目创新资源分配比例是个示例，各企业可以根据实际情况设定。

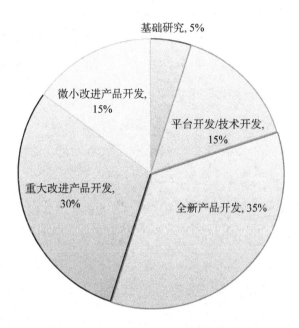

图 2-4   按创新项目类型分配创新资源

创新资源投入组合也可以按照产品系列划分，如图 2-5 所示。图中各产品系列创新资源分配比例是个示例，各企业可以根据实际情况设定。

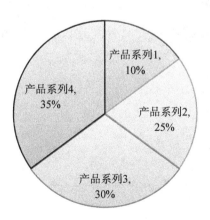

图 2-5   按产品系列分配创新资源

创新案例　华为公司的创新资源投入

华为公司从零起步，不到 30 年的时间崛起成为世界通信行业领先企业，这与该公司在研发与创新方面长期、持续、大比例投入密切相关。从公司成立一直到现在，华为始终坚持以不少于销售收入 10%的费用和 45%的员工投入研发，并将研发投入的 10%用于前沿技术、核心技术及基础技术的研究。面向未来，华为持续加大投入，构建合作共赢的产业生态。

2015 年，华为将销售收入的 15%投入研发，达 596 亿元，10 年累计支出超过 2 400 亿元。累计获得专利授权 50 377 件。

16 个研究所、36 个联合创新中心、约 79 000 名研发人员在全球范围开展创新合作。华为创新研究计划已有逾千名学者参与；2015 年新资助百余个项目。（资料来源：华为官网）

在华为公司，年度预算研发经费花不完，相关主管要被问责。原因是什么？因为这些主管没有找到足够多的值得投资的创新项目，一些创新机会华为没有抓住，就很可能被其他友商抓住了，这对华为而言意味着很大的机会成本。

　产品经理行动

提出所负责产品线的创新资源分配建议，经公司决策后，对所负责产品线进行有效管理。

本节小结

（1）对于没有对产品线进行过系统梳理或产品线不清晰的企业，有必要在进行产品线梳理的基础上再进行产品线规划。

（2）产品线梳理的目的是"盘家底"，通过系统梳理、取舍和划分，及时终止没有前景的产品线或产品，将公司有限的创新资源投入投资回报最大的产品线组合之中。

（3）产品线梳理工作应该由最熟悉相关产品线的产品、营销、技术、财务人员组成团队进行。对于没有设置产品线经理职位的企业，应该挑选有潜力成为产品线经理的营销或技术人员牵头负责产品线梳理工作。

（4）现有产品线生杀决策、规划中的产品线取舍决策应该由公司领导团队按照相应评审准则进行。评审准则的相关数值可以根据企业实际情况设置。

（5）创新资源的投入力度和科学分配对于企业的投资回报非常关键。创新型企业要比照主要竞争对手设定创新资源投入力度，具体可以用创新投入占销售收入比例衡量。创新资源投资组合应考虑战略一致性、价值最大化和长短期平衡。

第二节　产品线战略规划

企业通过每条产品线的规划和管理实现公司战略目标，
每条产品线必须由专业的产品线管理团队进行有效管理。

> **? 产品经理思考**
>
> （1）我们有专门的团队规划和管理各条产品线吗？
>
> （2）我们的每条产品线每年均能实现预设的销售收入、利润和市场份额等战略目标吗？
>
> （3）我们的产品线战略规划能有效指导相关平台、技术和产品的开发吗？

上节，我们讨论了企业如何进行创新战略决策，明确了应该重点投资哪些产品线。接下来，我们就要有效规划和管理各条产品线，确保每条产品线战略目标的实现，从而实现公司整体战略目标。

企业创新战略决策是公司首席产品官的职责，而产品线规划和管理则是产品线经理的关键职责。各条产品线的经营目标实现了，公司的创新战略目标也就实现了。

从图 2-6 可以看出，公司实现战略目标的方法分为两类：一类是有机增长，另一类是并购。从企业经营实践看，不断并购并不是有效的企业增长策略，比如联想。而通过自主研发不断扩展产品线的有机增长模式则是有效的企业增长策略，比如华为。从有机增长的视角看，企业战略目标的实现源于各条产品线战略目标的实现，而各条产品线战略目标的实现源于产品线内每款产品的收入和利润。因此，管理好每条产品线，管理好每条产品线内的每款产品，就等于管理好了公司的创新战略。可以说，**公司产品管理部门就是公司的战略执行部门**。由此也可以看出创新型企业设立产品管理部、产品线经理管理制度的重要性了。

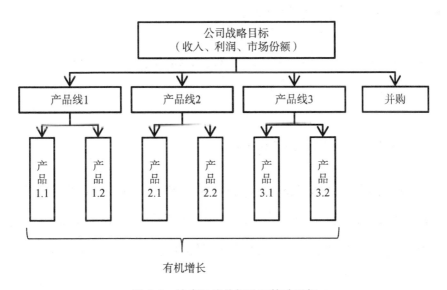

图2-6 按产品线分解公司战略目标

1. 产品线战略规划的主要目的

（1）通过进行产品线战略规划，使管理层及开发团队成员对技术及产品开发的目标和重点达成一致意见。

（2）通过产品平台的规划，构建公司的持续竞争优势，提高技术的复用度，降低单个产品开发成本，加快开发速度，提升产品质量。

（3）通过明确产品开发及技术开发的重点内容与时间规划，指导技术开发团队及产品开发团队的日常开发工作。

2. 产品线战略规划和管理的主要内容

（1）明确产品线战略目标。

（2）规划产品平台。

（3）规划产品线。

（4）制定年度新产品、新技术开发计划。

（5）进行产品线日常管理。

一、明确产品线战略目标

产品线战略目标包括比较宏观的核心战略愿景陈述和具体的收入、利润等目标。

（一）明确产品线核心战略愿景

核心战略愿景（Core Strategic Vision，CSV）是产品线要实现的愿景目标、如何实现该目标及公司为何会取得成功的陈述。核心战略愿景陈述要求聚焦、清晰、完整和可行。核心战略愿景陈述应该由产品线经理负责。

1．核心战略愿景的作用

核心战略愿景的作用主要包括：

（1）明确公司的目标和策略，有效地与客户、员工和股东进行沟通。

（2）指导产品线战略的制定，指导产品线技术开发和产品开发。

（3）保证相关战略的决策和行动与产品线战略的一致性。

2．核心战略愿景需要回答的主要问题

核心战略愿景需要回答 3 个核心问题：

（1）我们要实现什么愿景目标？

（2）我们如何才能实现这些目标？（通过什么方式和途径）

（3）我们为什么会成功？（独特的客户价值定位）

▶ **咨询实例**　某电脑外围设备制造商的核心战略愿景陈述

我们要在 5 年内成为世界前 3 名的电脑外围设备供应商。我们要通过建立一个比竞争对手更好的产品开发流程体系、更有竞争力的价格、更有效的成本控制及更好的客户服务来实现我们的愿景。我们将不断为客户提供更简便易用、价格适中、设计时尚的创新产品。

（二）设定产品线战略目标

在陈述核心战略愿景的基础上，产品线经理要组织产品线管理团队成员设定产品线未来 3～5 年的具体的战略目标（见表 2-4）。

表 2-4　设定产品线战略目标

年　　份	销售收入（亿元）	利润（亿元）	市场份额（百分比）	市场地位(第 X 名)
CY+1				
CY+2				
CY+3				
CY+4				
CY+5				

注：CY 指今年，实际填表时可以用实际年份替代。

产品线战略目标设定需要尽可能客观，要有假设依据，不能简单地凭空拍脑袋填写。当数据假设条件变化时，相应数据也要进行调整。

 产品经理行动

制定所负责产品线的核心战略愿景，设定产品线战略目标。

二、规划产品平台

产品平台（Product Platform）是指多个产品共用的结构或基本架构，或者是多系列产品成功商业化的基础。产品平台可以是技术、部件、子系统及流程等。对于科技型企业而言，产品平台主要是用于一系列产品或产品线的共同的技术、模块或部件的集合。产品平台决定了最终产品的成本结构、功能及差异化。产品平台很大程度上决定了企业该系列产品的竞争优势。

当一款新产品的开发成本很高，但是可以开发系列产品时，应该考虑建立产品平台。图 2-7 描述了产品平台与产品线之间的关系。

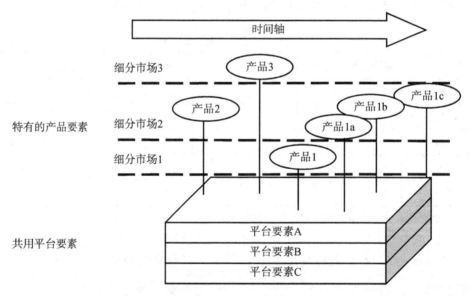

图 2-7　基于产品平台的系列化产品开发

从图 2-7 中可以看出，技术要素 A、B、C 是细分市场 1、2、3 各个产品共用的平台要素，即细分市场 1~3 开发的产品都是基于这些共用平台要素的。在共用平台的基础上，每款产品根据细分市场客户的差异化需求，还需要开发一些特有的产品要素。共用平台要素的复用（reuse）能大大加快该市场系列产品开发的速度，并提高新产品的可靠性。而各款产品的特有的产品要素又能保证产品满足客户的个性化需求。这样，企业就在客户的个性化需求和企业自身的规模经济性需要之间取得了适度的平衡，实现了**大规模订制**（Mass Customization）。可以说，**产品平台的规划和建设，对于企业而言是战略性的举措，而不只是一项技术性工作。**

✦创新案例　惠普打印机的产品平台

惠普系列彩色打印机的开发均基于三大关键技术组成的共用平台，分别为成像技术、内部打印服务器技术和打印管理软件技术（见图 2-8）。惠普的这三大技术决定了其打印机产品与其他竞争者同类产品的主要差异，这也是惠普彩色打印机系列产品竞争优势的主要来源。

产品线	细分市场	主要性能	系列产品及价格
8500系列	快速和高性能的彩色打印需求部门	每分钟打印6页彩色、24页黑白，页面尺寸从3.9英寸×7.5英寸到12英寸×18.5英寸	\$5999——8500：3屉纸，32MB，不联网 \$6999——8500N：3屉纸，32MB，不联网 \$8699——8500DN：4屉纸，64MB，联网
4500系列	比较低的价格或性能要求的细分市场	每分钟打印4页彩色、16页黑白，页面尺寸8.5英寸×14英寸	\$2499——4500DN：2屉纸，32MB，不联网 \$2949——4500DN：2屉纸，64MB，联网 \$3799——8500DN：3屉纸，64MB，联网

产品平台
（共用技术）

注：1英寸=2.54厘米。

HP WebJet 打印管理软件
HPJetDirect 600N EIO内部打印服务器
HPImageREt2400成像技术

图 2-8　惠普公司彩色打印机产品平台与产品线

在由这三大技术组成的共用平台的基础上，惠普公司将彩色打印机分为8 500 和 4 500 两大系列，分别对应高端市场和中低端市场。两条产品线产品的主要区别体现在打印速度和页面尺寸方面。每条产品线又根据打印机装纸屉数、内存大小及是否联网规划了 3 款产品。每款产品也相应采取阶梯式定价，价格区间从 2 499 美元到 8 699 美元不等，为客户提供了较大的选择空间。

产品经理行动

定义、开发和管理所负责产品线平台。

三、规划产品线

产品线规划的主要目的是排列同一产品线不同产品开发的先后顺序和上市时间。

（一）产品线规划原则

产品线规划的主要原则如下：

（1）产品线涵盖所有主要的目标细分市场。在一个产品线内的不同产品要针对不同的细分市场；否则就没必要分为多个产品。

（2）每个产品要足够聚焦，以避免产品繁多和市场混乱。不要试图为所有人开发所有产品。

（3）产品线开发计划是有时间阶段的。同一产品线的不同产品应该依次推出。

（4）相似的产品线要协同推出，比如在推出高端产品的同时也可推出低端产品。

（二）产品线规划方法

产品线规划要采取"**上市一代、开发一代、规划一代**"的策略，以保证公司的可持续发展。

图 2-9 是一个产品线规划模板。

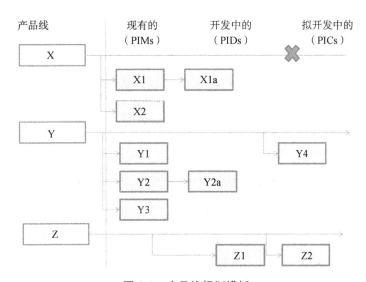

图 2-9　产品线规划模板

如图 2-9 所示，某企业共规划了 X、Y、Z 3 条产品线。企业最好在图 2-9 中标注出每款产品的上市及退市时间。该企业每条产品线均按开发和上市的先后顺序将产品分为以下 3 类。

（1）**现有的**（Products in the Market, PIMs）：已经上市销售的产品。

（2）**开发中的**（Products in Development, PIDs）：已经进入开发阶段的产品。

（3）**规划中的**（Product Innovation Charters, PICs）：正在规划中、尚未进入开发阶段的产品。

通过图 2-9，我们可以直观地获知以下产品线规划信息：

（1）当前有两条产品线（X、Y）总共有 5 款产品已上市。

（2）有两款即将上市的产品（X1a，Y2a）正处于开发管道中。

（3）X产品线标记"x"，表示在不久的将来该产品线将退市。

（4）公司规划了一条新产品线Z。该产品线第一款产品正在开发，第二款产品正在规划之中。

通过图2-9，我们也可以看出该公司在产品线规划方面的战略意图：

（1）该公司将一些资源投入到了现有产品的升级方面（X1a，Y2a）。

（2）该公司做出了终止一条产品线（X）的决策。

（3）该公司计划新增一条全新的产品线（Z）。

（三）系列产品开发策略

产品线系列产品的开发一般从中等复杂程度的产品开始。先开发出一个**基型产品**（Basic Product），然后通过该基型产品的变型开发面向低端市场和高端市场的系列产品。这样做，第一个产品的开发成本可能比较高，但是随着系列产品的开发和上市，整个产品系列的单位产品成本能大大摊薄。图2-10描述了一条产品线系列产品的开发路线图。

如图2-10所示，该公司先面向中国市场开发中等复杂程度的产品A作为基型产品，然后面向东南亚市场开发低端产品D。接着，面向东南亚市场开发中等复杂程度的产品B，接下来面向欧美发达市场开发中等复杂程度的产品C。在中等复杂程度的产品开发比较完善的基础上，面向国际高端市场开发产品F和产品E。

以上系列产品开发路线图，也是很多企业国际化的路线图。先在本土市场占据领先地位，然后向东南亚等类似市场扩展，积累经验，最后进入欧美等发达国家市场。

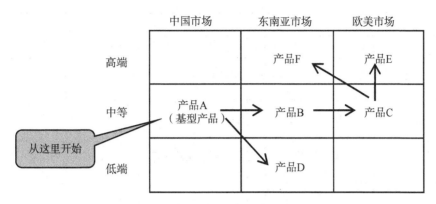

图 2-10　产品线系列产品开发路线图

 产品经理行动

制定所负责产品线的产品开发与技术开发路线图。

四、制订年度开发计划

产品线年度开发计划主要包括产品平台开发计划、产品开发计划及技术预研计划等。

（一）制订年度新产品开发计划

在产品线规划的基础上，要进一步制订系列产品中每个产品的开发计划，这样创新战略才能真正落地。图 2-11 是多个新产品开发计划的示例。

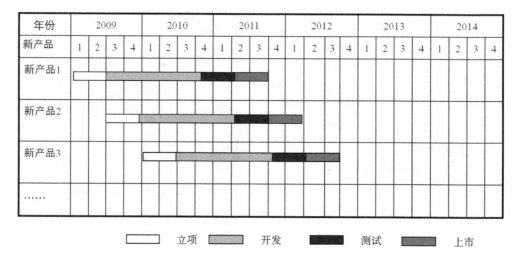

图 2-11 新产品开发计划示例

在图 2-11 中，该企业对新产品开发做了 6 年计划。越近期的计划应该越具有可操作性；越远期的计划，应该周期性地进行适当调整和修正。每个新产品以季度为单位列出了定义、开发和测试 3 个关键阶段的计划时间。测试结束时间实际上也就是新产品上市启动时间。

企业可通过此图直观地看出，在哪年或哪个季度有多少个新产品处于定义阶段，多少个新产品处于开发阶段，多少个新产品处于测试阶段。企业可以适时地将创新资源从一个新产品项目释放给其他项目。

（二）制订年度技术预研计划

产品开发是以技术开发作为前提和基础的。特别是一些难度比较大、不确定性比较高、开发周期长的技术需要在产品开发前进行技术预研。**只有在关键技术问题得以解决的前提下项目才能进入新产品开发流程**，否则很有可能由于关键技术问题迟迟不能解决而导致新产品开发项目一再延期甚至中途夭折。所以，企业需要制订与新产品开发相对应的技术开发计划，如图 2-12 所示。

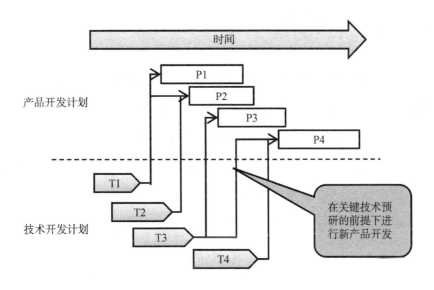

图 2-12　技术开发计划示例

由图 2-12 可以看出，技术 T1 是产品 P1、P2 开发所需要的，技术 T2 是产品 P2 开发所需要的，技术 T3 是产品 P3、P4 开发所需要的，技术 T4 是产品 P4 开发所需要的。这些关键技术需要在相应的产品开发之前前置开发完成，否则可能由于关键技术问题迟迟不能得到解决而导致新产品上市大幅延期，或者新产品开发项目中途夭折。通过直观地建立技术开发与产品开发之间的对应关系，可以明确技术开发的前置周期，确保新产品开发是在关键技术问题得到解决的基础上进行的。这样，可以有效地降低新产品开发风险，缩短新产品开发周期，抢占市场先机。

 产品经理行动

制订与实施所负责产品线的年度平台开发、技术开发与产品开发计划。

五、产品线日常管理

产品线管理团队基于评审通过的产品线战略规划文件对产品线进行日常管理，对产品线的经营绩效目标负责。产品线管理团队要密切监控市场环境、竞争环境、技术环境及客户需求等的变化，及时修正或优化产品线战略规划文件。产品线平台、产品、技术或战略目标等有重大变化时应该及时提请公司管理团队对产品线战略规划进行评审。

产品线经理的日常工作较多，可以将重要事项列入工作看板，适时跟进完成（见表2-5）。

表2-5　产品线经理工作看板（示例）

工作分类	项目/任务事项	主要工作内容	需提交的交付件	主责人/团队成员	起止时间
1. 产品线战略规划					
2. 产品平台规划与开发					
3. 新产品创意激发与管理					
4. 新产品需求研究与立项分析	A 项目可行性分析	（1）需求调研 （2）产品定义 （3）项目立项分析	项目立项分析报告	张三/李四	2011年9月12日—2011年10月30日

续表

工作分类	项目/任务事项	主要工作内容	需提交的交付件	主责人/团队成员	起止时间
5. 新产品开发管理					
6. 技术预研管理					
7. 团队建设					
8. 风险管理					
9. 其他重要事项					

表 2-5 列出了产品线经理日常工作的 9 个方面，企业可根据实际需要对该表单裁剪应用。

产品经理行动

制定产品线经理工作看板，并且每月滚动更新，有效管理所负责的产品线。

本节小结

（1）产品线规划是企业的战略性工作，而不是技术性工作。产品线规划的有效性直接影响企业的创新绩效。

（2）企业必须在核心战略愿景中说明该产品线为何会赢，也就是要对该产品线进行差异化价值定位，以区别于主要竞争对手

（3）基于产品平台进行新产品开发，能大大提高技术复用率，缩短新产品上市周期。通过产品平台规划系列产品的开发，能大大延长产品线的生命周期，帮助企业获得更大的投资回报。

（4）企业应该基于产品平台针对不同细分市场规划多条产品线，要采取"上市一代，开发一代，规划一代"的策略，有计划地推出系列新产品。

（5）企业应该在产品线规划的基础上，制订系列产品的开发计划，并在新产品开发计划的基础上制订关键技术的开发计划。关键技术开发应该先于相应的新产品开发，在关键技术问题没有解决前，企业不应该启动相应的新产品开发项目。

（6）产品线经理应该建立日常工作看板，将重要工作事项列入工作看板，及时跟进完成，确保产品线战略目标的实现。

第三节　产品差异化战略定位

没有差异化，就没有一切。创新型企业要
"*不同凡想*（Think Different）"。

　　本章第一节介绍企业创新战略决策决定企业做什么和不做什么，是企业首席产品官要回答的问题。本章第二节介绍产品线战略规划决定每条产品线要做哪些产品，要实现什么样的战略目标，是产品线经理要回答的问题。本节产品差异化战略定位决定产品如何从激烈的竞争中胜出，是产品经理要回答的问题。企业创新战略、产品线战略最终要落实到产品层面。

　　产品即企业（Product is Your Business）。**一款产品的产品经理也就是一个小企业的迷你 CEO。经营企业就是经营产品。产品本身才是企业战略管理最基础和最重要的单元。**苹果公司正是凭借少数几款精品产品成为富可敌国的全球创新领导者。产品战略定位是产品管理的起点。**产品经理不能"输在起跑线上"！**产品战略定位决定了企业如何进行产品的设计、开发、生产和上市。对于一款产品而言，**"战略定位决定成败"**！

企业做任何产品，必须先回答 3 个问题：卖给谁？卖什么？怎么卖？这 3 个问题分别对应着产品战略定位 3 个要素：目标客户定位（Who）、客户价值定位（What）和商业模式定位（How）（见图 2-13）。

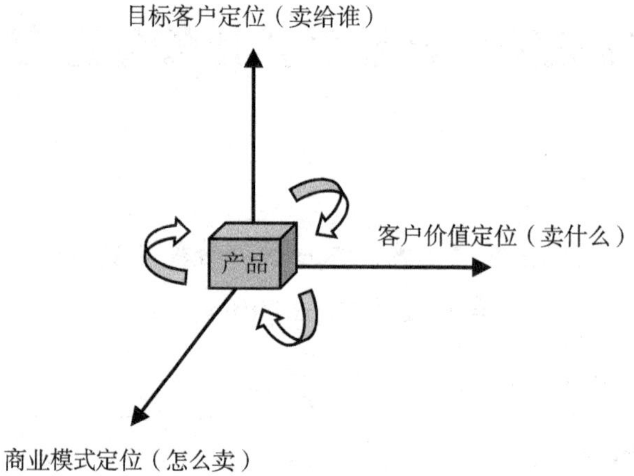

图 2-13　产品战略定位三要素

在产品战略定位的这 3 个方面，一款产品至少要有一个方面与众不同，否则就很可能陷入同质化竞争的泥潭。产品战略定位法则：**没有差异化，就没有一切！**（No Different, No Matter!）在这 3 个要素中，目标客户定位、商业模式定位相对容易模仿，差异化很难长久；但客户价值定位通常难以模仿，能够长久。因此，作为一款产品迷你 CEO 的产品经理，在正式设计和开发一款产品前，必须对产品的这 3 个战略要素进行清晰定位。

一、目标客户定位

目标客户定位是一个由外而内，由表及里的过程。

我们做产品销售培训时，销售人员通常都会问 3 个基本问题：

（1）去哪儿？

（2）见谁？

（3）说啥？

这 3 个问题正好对应产品目标客户定位的 3 个层面：地理范围定位（去哪儿）、行为特征定位（见谁）、共同需求定位（说啥）（见图 2-14）。

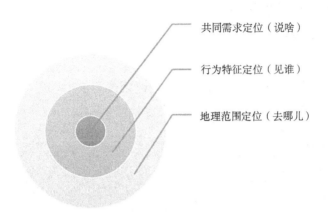

图 2-14　目标客户定位的 3 个层面

目标客户定位的 3 个层面是循序渐进、层层深入的。首先，我们要了解目标客户主要在哪些地域，以便销售人员出门后知道往哪儿跑；其次，我们要了解目标客户具有哪些典型特征，方便销售人员找到合适的人；最后，我们要了解目标客户真正看重的共同需求有哪些，方便销售人员说正确的话，以打动目标客户。

以上我们以产品销售为例来说明了什么是目标客户定位，但目标客户定位不只是为销售服务的，目标客户定位是客户价值定位和商业模式定位的前提和基础。此外，企业的资源和能力是有限的，企业不可能为所有客户提供所有产品和服务。因此，企业必须明确定位目标客户群，明确细分市场，以便为选定的细分市场的目标客户提供有针对性的产品和服务。

（一）地理范围定位

地理范围定位回答"客户在哪儿"的问题，具体需要回答以下问题：

（1）目标客户主要在国内还是国外？国外主要分布在哪些洲、哪些国家？

　　（2）国内主要分布在哪些区域？

　　（3）区域中主要分布在城市还是乡镇？

　　（4）主要是哪些对象？

▶ **咨询实例**　某复合肥产品的目标客户地理范围定位

表2-6　某复合肥产品的目标客户地理范围定位

地理范围定位	描　述
国别：国内、国际、全球？	国内
区域：东部、南部、西部、北部、中部？	南部、西部、中部地区
城乡：城市、郊区、乡镇、乡村？	郊区、乡村
对象：政府、企业、机构、个人？	蔬菜、水果、粮食作物种植户
小结：目标客户的地理范围定位	分布在国内南部、中西部地区的郊区、乡村的蔬菜、水果、粮食作物种植户

　　在表2-6中，通过一层一层的思考，逐步聚焦目标客户的地理范围，为进一步的行为特征定位及共同需求定位缩小包围圈。

（二）行为特征定位

　　行为特征定位回答"客户是什么样的"，需要明确目标客户对象及目标客户的典型特征。

　　我们同样以某复合肥产品为例定位目标客户的行为特征。

表2-7　某复合肥产品目标客户的行为特征定位

行为特征定位	描　述
主要目标客户对象	蔬菜、水果、农作物种植大户
主要目标客户的行为特征	种植面积大，肥料需求量大
小结：目标客户的行为特征定位	种植面积大、肥料需求量大的蔬菜、水果、农作物种植大户

行为特征定位比地理范围定位更进了一步，逐步看清了目标客户是什么样的人。

（三）共同需求定位

共同需求定位是最有效的目标客户定位维度！ 简而言之，有共同需求的客户都是目标客户，而不管客户分布在哪里，具有什么样的行为特征。

共同需求定位需要回答的主要问题：目标客户购买我们的产品主要是为了满足哪些需求？主要是为了解决哪些问题？

详细的客户需求研究方法我们将在创新前端管理中详细介绍。

我们继续以某复合肥产品为例理解目标客户的共同需求定位（见表2-8）。

表2-8　某复合肥产品目标客户的共同需求定位

共同需求定位	描　述
目标客户共同看重的需求有哪些？	• 肥料能够促进作物安全、健康、快速成长 • 肥料便于使用 • 肥料能够帮助种植户提高收益

通过表2-8中对共同需求定位的描述，我们真正知道了我们的目标客户是谁。具有以上3个方面需求的客户就是该复合肥产品真正的目标客户。相应地，地理范围定位和行为特征定位只是作为参考。

在以上逐层分析的基础上，我们可以对产品目标客户定位进行总结，为后续客户价值定位及商业模式定位提供输入。

我们继续以某复合肥产品为例总结目标客户定位的3个方面(见表2-9)。

表2-9　某复合肥产品的目标客户定位总结

目标客户定位	定位描述
1.1　地理范围定位	分布在国内南部、中西部地区的郊区、乡村的蔬菜、水果、粮食作物种植户
1.2　行为特征定位	种植面积大、肥料需求量大的蔬菜、水果、农作物种植大户
1.3　共同需求定位	• 肥料能够促进作物安全、健康、快速成长 • 肥料便于使用 • 肥料能够帮助种植户提高收益
总结:目标客户定位描述	分布在国内南部、中西部地区的郊区、乡村的蔬菜、水果、粮食作物种植大户,他们的种植面积大,对肥料的需求量大。他们希望肥料能够促进作物安全、健康、快速地成长;希望肥料便于使用,能够帮助他们提高收益

目标客户定位决定了产品的细分市场。产品细分市场的选择要适度,没必要太大,也不能太小。选择太大的目标市场可能导致战线太长,精力和资源过度分散,最终哪一块也做不好。细分市场选择太小,可能无法实现公司的规模化增长,导致公司无持续发展空间。

产品经理行动

对开发中或规划中的重点产品进行目标客户定位。

二、客户价值定位

进行差异化的客户价值定位是产品规避同质化竞争，从激烈的同类产品竞争中脱颖而出的关键。客户价值定位需要回答的核心问题是：**在众多同类产品中，客户为什么要买你的产品而不买其他竞争产品，即使你的产品价格比人家更贵**。你必须明确告诉目标客户购买你的产品的理由，而且这些理由要能真正打动客户。

> ✿ **创新案例**　苹果公司 iPhone 手机的差异化价值定位
>
> iPhone 7 的出现，让 iPhone 的体验在许多重大方面都有了质的飞跃。它带来了先进的新摄像头系统、更胜以往的性能和电池续航力、富有沉浸感的立体声扬声器、色彩更明亮丰富的 iPhone 显示屏，以及防溅抗水的特性。它周身的每一处，都闪耀着强大科技的光芒。这，就是 iPhone 7。
>
> 从 iPhone 7 手机的介绍可以看出，苹果公司在全力宣传该手机的与众不同之处，宣传该手机给客户带来的新的体验，以期打动客户购买该手机而不是其他竞品手机。iPhone 的广告语更是特别强调该手机的与众不同："iPhone 手机，唯一的不同，是处处都不同！""有了 iPhone，其他只能是其他！"由此可见，苹果公司之所以成为全球最具创新精神的企业，其主要创新之处就在于其产品给客户带来独特的价值，且其价值远远超出客户期望，让客户"欲罢不能"。这样，苹果手机就成了全球单款手机销量最多，同时也是卖得最贵的智能手机，苹果公司因而也成为全球最赚钱的企业。

下面我们先来理解什么是客户价值，然后从客户类型、客户角色和客户不同的体验周期了解客户看重的价值要素，最后进行差异化的客户价值定位并制定实现差异化价值定位的行动举措。

（一）理解客户价值

客户价值是指客户从产品中得到的东西。**客户购买的是价值，而不是产品！**客户购买一个钻机，不是为了拥有钻机本身，而是为了能在墙上打出其所需要的孔。我们出去旅游度假，不只是为了看看不同的风景，而是为了放松心情、愉悦自我、享受亲人关爱等。

让我们从客户感知形态和客户价值性质两个方面来理解客户价值。

1. 从客户感知形态理解客户价值

从客户感知形态看，客户价值可以分为产品价值、服务价值与体验价值（见图 2-15 ）。

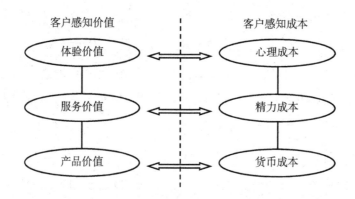

图 2-15　客户感知价值的 3 个方面

从图 2-15 可以看出，与客户感知价值相对应的是客户感知成本，客户的诉求是以尽可能低的感知成本获得尽可能多的感知价值。

客户感知价值是指影响客户对企业及其产品的价值的感知和评价的要素。客户感知价值由 3 个核心驱动要素构成：产品价值、服务价值和体验价值。相应地，客户在获得企业提供的价值的同时，也必然会付出一定的成本和代价。与客户感知价值相对应的就是客户感知成本。客户感知成本也由三大驱动要素构成：货币成本、精力成本和心理成本。

产品价值是指客户从企业提供的产品本身所感知和获得的价值；服务价值是指客户在与企业的人员接触的全过程中从企业所感知和获得的无形的价值；体验价值是指客户从企业提供的产品或服务中所体味到的源于内心感受的价值。从产品价值到服务价值，再到体验价值，是一个从具体到抽象的过程，也是一个从实物感受到心理感受的过程。为了进一步理解三大价值驱动要素，可对三大价值驱动要素作进一步细化，如图 2-16 所示。

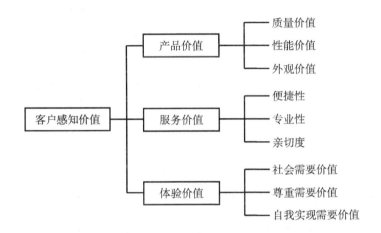

图 2-16　客户感知价值要素细分

货币成本是指客户购买企业产品、维修保养及与使用相关支出的货币的总和；精力成本是指客户在认知、选择、购买、消费和丢弃产品的全过程中所付出的时间、体力及脑力成本的总和；心理成本是指客户在产品的购买或消费过程中感受到的心理上的"不幸感"。与客户感知价值一样，从货币成本到精力成本，再到心理成本，是一个从具体到抽象的过程，也是一个从实体感受到心理感受的过程。同样，对这三大成本驱动要素也可作进一步细分，如图 2-17 所示。

在各类产品普遍过剩的时代，服务价值和体验价值是企业创新的主要方向。在满足了基本需求之后，客户越来越期待从体验价值中得到满足。

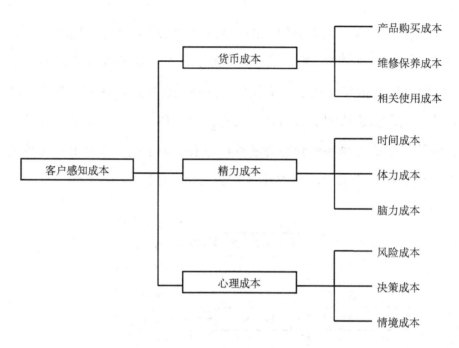

图 2-17 客户感知成本要素细分

2. 从客户价值要素性质视角理解客户价值

从客户价值要素性质视角，我们可将客户价值分为保健价值、期望价值与惊喜价值，如图 2-18 所示。

保健价值是产品必须提供的，如果没有肯定不满意。比如汽车如果没有安全气囊，客户一定不会购买。期望价值是希望产品能提供的，如果不提供，满意度也不会有太大的影响，但是如果提供了，满意度会有所提高。比如汽车的驾驶座椅自动记忆功能，驾驶者期望有，但如果没有，一般也不会影响购买决策。惊喜价值是没想到会有，如果产品提供，则满意度会大大提高。比如汽车在低于安全车距时的自动刹车系统，对于大多数汽车来说就属于惊喜价值。

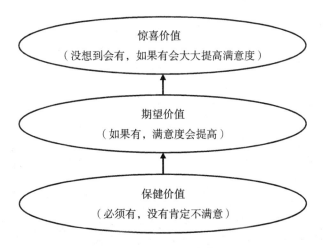

图 2-18　保健价值、期望价值与惊喜价值

　　客户做出购买决策时，通常会先看保健价值能否满足，然后再看期望价值能否满足，最后才考虑有否惊喜价值。如果保健价值都不能满足的话，就谈不上期望价值和惊喜价值了。对于大多数产品而言，在保健价值和期望价值方面一般很难拉开差距，形成明显的差异化。**惊喜价值往往是产品差异化的主要来源**。

🧩 **创新案例　别克全新一代 GL8 的惊喜价值**

　　别克 GL8 一直在国内 MPV 市场上居于领先地位。全新一代 GL8 在第二排提供了头等舱座椅，大幅提升了长途旅行的舒适性。前排和第二排座椅均具有加热、通风和按摩等舒适配置。从图 2-19 可以看出，其广告图片呈现的重点就是第二排座椅，广告语"坐享其程"表达的也是该车乘坐舒适性这一核心卖点。

　　由本案例可以看出，**卓越的产品背后一定有一个卓越的产品经理，有一支卓越的产品管理团队**。该产品管理团队通过深入调研客户需求，发现舒适性是目标客户非常看重的价值要素，于是通过产品设计和开发，在全新一代产品中提供很多舒适配置，形成差异化的卖点，使客户有舒适的乘坐体验，给客户带来惊喜价值，激发目标客户的购买意愿。新一代 GL8 的售价比上一代整体提升了 50%以上，并且比上一代销售得更好。由此可见，对于创新产品而言，价格往往不是问题，是否具有差异化的客户价值才是重点！

别克全新一代GL8
坐 享其程

图 2-19   全新一代 GL8 宣传图片

（二）了解不同类型的客户看重的价值要素

从供应商的视角，客户有多种类型，终端客户是客户，经销商、零售商也是客户，不同的客户看重的价值要素不同。这些不同的客户看重的不同的价值要素供应商都要满足，否则有可能由于某类客户不满意而导致产品销售困难。

我们不但要了解经销商、零售商及终端客户的需求，我们还要了解客户的客户的需求，因为客户的客户才是我们最终的衣食父母（见图 2-20）。如果我们的产品能够帮助客户的客户成功，那么客户的客户就会帮助我们的终端客户成功，因而终端客户会通过不断购买我们的产品而帮助我们成功。

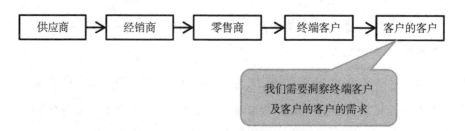

图 2-20   不同类型客户看重的价值要素不同

▶**咨询实例** 某医疗器械公司不同类型的客户看重的价值要素分析

某从事心电图机研发和销售的医疗器械公司面临激烈的同质化市场竞争，很多时候中了一个大标，但是最后算账时却发现亏了钱。该公司期望通过差异化的产品价值定位走出同质化竞争泥潭，开辟出一片"蓝海"市场。该公司对价值链上的不同类型的客户进行了深入的走访调研，找出了不同客户类型看重的不同的价值要素（见表2-10）。

表 2-10 某医疗器械公司不同类型客户看重的价值要素分析

客户类型	经销商	零售商	终端客户	客户的客户
客户对象	省、市级医疗器械代理公司	省会、地级市医疗器械销售门店	各类医院	患者、患者家属
看重的价值要素	• 企业品牌形象 • 到货及时性 • 账期长短	• 企业品牌形象 • 包装及外观美观性	• 安全性 • 可靠性 • 易用性	• 测量准确性 • 触感舒适性 • 外观美观性

注：以上只是示例，未穷举各类客户看重的价值要素。

（三）了解客户内不同角色看重的价值要素

对于大多数 BtoB 企业（客户是企业而不是家庭或个人）而言，终端客户内部会有多种角色参与到产品的选型、决策、购买和使用等环节。不同的角色对产品看重的价值要素也会有很大的不同。这些不同的角色看重的不同的价值要素企业都应该满足，否则会影响产品的销售和企业的声誉（见图2-21）。

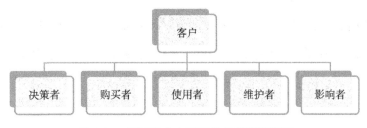

图 2-21 不同的角色看重的价值要素不同

> ▶ **咨询实例** 某心电图机产品不同的角色看重的价值要素分析
>
> 　　接上例，该公司在对价值链上不同类型的客户进行深入调研的基础上，继续深入终端客户——医院，对不同的角色进行深入调研（主要采用现场观察、一对一深度访谈和小组访谈等市场研究方法），洞察到医院不同角色看重的不同的价值要素（见表2-11）。
>
> 表2-11　某心电图机产品不同的角色看重的价值要素分析
>
> | 客户角色 | 决策者 | 购买者 | 使用者 | 维护者 | 影响者 |
> |---|---|---|---|---|---|
> | 角色对象 | 院长、分管副院长 | 采购部 | 医生、护士、患者 | 维修部 | 患者家属 |
> | 看重的价值要素 | • 安全性
• 投资回报 | • 合规性
• 交货期 | • 稳定性
• 可靠性
• 易用性
• 舒适性 | • 故障率
• 易维护性
• 备品备件供应及时性
• 服务及时性、专业性 | • 测量准确性
• 外观美观性 |
>
> 注：以上只是示例，未穷举不同角色看重的价值要素。

（四）了解客户在不同体验周期看重的价值要素

　　不同类型的客户有不同的看重的价值要素，客户内不同的角色有不同的看重的价值要素，客户在与企业产品的不同**接触点**（Touch Point）也有不同的看重的价值要素。企业只有对以上3个维度均进行深入的客户需求研究，才能系统、全面、深入地把握客户看重的价值要素。

　　从购买、使用到最终丢弃产品的全体验周期中，客户与企业有多个接触点，每个接触点的满意度会直接或间接影响到客户对企业产品的购买、重复购买及引荐购买。客户关注的不只是产品价值，还包括服务价值和体验价值。

　　客户的产品体验周期包括6个基本阶段：购买、送货、使用、配件、维修保养及丢弃（Kim，2005），如图2-22所示。

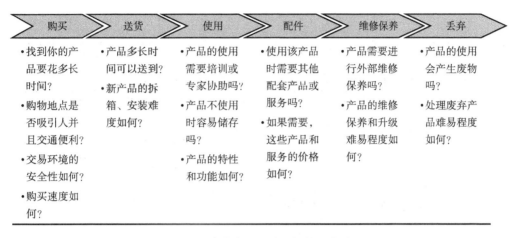

图 2-22 客户产品体验周期的 6 个阶段

在客户的产品体验周期中，客户与企业的接触点有很多个。客户在不同的接触点有不同的价值诉求，企业可以通过回答各个体验阶段的一些关键问题来洞察客户的价值需求。不同行业、不同产品类型的客户体验周期可能会有所不同，企业可根据自身行业特点画出产品的客户体验周期，并思考和回答以下问题：

（1）我们的产品客户体验周期包括哪些阶段？

（2）在每个阶段企业与客户的接触点主要有哪些？

（3）在每个接触点客户看重的价值要素有哪些？

（4）客户对我们的产品在各个接触点的表现评价如何？

（5）客户对我们的主要竞争对手的同类产品在各个接触点的表现评价如何？

通过深入调研，企业可以列出客户在产品不同体验周期看重的主要价值要素。基于客户在不同体验周期看重的价值要素，企业可以对照自身产品及主要竞争对手产品的客户评价，明确产品需要重点改进的内容。

> **咨询实例** 客户在全体验周期对某心电图机产品看重的价值要素（见表2-12）

表 2-12　某心电图机产品客户全体验周期看重的价值要素

购　买	送　货	使　用	配　件	维修保养	丢　弃
便利性	及时性	• 稳定性 • 可靠性 • 易用性	及时性	• 及时性 • 专业性	环保性

注：以上只是示例，未穷举不同体验周期客户看重的价值要素。

（五）定位差异化的客户价值要素

通过以上 3 个方面的分析，企业需要找出 5~7 个客户看重的价值要素。将这些价值要素与主要竞争对手进行比较，寻求差异化的客户价值定位。企业可以通过绘制如图 2-23 所示的价值曲线对各价值要素进行直观比较。

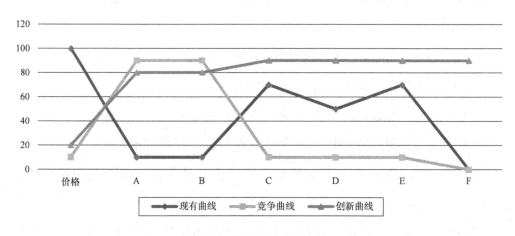

图 2-23　客户价值曲线比较

在图 2-23 中，横轴表示客户看重的主要的价值要素，价格是其中的一个，A~F 代表各个价值要素，一般列 5~7 个主要的方面。纵轴表示各价值要素的相对评分值。60 分以下表示有待重大改善，60~80 分表示尚可，80~90 分表示优秀。

现有曲线表示企业自己现有产品的表现。竞争曲线表示主要竞争对手同类产品的表现，主要竞争对手如有多家，竞争曲线可相应画多条。创新曲线表示综合现有产品表现和主要竞争对手同类产品表现后希望改善的产品价值曲线。

通过绘制价值曲线，可以直观地看出很多有价值的信息：

（1）如果企业的价值曲线与主要竞争对手的价值曲线几乎重合，说明企业与其他主要竞争对手正在进行激烈的同质化竞争。对客户而言，这几家公司的产品的品质没有什么差异。

（2）如果企业的价值曲线与主要竞争对手的价值曲线走势趋同，但是整体高于或低于主要竞争对手的价值曲线，说明企业与主要竞争对手正在进行的也是无差异化的竞争，只是企业产品的品质在整体上比主要竞争对手更高或更低。

> **▶ 咨询实例**　**某心电图机产品的价值曲线绘制与分析**
>
> 通过对不同客户类型、终端客户内不同角色、终端客户不同体验周期的深入调研，某医疗器械公司总结出某心电图机产品客户最看重的 6 个价值要素：稳定性、可靠性、准确性、易用性、界面友好性和外观美观性。基于这 6 个价值要素，该企业分别绘制出了现有曲线、竞争曲线和创新曲线（见图 2-24）。
>
> 从图 2-24 可以看出，该公司的现有产品与主要竞争对手相比缺乏竞争优势，除界面友好性和外观美观性得分比主要竞争对手稍高外，其他 4 个方面的得分均低于主要竞争对手。得分稍高的两个方面也不足以与主要竞争对手拉开差距，形成竞争优势。在稳定性、可靠性和准确性这 3 个客户非常看重的价值要素方面，该公司与主要竞争对手差距很大。由以上直观分析可以看出，该公司的产品与主要竞争对手相比处于劣势，缺乏竞争优势。在价格上，该公司的产品与主要竞品相比也差距较大。由于产品缺乏竞争力，相应地价格也缺乏竞争力。该公司迫切需要对产品进行针对性的重大改善，以提升产品市场竞争力

和价格水平，进而提升产品的盈利能力。

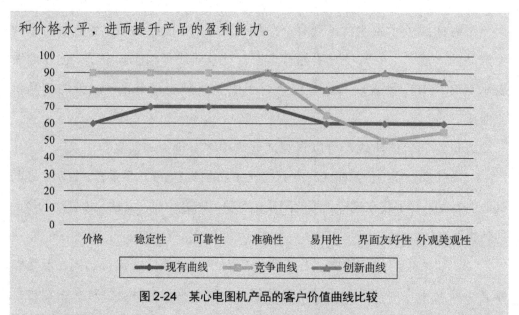

图 2-24　某心电图机产品的客户价值曲线比较

从该公司绘制的创新曲线可以看出，该公司希望在产品稳定性、可靠性和准确性这3个主要方面缩小与主要竞争对手的差距。毕竟这些方面差距的缩小需要时间，需要核心技术的积累。同时，这3个方面较大幅度的提升往往也意味着产品成本的大幅提升。此外，该公司希望大幅提升产品的易用性、界面友好性和外观美观性，凭借这3个方面与主要竞争对手拉开差距，形成差异化的产品卖点，各客户带来更好的使用体验。

由以上分析可以看出，该公司的产品差异化定位战略如下：在稳定性、可靠性和准确性等主要保健价值方面缩小与主要竞争对手的差距，做到让客户满意。在易用性、界面友好性和外观美观性等主要体验价值方面大幅拉开与主要竞争对手的差距，形成差异化的产品卖点。在主要保健价值与主要竞争对手相当、主要体验价值大幅超越主要竞争对手的定位下，适当提高产品定价，进而提升产品盈利能力和品牌形象。

（六）制定实现创新价值曲线的措施

以上客户价值要素定位只是明确了想要实现的价值曲线，企业还必须明确如何从现有价值曲线走向创新价值曲线的措施，以指导新产品的设计和开发。

➤咨询实例 某心电图机产品创新价值曲线实现措施

在上述心电图机产品案例中，通过市场调研、与主要竞争对手比较分析，企业明确了要将易用性、界面友好性和外观美观性作为差异化的卖点。企业产品管理团队进一步明确了各个价值要素的定义及实现创新价值曲线的具体措施（见表2-13）。

表2-13 某心电图机产品创新价值曲线实现措施

价值要素	价值要素定义	创新价值曲线的实现措施
1. 易用性	1.1 任何角度都可以看清显示屏	（1）采用不会反光的显示屏 （2）增大显示屏 （3）增大显示屏上的字体及字体的清晰度
	1.2 各种导线容易辨识，不会缠绕在一起	（1）不同导线采用不同颜色 （2）同类导线捆扎在一起
2. 界面友好性	2.1 便于操作	（1）软件菜单由三层改为一层 （2）关键信息直接呈现在界面上
	2.2 看着舒服	（1）优化界面设计 （2）不同模块用不同颜色标识
3. 外观美观性	……	
……		

注：以上价值要素定义及创新曲线实现措施均为示例，仅供参考。

通过价值要素定义和创新曲线实现措施描述，客户看重的各个价值要素具体化了，这为具体的产品设计和开发明确了重点，帮助企业用尽可能少的投入实现尽可能大的差异化，大幅提升客户的满意度和产品的市场竞争力。

产品经理行动

选择一款典型产品，在深入市场研究的基础上，绘制产品创新价值曲线，并制定创新价值曲线的实现措施，指导新产品的设计和开发。

三、商业模式定位

目标客户定位回答了产品卖给谁的问题，客户价值定位回答了产品如何提供差异化的卖点以打动目标客户的问题，**商业模式定位则要回答如何尽可能低成本地在尽可能短的时间内将产品卖给尽可能多的人的问题**。目标客户定位、客户价值定位与商业模式定位分别回答"卖给谁"、"卖什么"和"怎么卖"这三大关键问题。目标客户定位、客户价值定位主要是产品层面的创新，而商业模式定位则主要是企业运营管理层面的创新。

战略定价（Strategic Pricing）是指企业根据大多数目标客户都能接受的价格水平进行产品价格政策制定。战略定价能使企业迅速占据广大的市场份额，形成规模效应，取得定价的主动权，并且一路领先，建立和保持持续的经营优势（见图 2-25）。

目标利润是指企业希望从产品获得的利润水平。目标利润的确定可根据行业平均利润水平、企业发展的风险和企业的经营能力等因素确定。为保持企业的可持续发展，企业的利润水平一般要高于行业的平均水平，这样企业才可能有更多的资金用于现有产品的完善和新产品的开发，以更好地实现客户价值，保持持续的经营优势。如企业所在行业发展的风险较大，则也应考虑有较高的利润水平。如一些高新技术企业新产品开发的不确定性较高、一次性投入较大、沉没成本较高，则应考虑比传统产业更高的利润水平以抵御高风险。此外，企业的经营能力也影响企业的利润水平。如企业的经营能力很强，能以较低的成本为目标客户提供超出客户期望的产品，则其利润水平可以定得较高。相反，如果企业的经营能力还需较大幅度的提升，则一开始不要期望有太高的利润水平，应先求生存后求发展。目标利润值直接影响企业面临的目标成本压力。

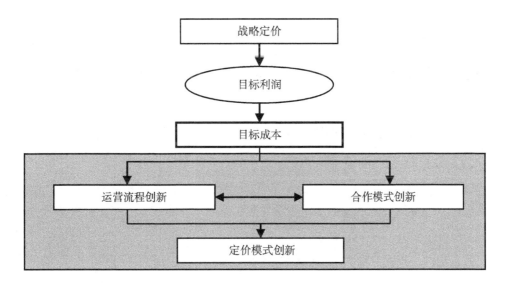

图 2-25　基于战略定价进行商业模式创新

由以上战略定价和目标利润的分析，可得到企业目标成本的算式：

目标成本 = 战略定价 - 目标利润

例如，某产品的战略定价是 100 元，企业期望的利润率是 20%，即期望利润为 20 元，则该产品的目标成本必须控制在 80 元以内。目标成本是企业聚集内外资源，通过商业模式创新要实现的目标。如果目标成本不能保证，企业就不能保证期望的利润水平，甚至战略定价也不能保证，这样就既不能实现客户价值，也不能实现企业价值，更谈不上建立和保持持续的经营优势。

所以，**降低产品成本是与提升客户价值同等重要的事情**，而且降低产品成本是在客户价值实现的过程中持续进行的。**客户价值提升和产品成本降低要两手同时抓，并且两手都要硬。**

企业商业模式定位是在战略定价的前提下，通过明确企业目标利润来确定目标成本的。目标成本的确定是商业模式定位的前提，商业模式定位的目的就是实现产品的目标成本。

商业模式定位主要从运营模式创新、合作模式创新和定价模式创新 3 个方面考虑。

（1）**运营模式创新**。我们的运营流程等哪些环节需要增加、去除或外包？

（2）**合作模式创新**。哪些事情应该我们自己做，哪些事情应该寻求合作伙伴的配合？

（3）**定价模式创新**。我们如何在不牺牲目标利润的前提下让产品定价能得到大多数目标客户的认可？

（一）运营模式创新

运营模式创新主要从企业运营流程视角寻求在保证客户价值实现的前提下尽可能降低成本。运营流程是企业日常经营活动的主要部分，企业应当认真比照行业内的竞争对手及相关产业的成功实践，创造一些能显著降低产品成本的与众不同的运营活动，减少或去除一些对客户价值提升没有多大贡献的运营活动。成本创新不是简单地压低原材料采购价格、支付员工较低的薪酬、削减各项员工福利、牺牲环保等。**通过流程优化降低企业管理成本是企业降成本非常重要的内容**。客户价值实现过程的成本创新应当以不牺牲客户、员工和各利益相关者的利益为原则（见图 2-26）。

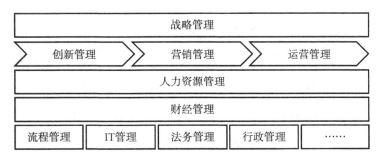

图 2-26　知行信企业管理要素框架

图 2-26 涵盖了企业日常经营管理的主要管理要素，其中创新管理、营销管理和运营管理是企业日常管理三要事。在这三要事方面企业投入的人力、物力和财力是最多的。企业需要比照行业标杆，对照以上管理要素，思考和回答以下问题：

（1）哪些管理要素是企业的关键成功要素，是企业的核心能力，一定要牢牢把握？

（2）哪些管理要素能够进一步提高效率、降低成本？

（3）哪些管理要素应该外包，或者部分外包？

企业可以从战略重要性和成本两个维度决定哪些管理要素需要自己做，哪些管理要素可以外包（见图 2-27）。

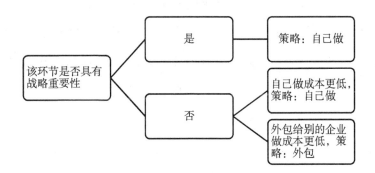

图 2-27　企业管理环节外包决策原则

由图 2-27 可见，对于具有战略重要性的管理要素，无论成本高低，都要坚持自己做，比如客户需求研究和产品核心技术开发等。如果一个企业将具有战略重要性的核心管理要素都外包了，那么该企业就会空心化，就会失去市场竞争力。比如做软件的不应该外包关键算法开发，做汽车的不应外包发动机技术开发，做硬件的不应该外包关键芯片开发等。

对于非战略重要性的管理要素，如果自己做成本更低，那么可以自己做；如果外包给别人做成本更低，那么应该外包。"麻雀虽小、五脏俱全"或事无巨细都自己完成的企业很难实现规模经济性和降低产品成本。

创新案例 **耐克公司只专注两件事：产品设计与品牌宣传**

耐克是全球领先的运动服装、运动鞋厂商，主要专注做好产品设计与品牌宣传工作，而将生产、销售等工作都外包给专业的企业去做。比如，耐克专心研究人们在从事不同运动时所需要的鞋子，开发出了适合不同人群的篮球鞋、足球鞋、网球鞋、跑步鞋和休闲鞋等。耐克将洞察客户需求，进而设计和开发满足客户需求，甚至超出客户期望的产品作为公司的核心管理要素，从而持续引领市场潮流，保持全球领导地位。

（二）合作模式创新

受资源和能力的限制，每个企业都只能专注于做自己最擅长的事情，在很多价值实现环节上要与外部的伙伴进行分工合作，实施**开放式创新**（**Open Innovation**）。与合适的外部伙伴进行合作，不但可以利用合作伙伴的专业优势保证相关价值环节的质量，而且可以减少企业的一次性投入，缩短产品交付周期，降低产品成本，提升客户满意度，提升公司盈利能力。当然，选择不合适的合作伙伴或与合作伙伴之间的关系管理不善，也有可能影响客户满意度，并且加大产品成本。所以，**合作伙伴的选择及合作关系的管理是合作成功的关键**。

根据上述流程环节外包原则，对于企业非战略重要性的环节和内容，如果外部合作伙伴做成本更低，我们就应该外包出去。因此，企业在经营的各个方面都有寻求外部机构合作的机会。图 2-28 列出了企业合作模式创新的多个方面。

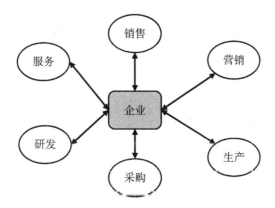

图 2-28   合作模式创新的多个方面

企业可以结合对以下问题的思考，在多个方面寻求合适的合作伙伴：

（1）我们应该优先在哪些方面寻求与外部机构的合作？为什么？

（2）在这些方面我们能够找到合适的合作伙伴吗？他们有意愿与我们合作吗？

（3）我们应该如何有效管理这些合作？如何有效规避合作风险？

创新案例 华为公司的合作模式创新

2017 年,华为公司员工总数约 18 万人,华为公司员工分布大概比例如下:

• 研发与创新 45%。

• 营销与服务 35%。

• 制造与运营 15%。

• 管理与后勤 5%。

由以上人员分布可以看出,华为公司非常重视研发与创新、营销与服务,这两部分的人员占公司总人数的 80%。华为公司持续在研发与创新方面加强投入,厚积薄发,由模仿走向了全球引领。华为公司非常重视市场拓展和客户服务,在全球 170 多个国家和地区建立了办事处,贴近客户,提供服务。华为公司的制造与运营体系人员占比很低,主要原因是华为公司将不太增值的制造环节外包给了富士康等代工企业。同时,华为公司的智能制造做得很好,大部分生产线都实现了机器换人。华为公司的管理与后勤人员占比也比较低,主要是因为华为公司持续优化和简化各个方面的流程和制度,实施"小机关"制度,将决策重心前移,"让听得见炮声的人做决策"。

(三)定价模式创新

对于一些企业而言,有时运营流程的成本创新或合作模式的成本创新都还不足以实现目标成本的要求,那么企业可以考虑在定价模式方面进行创新来降低产品成本。**定价模式创新**(Pricing Innovation)是指在不改变战略定价标准的前提下采用与同类产品不同的定价模式来满足目标客户的价值需要,以降低产品成本,提高客户对产品的接受度。

定价模式创新主要有如下几种方式。

1. 租赁模式

企业通过将产品的购买模式改变为租赁模式,一方面客户通过花费较少的费用获得了所需的价值,另一方面企业通过多次出租该产品也获得了理想的回报。租赁定价模式适合产品单值高、客户使用频率低或客户难以一次性支付大额款项的产品。电梯、机器设备、软件、LED 显示屏等产品均有采取租赁模式的案例。

🧩 创新案例

如 IBM 将服务器等价值高昂的设备租赁给企业使用,按月收取费用,一方面保证了租赁方市场份额的拓展,另一方面又使企业不必一次性花费巨资购买这些设备,而且不用担心设备升级换代和维护保养问题。这是一种双赢的解决方案。

2. 分期付款

对于一些产品单值高、客户又希望早些拥有的产品，可以考虑采取分期付款模式。房产就是一种典型的分期付款模式。有些厂商的笔记本电脑也采取分期付款模式吸引支付能力较弱的年轻人购买。

创新案例

某笔记本电脑售价 4 800 元，采取等额分期支付的方式，消费者分 12 期免息支付购买费用，每月只需支付 400 元。这样，年轻的白领能够在没有较大经济压力的情况下提前一年拥有一台笔记本电脑。对于厂商而言，通过分期付款方式也激发了潜在客户的购买意愿，增加了销量。

3. 转移支付

转移支付是指厂商向一类客户提供服务但从另一类客户获取回报。比如谷歌免费向广大网络用户提供搜索引擎、新闻和电子邮箱等服务，主要收入来源则是付费广告。这种"羊毛出在猪身上"的收费模式如今在互联网行业非常普遍。这种收费模式的要点是互联网企业提供的服务对网络用户是否有足够的吸引力和黏性，是否是高频和刚需，能否长期黏住大批用户。只有这样，才能吸引足够多的广告主长期支付足够多的广告费用，维持互联网企业的生存和发展。博客网站、视频网站、汽车网站等很多垂直应用网站的主要收入来源都是广告收入，而不是用户的收费。

4. 分成模式

分成模式是指某企业在出售产品给另一企业时不直接收费，而是从该企业以后的收益中收取一定比例的费用。如某咨询公司为一些中小企业提供常年管理顾问服务，不收取常规的项目咨询费用，而是从该企业的年度收入中收取一定比例的费用。对于被服务企业而言，不必马上支付费用但可享受管理咨询服务，而对于咨询公司而言，最终获得的回报可能比收取项目咨询费用更大。这种模式在软件企业也比较普遍。如网络游戏软件开发方与游戏运营方合作，由开发方免费提供游戏软件给运营方负责运营，最后开发方从运营方分取一定比例的游戏运营收入。

5. 分时享用

客户享有某一产品一定时段或次数的使用权，但是不必购买该产品。这种定价模式在一些价格昂贵但不会经常使用的产品中采用，如公务用直升飞机、豪华游艇、度假酒店、高尔夫会员卡等。如某人可能会购买一旅游度假区酒店的某套别墅一年多少天的使用权，而无须支付全部别墅费用。

当然，在某行业看来是定价创新的模式在另一行业可能是正常的定价模式，但采用与同类产品不同的有效定价模式就是创新。如公务直升飞机采取分时享用的方式是一种创新，而高尔夫球场通过卖会员卡的方式提供服务也是一种分时享用的方式，但却是球场的普遍定价模式。

以上讨论的商业模式定位的 3 个方面——运营流程创新、合作模式创新及定价模式创新需要企业顺序考虑。不同的企业根据行业特点及企业的实际需要，可能会在一个方面进行重点创新或在几个方面都有创新。如果涉及多个方面的创新或在一个方面的多个价值环节进行创新，企业要考虑多个创新的相互配合，不能相互矛盾。

需要强调的是，商业模式创新是补充，产品创新才是根本。如果产品本身不好，只是强调商业模式创新，很可能昙花一现，难以持久。互联网+创业失败率很高，主要原因就是这些企业只看重商业模式创新，不看重产品创新本身。共享单车、共享充电宝等领域"一哄而上，一哄而散"的现象就是典型。

产品经理行动

通过市场调研确定产品的战略定价，核算产品的目标利润和目标成本，通过运营模式创新、合作模式创新、定价模式创新实现产品的目标成本。

本节小结

（1）产品战略定位是企业战略决策最基本、也是最重要的部分，企业所有战略目标的实现最终都是通过产品的市场成功实现的。因此，产品经理需要对每款产品进行明确的、有效的战略定位。

（2）产品战略定位包括目标客户定位、客户价值定位和商业模式定位。企业应该在产品目标客户定位的基础上进行客户价值定位，在客户价值定位的基础上进行商业模式定位。产品战略定位是这三个方面定位的有机结合。

（3）目标客户定位要在地理人口定位、行为特征定位的基础上进行心理需要定位。心理需要定位是最有效、最可靠的市场细分方法。具有同样心理需要的客户群应该定义为一个细分市场。

（4）客户价值定位是新产品设计和开发的前提和基础。在进行客户价值定位时，既要考虑产品价值和服务价值，也要考虑体验价值。在考虑保健价值和期望价值的同时，还要考虑惊喜价值。可以通过绘制价值曲线进行差异化的客户价值定位；通过审视客户体验周期，明确客户体验周期各阶段的客户价值需要。

（5）商业模式定位的主要目的是在提升客户价值的同时，持续地降低产品成本，以实现企业的目标成本和目标利润。商业模式创新主要包括运营流程创新、合作模式创新和定价模式创新。

（6）在产品战略定位的基础上，企业应该制定切实可行的战略执行举措，并且将战略执行举措融入产品创新团队的日常工作中，以保证产品创新绩效目标的实现。

读书笔记

知行信 4D 创新流程

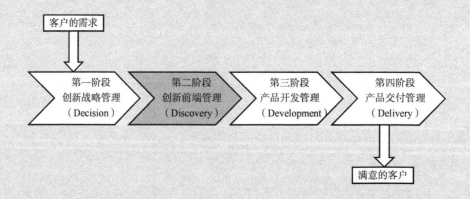

在知行信 4D 创新流程中，创新前端管理是第二个阶段，回答"做什么"的问题，产品经理需要在公司决策的业务领域内发现创新机会，论证创新项目，向公司高层管理者提交项目立项分析报告。创新前端又称模糊前端，产品经理在创新前端的核心职责就是要将模糊前端逐步明晰起来。创新前端是承上启下的阶段，是产品经理工作的核心阶段。

创新前端管理阶段包括创意产生、概念开发和立项分析 3 个子阶段。

创新前端管理阶段工作准则：慢就是快！

第三章
创新前端管理

凡事预（豫）则立，不预（豫）则废。言前定，则不跆；事前定，则不困；行前定，则不疚；道前定，则不穷。

——《礼记·中庸》

创新前端（Front End of Innovation， FEI）又称模糊前端（Fuzzy Front End，FFE），是产品创新管理 4D 流程的第二大阶段。创新前端管理包括创意产生、概念开发和立项分析 3 个子阶段。如果说创意是一句话，那么概念就是一页纸，立项分析就是一本书。

创新前端管理流程框架

本章分为 3 节，内容包括产品创意产生、产品概念开发、产品立项分析。

第一节，产品创意产生。主要内容包括如何营造良好的创新氛围，如何激发突破性的新产品创意，如何管理新产品创意，以及如何评审新产品创意等。每条产品线的产品线经理要负责相应产品线新产品创意的激发和管理工作。

第二节，产品概念开发。主要内容包括产品概念优化、产品概念分析和产品概念评审等。每条产品线的产品线经理要负责相应产品线新产品概念的开发和管理工作。

第三节，产品立项分析。主要内容包括市场研究、客户需求研究、产品定义、概念测试、立项分析和立项评审等。产品经理要组织跨职能团队进行项目立项分析工作。

请企业首席产品官组织企业产品管理团队对照下表，评估企业在创新前端管理方面是否存在以下常见问题，并从本章后续章节的介绍中寻求相关问题的解决方法。

创新前端管理常见问题描述

创新前端管理常见问题描述	公司现状描述
（1）突破性的新产品创意很少，或者创意虽多但都很平庸，难以对众多新产品创意进行有效筛选与评审	
（2）公司没有专人负责市场研究工作，对客户需求理解不系统、不完整、不深入、不正确，闭门造车现象严重，开发出的产品难以满足客户需求	
（3）没有将客户需求有效地转化为产品功能定义，开发出的产品冗余功能多，产品稳定性差，产品成本高，市场竞争力不强	
（4）项目可行性分析不严谨，在开发过程中经常发现关键原材料难以采购，开发出来的产品难以生产或难以维护，新产品开发项目中途夭折多，或者开发进度总是大幅延期，延误上市时机	
（5）新产品项目决策评审缺乏规范的评审流程和科学的评审准则，老板个人说了算，或者只是形式上的集体决策，很多没有"钱景"的项目进入了开发流程，新产品开发项目投资回报率低	

第一节 产品创意产生

种子的基因很大程度上决定了其是否可以长成参天大树。

新产品创意的质量也同样决定了能否开发出卓越的创新产品。

> **? 产品经理思考**
>
> （1）我们能够源源不断地产生足够多的突破性的新产品创意吗？
>
> （2）公司每条产品线都有专人负责新产品创意管理吗？公司有正式的新产品创意库吗？
>
> （3）我们能有效对新产品创意进行评审决策吗？

产品创意产生是新产品开发的第一个阶段，是新产品开发的源头。"问渠哪得清如许，唯有源头活水来。"新产品开发的前提是要有足够多的、新颖的新产品创意供公司筛选。缺乏足够多的创意的新产品开发就是无源之水、无本之木。在创意产生阶段，**"数量是成功的朋友"**。企业首先应该通过多种方式激发出尽可能多的新产品创意，然后通过有效的创意优化和筛选流程，选择最有前景的创意进入概念开发阶段（见图 3-1）。

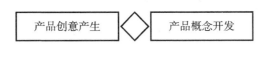

图 3-1 产品创意产生与评审框架流程

新产品创意大致可以分为两类：一类是突破性创意（Breakthrough Idea），另一类是改进型创意（Incremental Idea）。突破性创意是指对于本行业或企业所在市场而言，新产品的创意是独一无二的；而改进型创意主要是指在现有产品的基础上进行一些或大或小的改进、升级或优化。改进型创意又可根据改进幅度分为重大改进型创意和微小改进型创意。苹果公司 2007 年推出的 iPhone 手机是突破性创意产品，大部分国内家电厂商推出的新一代电视机都是属于改进型创意产品。

追求持续、快速成长的企业需要改进型创意，更需要突破性创意。很多企业正是由于很长时间内都不能推出突破性的新产品而停滞不前，甚至走向衰败。有些企业正是由于推出了突破性的新产品而一跃成为市场的领导者。中国中车推出的高铁、谷歌推出的搜索引擎、亚马逊推出的网上书店、阿里巴巴推出的淘宝、腾讯推出的微信等都属于突破性创意产品。

一、突破性新产品创意的价值

突破性的新产品能带给企业的好处主要有如下方面。

1. 突破性的新产品能为企业开创巨大的市场空间

突破性的新产品通常能开创出巨大的"蓝海市场"，市场空间非常广阔。苹果公司 2010 年推出的 iPad 平板电脑，上市 80 天就卖出了 300 万台，远远高于任何品牌的台式电脑或笔记本电脑的日均销售量。

2. 突破性的新产品能帮助企业成为行业的领导者，或者标准制定者

成为行业领导者，并且与跟随者拉开差距的最好的方式就是开发和上市突破性的新产品。英特尔公司通过突破性创新在 CPU 市场上一直领先，占据 80%以上的市场份额，成为行业的领导者，也是标准的制定者。

3. 突破性的新产品能为公司带来良好的品牌形象

公司的品牌形象不是靠广告宣传出来的，而是通过产品的使用由客户传播形成的。产品本身就是最好的品牌宣传媒介。时尚、个性、特色是现代人的追求，创新性强的产品能给客户带来更多的体验价值和惊喜价值，创新型企业比模仿型企业的品牌知名度和美誉度要高得多。苹果公司凭借持续推出突破性的创新产品，其知名度和美誉度要远远高于其他消费类电子生产厂商，苹果公司已成为时尚和创新的代名词。

4. 突破性的新产品能为公司带来更高的利润率

由于突破性的新产品特色鲜明，又不容易模仿，因而企业具有较高的定价权，能够持续保持较高的利润率。苹果公司的手机占全球智能手机销量20%左右，但利润却占全球智能手机利润的90%以上。

产品经理行动

突破性的新产品创意对于我们公司的发展重要吗？为什么？我们公司能够源源不断地产生足够多的突破性的新产品创意吗？

二、阻碍企业产生突破性新产品创意的主要原因

突破性新产品是大多数企业的追求，但是要开发出突破性的新产品非常不容易。在各种类型的新产品中，真正有突破性的新产品只占10%左右。为什么大多数企业不能开发出突破性的新产品？根本原因有以下方面：

1. 公司领导者缺乏创新意识和抱负

一些企业的领导者缺乏真正的企业家精神,满足于做跟随者,认为这样做研发投入少、风险低、见效快。模仿策略在市场不饱和、竞争不激烈的情况下是有效的,但是随着模仿者的快速增多、市场容量的日渐饱和,市场很快出现同质化竞争的局面,大多数企业很难持续生存和发展。很多突破性创新的案例一再说明,"没有做不到,只有想不到"。在突破性创新方面,如果连想都不敢想,那么成为现实就根本不可能了。

2. 公司的新产品创意绝大部分来源于老板

很多企业在创业初期都是靠创业者的一两个好点子发展起来的。随着公司规模的扩大,公司的新产品创意还是来源于公司的一两个最高领导。有家做数码印花机械的高科技企业的总经理明确地对员工说,你们不要跟我谈什么创新,你们把我想出来的创意做好就不错了。还有一家做智能手机的企业,年营业收入达到 100 亿元以上,主要的新产品创意还是来自董事长一人。这家公司的市场总监满脸无奈地说,我们虽然有十几个人在做产品规划,但是我们公司真正的产品经理只有一个,就是我们的老板。一些企业新产品开发流程图的第一步就是老板提出创意。也就是说,如果老板不能提出创意,企业就没有新的新产品开发项目。这种创意来源过于依赖一两个人的企业,一方面会抑制员工们的创新激情,另一方面很可能出现成也老板,败也老板的局面。企业发展到一定规模,老板很可能成为企业发展的瓶颈。

3. 过于强调新产品项目的上市速度

有些企业认为新产品的竞争就是速度的竞争,新产品上市的速度越快越好。这种现象在手机、电子词典等消费类电子行业比较普遍。过于强调新产品上市速度,一方面会导致项目执行质量下降,结果新产品上市很快,但由于质量问题不断,新产品退市速度也很快。牺牲质量的速度不但不可取,而且是对公司宝贵的创新资源的巨大浪费！另一方面，迫于上市速度的压力，企业决策者会倾向于选择那些开发周期短、风险低的项目。这些项目容易做，而且能很快做好，但是这些项目往往是非常平庸的项目，是大多数竞争者都在做、都能做好的项目。常言道："慢工出细活。"没有较长的周期，没有较大的投入，是不可能做出"一鸣惊人"的创新产品来的。

4. 创新团队忙于"救火"的项目

一些企业的新产品开发团队非常忙，但主要忙于响应客户或销售人员的紧急需求。创新团队成员的绝大部分时间和精力用于应付源源不断的"救火"项目，重要而又不紧急的创新项目总是被迫一再延期。最终，三五年过去了，企业可能忽然发现没有合适的产品可卖了。

5. 新产品项目评审准则错误

有些企业员工一提出一个新产品创意，公司老板或高管马上就问："能赚钱吗？能赚多少钱？"在创意筛选阶段，有些企业过于看重财务回报指标，因而倾向于选择投入少、风险低的项目。因为这些项目一眼看去显得更好，开发成本更低，确定性更高。但是创新性越高的项目，在前期越看不太清楚，很难算出明确的投资回报。企业很可能由于采用与传统项目一样的筛选决策准则，导致很多创新性强的项目过早被扼杀。

某大型电信设备制造企业，有100多人的团队负责与现有产品线不同的新产品线业务的孵化，但是创新团队提出来的项目报到上级领导那儿，要么由于风险太高，迟迟没有下文；要么被认为没有前景，很快被枪毙。新产品创意筛选和立项成了阻碍该公司持续创新的"拦路虎"。

产品经理行动

哪些原因影响了我们公司产生突破性的新产品创意？我们应当如何改善？

三、营造良好的创新氛围

有什么样的创新环境就会有什么样的创新成果。如果一个公司从上到下的氛围都是"鼓励创新，宽容失败"，那么很可能会有源源不断的新产品创意涌现；如果公司的文化是跟随、模仿甚至抄袭，则很难有真正的创新产品面世。要激发突破性的新产品创意，企业首先要在企业内外营造良好的创新氛围。

企业可以从以下几个方面考虑如何营造良好的创新氛围。

1. 领导者重视创新，鼓励创新，支持创新，带头创新

营造良好的创新氛围是企业领导者的重要职责。营造良好的创新氛围的最有效的方法就是企业领导者身先士卒，率先垂范。员工不但会看你如何说，更会留意你如何做。如果只是口头上说重视创新、鼓励创新、支持创新，而不落实到自己的行动上的话，其效果还不如不说。真正重视创新的领导者通常会有以下行动：

（1）带头参加公司组织的创新会议，并且自始至终参加。

（2）不在创新会议上对任何人提出的任何创意提出批评。

（3）带头走出办公室，走向市场，每月有固定的几天时间拜访客户。

（4）坚持基于对客户需求的理解进行新产品设计和开发。

（5）认真倾听客户的反馈、投诉甚至谩骂，并且真诚地对客户表示感谢。

（6）为创新提供必要的资源。

（7）宽容失败，不惩罚失败。

2. 有专人负责创意搜集、管理和反馈

对员工和外部创新者提交的新产品创意，要有专人负责搜集和管理。不要将新产品创意与合理化建议等混为一谈。关于如何进行有效的创意搜集和管理，详见后文介绍。

3. 对任何创意提交者均及时反馈，表示感谢

对任何人提交的创意，都应该在一周内予以明确回复，并对创意提交者表示感谢。如果不能对提出的创意进行有效的反馈，员工将很快丧失创意提交的热情。

4. 对被采纳的创意给予适当的奖励

对通过评估进入概念开发阶段的创意给予小额的物质奖励，比如有些公司给予 50 元左右的物质奖励。但非物质奖励更重要，企业可以对创意提交者予以表扬、认可或颁发荣誉证书。

5. 给员工适当的弹性工作时间

不要期望员工在加班时间或在周末想出很多突破性的创意。对于与新产品开发直接相关的市场和技术等人员，可以给予他们一些弹性的工作时间用于激发新产品创意。比如 3M 公司规定研发人员可以有 15% 的时间用于做自己想做的事，做这些事情是不需要经过上司批准的。谷歌公司也明确规定员工每周可以有一天时间自由安排，用于研究自己感兴趣的领域。

6. 为创意提供适当的资源

为未经正式批准立项的项目提供必要的试验设备、场地或小额经费。对于攻关项目，可以将整个团队安排到公司以外的某个度假村或酒店封闭几个月，进行封闭开发，与日常工作断绝关系，减少日常工作的干扰。

7. 宽容失败

失败是成功之母！或者说，没有失败就没有成功。**确保不失败的唯一做法就是什么都不做**！即使项目失败了，也应该进行认真总结，并庆贺学到的一切，而不要避之唯恐不及。我们从失败的项目学习到的东西要远远多于从成功的项目所学到的东西。企业要认识到，"**正确地枪毙一个项目，也是一种成功**"。如果对创新失败的项目大肆批评，甚至惩罚，很可能团队里就没有人愿意参加高风险、高创新性的项目了。

8. 鼓励外部创意

内部员工只是突破性创意来源的一部分。客户、合作伙伴、供应商乃至竞争对手都是可能的创意来源。企业可以通过网站等方式建立与外部创意提交者的直接联系。宝洁公司通过采用"联系+开发"（Connect + Develop）的开放式创新模式，每年有超过 50% 的新产品创意来自公司外部。

9. 鼓励团队提交创意

任何突破性的创新靠个人的力量是非常难以实现的，创新型企业应鼓励以团队方式提交新产品创意。研发部门内部的人员可以组成团队提交新产品创意，市场、销售人员与研发人员也可以组成团队提交新产品创意。而且在创意提交的初期，这些团队都是非正式的。企业应该打破"部门墙"，鼓励不同职能部门、不同地域、不同国别员工之间的交流和互动，以提高创造性。

10.　对取得经济价值的创意进行宣传和表彰

企业可以通过设立荣誉墙、出版内部刊物等方式对取得经济价值的创意进行宣传和表彰，鼓励全体员工向获奖者学习。要奖励和表彰创新绩效突出的个人，也要奖励和表彰整个创新团队，并以团队奖励为主。

 产品经理行动

公司有良好的创新氛围吗？哪些因素影响了公司形成良好的创新氛围？我们应该如何营造良好的创新氛围？

四、激发突破性新产品创意的主要方法

战略分析和决策为新产品创意的产生指明了方向，确定了范围。企业需要在公司确定的战略区域内采取多种有效的方法激发尽可能多的突破性的新产品创意，为企业的新产品开发提供源源不断的高价值创意。下面介绍几个主要的突破性新产品创意激发方法（Cooper，2007），供创新型企业选用（见图 3-2）。

（一）通过预测未来激发创意

战略性的创意激发要求公司的领导团队对未来有正确的愿景和看法。创新型企业的领导团队应该有能力通过整合现有资源，结合对未来趋势的判断，比较准确地预测未来的情境。如果预测成功，企业将比其他竞争对手更

早地洞察未来市场对新产品和新服务的需求。

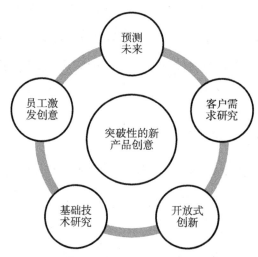

图 3-2　激发突破性新产品创意的主要方法

　　预测未来的行业、市场或世界的状态很不容易。很多大公司由于错误地估计了未来的发展趋势而错失了很多很好的发展机会。比如 IBM 在 20 世纪 80 年代不看好个人电脑市场的发展，放弃了与英特尔、微软公司的紧密合作，结果培育了惠普和戴尔等强劲的竞争对手。

　　虽然没有准确地预测未来的灵丹妙药，但是还是有方法可以帮助创新型企业的领导者更好地预测未来。主要的方法有 3 种：洞察外部环境，识别破坏性技术，以及描绘未来情境。

1. 洞察外部环境

　　常言道，不怕一万，就怕万一。企业最大的危险不是危险来了怎么办，而是不知道什么是危险。通过洞察外部环境，企业可以识别可能的机会和威胁，从而激发可能的新产品创意，利用机会，规避威胁，或者化威胁为机会。苹果公司的研发投入占销售收入的比例低于计算机行业的平均水平，但是该公司洞察到了世界未来的发展趋势，将研发资源聚焦在少数几款具有巨大市场潜力的产品上面，先后推出了取得巨大成功的多款新产品——iPod、 iTunes、iPhone、iPad 及 iWatch 等。苹果公司成为一台世界上最伟大的"创新机器"。

企业可以根据战略的创新性、环境的复杂性及环境的易变性决定是否需要在洞察环境变化方面投入较大的精力和人手。如果你的企业战略是进攻导向和成长导向的，你所处的经营环境非常复杂、变化很快，你可能需要建立一个环境预警系统，并任命专门的团队来负责监控外部环境的变化。比如消费类电子企业就需要随时监控外部环境的变化，并且及时采取合适的应对策略。

可以通过思考和回答以下关键问题审视外部环境：

（1）你的行业中谁走在前面？

（2）你过去遇到过哪些盲点？现在发生了什么？

（3）其他行业是否有类似情形？

（4）你错过了哪些重要的信号？

（5）外围客户（邻近的客户、以前的客户）和非直接的竞争对手有何看法？

（6）你的公司内部是否有人想告诉你什么？

（7）什么新的特征真正会伤害（或者帮助）你？

（8）什么正在出现的技术会改变游戏规则？

（9）将来会有意想不到的情境出现吗？

通过以上问题的回答，你可能会发现一些可以利用的**战略性机会**（Strategic Opportunities）。邀请市场、技术和业务开发等部门的人员通过头脑风暴的方式进行集思广益，将外部环境分析发现的机会和威胁转化为可能的新产品创意。

2. 识别破坏性技术

德鲁克说，对本公司和本行业影响最大的技术是**本领域外的技术**。破坏性技术往往就是本领域外的技术。

破坏性技术可能在一个行业制造重大的混乱，经常是一夜之间发生的，并且没有太多的征兆。破坏性技术也能为那些能够预见到这些技术的到来并采取行动的公司创造巨大的新机会——一个新的领域、一项新的业务。但是，破坏性技术往往难以预测，它们对收入的影响更难以评估。因此，破坏性技术为技术与行业分析、战略制定带来了很大的挑战。破坏性技术的**非线性打击**可能为处于行业优势地位的公司带来巨大的威胁，为其他公司带来机会。研究表明：几乎在每一个行业，在新技术时代，领先的公司面对不连续的变化很难保持市场领导地位。**大公司被新的、更快速和更灵活的公司所取代。很多公司第一次的成功为未来的失败埋下了种子。**

基于破坏性技术开发的新产品按传统的性能指标评估时可能比现有产品表现更差，但是它们给市场带来新的性能或新的价值定位。比如数码相机刚开始推出时成像质量不如传统的胶片相机，但是拍摄的便利性、数据存取的方便性远远超过传统胶片相机。企业需要评估破坏性技术发生的概率和周期，以及潜在的影响。最重要的是问"如何办"——关于此技术你能够和应当做什么？以下是评估破坏性技术影响的主要方法：

（1）持续监控你所在行业的外部技术状况。

（2）了解新技术出现的可能原因。

（3）评估新技术是否满足客户需求。

（4）超越客户要求的需求——洞察他们的真正需求和寻求的利益（未满足的、未说出来的、未预期的），不仅仅是他们所需要的。

（5）超越主流市场，识别可能的潜在市场。

（6）做现场工作，与潜在用户进行面对面的交流。

（7）抢在客户前面做些工作，将产品原型呈现给客户。

（8）检查客户正在如何解决他们的问题（世界上很少有真正全新的市场）。

（9）观察类似市场，以获得启发。

（10）尝试不同的情境。描绘最好的状况和最差的状况。

（11）应用非传统的项目评估方法，不要过多地考虑财务指标。

▶ **咨询实例**

随着移动互联网的发展，很多传统行业正在一夜之间被颠覆。腾讯的微信正在颠覆电信运营商，我们通过微信进行语音、视频、图片等交流，基本上不再发短信，也很少打电话。微信也正在颠覆银行业及其相关产业，我们通过微信支付购物、转账、交停车费等，我们已经很少去银行 ATM 机取现金，我们也很少使用信用卡和 POS 机。微信还正在颠覆各种办公软件，我们通过微信交流工作、传送文件，我们已经很少使用 OA 办公软件和电子邮箱。

3．描绘未来情境

大多数预测都是错误的！但是很多人都是基于自认为正确的预测进行战略决策的。这样做导致的战略失误比比皆是。比如，摩托罗拉公司认为人们需要的是在任何地方都能进行通信联络的卫星电话，而蜂窝移动电话的需求不会那么强烈。结果是蜂窝电话快速发展和普及，摩托罗拉投巨资建设的铱星卫星网络从启动运营到申请破产保护不到一年的时间。铱星卫星的失败是典型的 **"没有预见到的事物当其发生时你也会视而不见"**。

面对未来，企业要问以下 3 个问题：

（1）什么是最好的未来情境？基于最好的外部环境假设，尽可能详细地描述你的公司看起来会是什么样的。

（2）什么是最糟糕的未来情境？或者什么是最不希望看到的情境？

（3）评判最好和最差的情境的相应标准是什么？

可见，企业首先要进行最有可能的情境的预测，也要进行最糟糕的情境的预测。然后，基于不同的情境制定不同的战略，比如不同的产品进入不同区域的不同决策。此外，还要判断每种情境出现的概率。通常，即使是未预期的小概率情境都会使你改变你的想法，改变要开发的新产品、要进入的新市场、要获得的新技术。最后，为各种可能出现的情境制定策略。这些策略作为早期警示非常重要。

情境方法有助于呈现未来的不同景象，为产生产品和服务创意，甚至新的商业模式奠定坚实的基础。

> **▶ 咨询实例**
>
> 大家可以畅想一下机器换人、人工智能（AI）给我们带来的可能的变化。10 年以后哪些生产工人将会被机器取代？哪些脑力工作者将会被机器取代（比如专业翻译）？汽车自动驾驶是否会成为现实？这会给我们带来哪些变化？
>
> 面对这些可能的未来，哪些行业会被颠覆？有哪些创新的机会？比如有些快递公司已经在尝试采用无人机投递包裹，有些银行已经在尝试使用机器人作为大堂经理回答顾客的日常问题，有些商家已经开发出陪伴小孩玩耍的机器人。

（二）通过客户需求研究激发创意

客户是创新之母！

通过各种方式产生的新产品创意最终都要通过客户需求研究来验证和完善。因为只有最终被客户接受的创意才是真正有价值的创意，突破性创意的产生更是深入洞察客户需求的结果。但是很多公司不知道如何进行客户需求研究，在客户需求研究方面投入的资源也很少。还有一些公司认为自己做了客户需求研究工作，因为他们听取了很多销售人员、促销人员及市场专员反馈的"客户需求"。这些都是这些公司难以产生突破性创意的重要原因！

客户需求研究的主要目的不是了解客户已经明确说出来的需求，而是要深入洞察客户未得到满足的、未说出来的、甚至客户自己也未想到的**隐性需求**。正是这些隐性的需求中蕴含着产生突破性创意的巨大机会。可以说，**企业能否产生突破性创意根本上取决于对客户隐性需求的洞察能力**。企业需要掌握多种有效的客户需求研究方法，洞察客户的隐性需求，激发出突破性的新产品创意。

通过客户需求研究激发突破性的新产品创意的主要方法如下。

1. 通过焦点小组方法解决大的问题

通过发现大的问题寻求大的解决方案。该方法是邀请一些客户一起探讨他们在使用某类产品时遇到的重大问题，并通过对可能的解决方案的探讨激发突破性的新产品创意。在使用该方法时，客户小组负责提出问题和评价解决方案。由企业市场、技术人员组成的头脑风暴小组负责根据客户提出的问题现场设计解决方案，现场征求客户的意见并进行改进。通过多次反复，客户小组和企业小组可能就某个重大问题寻找到可行的解决方案，从而激发出一个突破性的新产品创意。

2. 邀请客户参加头脑风暴会议激发新产品创意

该方法是邀请多名客户参加公司组织的创新研讨会议，客户与公司的创新团队成员一起进行头脑风暴和**逆向头脑风暴**（Inverse Brainstorming）。头脑风暴方法经过一些培训任何人都可以参加。头脑风暴方法的假设是：**在正确的环境下，只要去掉影响创造性的障碍，即使平时没有创造性的人也会变得非常有创造性**。影响头脑风暴会议效果的最大的障碍就是批评和压力。所以，头脑风暴会议的规则非常简单：**任何创意都是好创意；不能有任何形式的批评**。逆向头脑风暴方法正好相反。该方法的目的是大肆进行批评，找出每个错误，即找出每个创造性的方法去攻击和破坏该产品。通过这种方法，可以找到大量的缺陷和问题，包括很多未知的问题。

➡️咨询实例

战争演习中，部队采用蓝军攻击红军，发现红军作战方案的缺陷、漏洞和错误。华为公司在重大创新项目开发时也用"蓝军"持续地"攻击""红军"，发现"红军"方案的问题与不足，确保"红军"方案的正确性。

企业可以根据市场和行业的细分对邀请的客户进行分组，分别要求客户通过逆向头脑风暴方法找出某个产品最大的 3 个问题。然后，采用头脑风暴方法为每个问题寻找解决方法，每个问题讨论 30 分钟。这样，通常会有很多新颖的创意浮现出来。企业便可以在客户头脑风暴会议的基础上，提炼出多个可能的新产品创意。

3. 通过现场拜访和深度访谈洞察客户的真正需求

现场拜访和深度访谈是洞察客户和用户未满足的、未说出来的需求的有效方法。在客户现场除了面对面的交流之外，还可以现场观察客户使用产品的过程。拜访客户时最好 2~3 人一组，包括市场人员和技术人员。技术人员参加现场拜访，能获得关于客户需求的一手资料，能更准确地把握客户真正的需求。现场访谈的研究需要公司的人自己做，不能外包给市场调查公司。外包的结果是你只能得到经过过滤和加工的二手信息，而不再是客户"原汁原味"的需求。当然，企业可以请市场研究公司帮助设计调研方案，培训调研人员。

通过现场拜访和深度访谈方法能够激发出很多新颖的新产品创意。关于客户需求研究方法的详细介绍请见本章第三节。

4. 采用现场观察方法洞察客户的真正需求

如果你要了解大猩猩的生活习性，最好的方法就是买个帐篷，到森林里与大猩猩一起生活一段时间。通过发放调查问卷、浏览网页，是不可能真正、直观地了解大猩猩的生活习性的。同样，了解客户的需求和问题的最好的方法就是和客户一起生活一段时间。

> **➡️ 咨询实例**
>
> 某医疗器械制造商在全国各地组织了 10 多个市场调查小组,深入各类医院病房,实地观察医生、护士、病人和病人家属操作和使用多参数监护仪的情况,得出了 300 多条有价值的需求信息。这些需求信息与采购招标书上的需求信息完全不一样。基于这些需求信息,该企业提炼出了多个与现有竞争产品差异化很大的新产品创意。

5. 与领先用户一起激发突破性的新产品创意

如果你与普通的客户在一起,你就只能得到普通的创意。但是,如果你能与极具创新性的客户在一起,你就有机会获得很多极具创新性的新产品创意。 这就是 3M 公司经常用来激发创新性新产品创意的领先用户研究方法。3M 公司应用领先用户方法在许多领域开发出了创新的产品,包括新的医疗产品和通信产品。

美国麻省理工大学 Von Hipple 教授的研究表明,很多取得商业化成功的重要的新产品首先是由用户想出来的,甚至原型都是由用户做出来的。他还发现,这些由领先用户开发的新产品往往领先于市场潮流,甚至远远超出了普通用户的需求。

6. 由客户设计他们想要的新产品

如果一款产品你使用得比较多,你是否认为你能比制造商设计得更好?大多数人都有这种自信。产品设计方面有三种理念和方法,分别是:

(1)**为用户设计。**

(2)**与用户一起设计。**

(3)**由用户设计。**

我们最常用的设计方法是什么呢？大多数企业是为用户设计的，它们认为设计是很专业的工作，用户是不可能知道如何设计新产品的。有一些企业开始与用户一起设计，通过用户的知识使设计的产品更满足客户的需求。是否有一些企业开始尝试由用户设计呢？如果你开始尝试，你将有意想不到的收获。

创新案例

在我们举办的一次创新培训课程上，我们现场组织了近60个学员采用"客户理想设计（Customer Idealized Design，CID）"方法（Jason，2004）设计"我最想要的电视机"。主要步骤如下：

1. 想象"我最想要的电视机"是什么样的

不要考虑能否实现，不要受任何现有的电视机的束缚，尽情想象"我最想要的电视机"是什么样的。将学员分为多个小组，每个学员首先自己进行想象，然后在小组内表达自己的想法，小组组长综合大家的想法后派出代表在研讨会上表达小组的想法。大家相互倾听不同的想法，最后总结出大家一致认为的"我最想要的电视机"的描述。大家最想要的电视机是这样的：超薄，超轻，没有任何连接线，能够自由移动，能够看电影、听音乐、上网，能够做任何电脑上可以做的工作。

2. 将"我最想要的电视机"设计出来

提出疯狂的创意是一回事，将这些创意变成现实又是另一回事。很多企业只愿意倾听客户的需要，而不愿意让客户参与设计，认为客户不专业。CID方法的核心观点是：**不但要请客户描绘最想要的产品，而且要请他们将这些产品设计出来**。我们请各小组先分组讨论如何设计最想要的电视机。每个小组都画出了最想要的电视机的概念图，甚至描绘了一些主要需求的实现方式。比如，有的小组将电视机设计成台灯式样，可以通过一个支撑臂自由转动；有的小组为电视机设计了滑轮，电视机可以自由地从客厅推到卧室或阳台上。各小组完成了自己的设计作品后，派出代表进行讲解，大家集思广益提出各个设计作品的改进建议。最后，大家设计的代表作被深圳一家知名的电视机制造厂商高层管理者"笑纳"了。

可以说，CID方法本身就是一种很疯狂的方法，正是这种疯狂的方法帮助企业想象和设计出了突破性的新产品创意。我们还在别的创新培训课程上设计出了"我最想要的办公座椅"、"我最想要的手机"等突破性的新产品。

（三）通过开放式创新激发创意

任何一家公司都不可能聘请全世界所有最好的人才为其工作，但是这些公司外部的人才很可能有很多公司所需要的创意和创新。怎么办？最好的办法就是采取**开放式创新**（Open Innovation），充分利用各种外部资源激发突破性的新产品创意。

很多公司的内部研发团队已经不再是公司创新的引擎，他们正在错失一个又一个创新机会。开放式创新的主要目的是帮助企业充分利用各种外部创新资源，为开发团队提供创意、概念及技术等。

外部创意来源主要有合作开发的伙伴、供应商、客户、社会公众、科技人员、合作研究机构、政府实验室、大学、竞争对手、专利代理机构、风险投资机构、小的创业型企业、品牌合作机构、渠道合作机构、贸易展览会、贸易出版物等。

（四）通过公司员工激发创意

很多公司忙于通过客户及各种外部途径寻找新产品创意，但是却忽略了公司最宝贵的财富——员工，员工很少为公司带来有价值的创意。

1. 影响员工提交新产品创意的主要原因

（1）**没有人鼓励员工提出创意**。提出创意在公司是不受欢迎的。就像一些科技型企业的管理者一再申明的那样：你们不要跟我谈什么创意，你们把自己手头上的事情做好我就谢天谢地了！

（2）**"不在此地发明"（Not Invent Here）的态度**。管理者非常自负，拒绝任何不是他们自己提出来的创意。

（3）**没有行动**。员工提交了创意，但是公司没有任何反馈。

（4）**没有激励**。公司没有给创意提交者以奖励，也没有认可。

（5）**没有来自员工的创意变成开发项目**。管理者早就想好了要开发的项目，他们评审新产品创意只是做做样子，根本不打算支持这些创意中的任何一个进入开发流程。

要想有效激发员工提交新产品创意，首先要在公司建立一个员工创意提交系统。要将新产品创意提交系统与现有的建议箱分开。建议箱提交的创意大都是一些改进型的、成本降低型的小创意。新产品创意的搜集、管理需要有专人负责，新产品创意的评审团队和评审准则也要不同于普通建议的评审。一些公司也设立了创意提交管理系统，但往往不到一年时间就不了了之了。一般来说，不是创意提交系统不好，而是执行有问题。对于执行来说，往往"魔鬼在细节"。

2. 有利于员工提交创意的一些建议

（1）设立专门的创意提交系统，只用于提交新产品、新服务创意。

（2）由专门的团队负责搜集和管理新产品创意。

（3）广泛宣传公司的创意提交系统，欢迎全体员工提交创意。

（4）对员工提交的创意予以快速反馈。

（5）建立一个网上提交系统，方便员工随时随地提交任何创意。

（6）指导和帮助员工提交创意。

（7）及时奖励和认可。

► **咨询实例**

2009 年，我们协助深圳一家知名的陶瓷产品制造企业激发突破性新产品创意。该企业管理层希望在第二代产品畅销的基础上，开发出全新的第三代产品，以全面冲击国际市场和国内市场，争取早日实现"争创世界第一"的梦想。我们采取客户理想设计（CID）方法与头脑风暴方法相结合的方式帮助该企业激发突破性创意。该公司董事长亲自在全员大会上进行动员，阐述突破性新产品对公司发展的重要性。在创新顾问团队的指导下，该公司开展了为期 3 个月的"全员创新大赛"活动。创新大赛的主题是"我最想要的陶瓷产品是……"。我们将该公司 1 000 多名员工以班组和部门为单位，分成 70 个创意激发小组。创新顾问团队对各个创意激发小组进行了创意激发方法的轮番培训，并在创意激发过程中给予适时指导。结果，70 个创意激发小组共提交了 200 件图文并茂的作品。公司创意评审委员会经过认真评审，选择了 20 件作品进入概念开发阶段，其中获得综合评分第一名的作品是由一个生产一线的班组提交的。由全员集思广益提交的形式多样、内容丰富、不拘一格的设计作品，大大开阔了公司管理团队和设计师团队的眼界。公司设计师团队将所有创意纳入创意库，并通过对多个作品的结合和改进，构思出更多、更好的新产品概念。

（五）通过基础技术研究激发创意

在商业史上，确实有很多突破性的技术通过商业应用改变了世界。例如，化学实验室发明的新合成材料和聚合物，如尼龙、合成纤维、塑料等，改变了世界，并且催生了杜邦公司等伟大的化工企业。贝尔实验室发明的激光技术，催生了激光切割设备、医疗器械、光碟等多代新产品。

如果你的公司正在进行一些基础研究的话，这些研究机构应该成为新产品创意的一个重要来源。从这些研究机构开发的技术孵化出的新产品，很有可能改变一个行业的竞争格局。国内一些规模较大的企业都成立了中央研究院，但是从投入产出的角度看运作的效果不是太好。

★创新案例

有一家做半导体照明的企业，成立了一个由几十名硕士和博士毕业生组成的中央研究院。公司管理层给中央研究院定的目标是要做世界上没有的东西，即要研究前瞻性的技术。几年下来，中央研究院的管理团队非常焦虑，因为他们很难找到可以立项的科研项目。研究团队提出的研究项目绝大部分被公司管理团队以不够新为由枪毙了。研发团队成员非常沮丧，对中央研究院的发展前景感到非常茫然。

基础研究与技术开发项目不同于一般的新产品开发项目，通常这些项目的研发周期长、投入大、风险高，商业化应用前景不确定。为了提高基础研究项目的投入产出，企业应该采取与新产品开发项目不同的方法管理基础研究项目。

产品经理行动

我们的新产品创意主要来源于哪些途径？组织相关团队成员利用以上介绍的创意激发方法激发 10 个以上突破性的新产品创意。

五、有效管理新产品创意

管理学大师德鲁克说，创新不是灵机一闪的结果，**创新意味着守纪律的、艰苦的劳动**。要持续地推出创新性产品，企业必须要有一个正式的、结构化的、有效的**产品创意管理系统**不要指望新产品创意会自动自发地浮现，更不要指望新产品创意会自动自发地变为成功的创新产品！**创意必须管理，而且管理必须有效！**

（一）创意管理不当可能带来的不良后果

企业缺乏有效的产品创意管理系统可能导致的不良后果主要有：

（1）好的创意经常不知所踪。

（2）好的创意经常存在于人们的头脑中或者存在电脑里，没有得到有效利用。

（3）没有对好的创意采取行动，这些创意经常处于自生自灭的状态。

（二）评估企业创意管理系统的有效性

我们的企业是否有正式的创意管理系统？这个系统运作得怎么样？我们的新产品创意管理系统是否也像一些公司的总经理信箱那样布满了灰尘？

可结合对以下问题的思考来检查和评估公司创意管理系统的有效性：

（1）我们的创意主要从哪里来？

（2）有没有专人负责创意的搜集和管理？

（3）有没有明确的创意筛选准则？

（4）有没有专门的团队对创意进行筛选？

（5）有没有建立创意池？

（6）有没有对创意池进行及时的检查和更新？

（7）有没有及时对创意提交者进行反馈？

（8）公司各部门的人员都能方便地访问创意池吗？

（三）建立有效的创意管理系统

一个有效的创意管理系统由创意提交者、创意管理人、创意筛选流程和创意库等几部分组成，如图 3-3 所示。

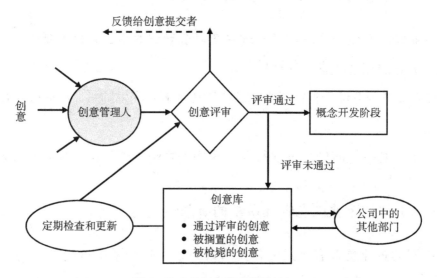

图 3-3　产品创意管理系统框架

1. 任命创意管理人

在很多公司，创意产生是每个人的工作，但是没有任何一个人对创意管理负责。没有指定专人或专门的创意小组负责激发创意，没有人将一个好的创意付诸行动。建立创意管理系统的首要工作就是任命创意管理人或创意管理小组。创意管理人或创意管理小组的主要职责包括：

（1）激发新的创意。

（2）从公司内外搜集创意。

（3）组织进行完善和优化创意，推动创意进入决策评审点。

（4）组织创意的生/杀决策。

（5）如果创意获得通过，推动创意进入概念开发阶段。

每条产品线的产品线经理应该成为该产品线创意管理的当然负责人。

2. 明确主要的创意来源

创意管理者要做的第一步工作就是梳理公司的新产品创意的主要来源，可结合以下问题进行思考：

（1）我们企业的新产品创意来源主要有哪些？我们的新产品创意主要来自研发人员还是销售人员？

（2）这些创意来源提交的创意的质量如何？

（3）从这些创意来源我们可以获得足够多的创意吗？

（4）我们是否正在错失一些重要的新产品创意来源？

创意的来源很大程度上决定了创意的质量。如果单纯依靠企业内部人员的"近亲繁殖"，是很难开发出成功的新产品的，更谈不上开发出突破性的新产品了。这也是依靠内部研发人员"闭门造车"很难造出"好车"的根本原因！

创新案例

有一家生产电脑外部设备鼠标、键盘、电源、机箱和音箱等的公司，该公司的新产品创意来源主要就是竞争对手推出的新产品及互联网上的公开信息。该公司的办公室远离市区，产品经理几个月也不"进城"一次，更谈不上与客户进行面对面的沟通。该公司董事长在年终总结会上说，我们公司创新的主要成果就是一大堆卖不出去的库存品和一大堆还没来得及使用的电子材料。

IBM 公司 2006 年做的创新创意（包括新产品、新服务创意和新的商业模式创意）来源调查发现，员工和合作伙伴是创意的主要来源，而内部销售和研发部门的重要性正在下降。具体创意来源量排序如下：

（1）员工。

（2）业务合作伙伴。

（3）客户。

（4）咨询顾问。

（5）竞争者。

（6）行业协会、贸易展览。

（7）内部销售和服务部门。

（8）内部研发部门。

（9）学术机构。

创意管理者可根据以上调查结果，结合企业的实际情况，明确主要的新产品创意来源，并采取有效的措施从这些创意源激发更多、更好的新产品创意。创意管理者要为创意提交者提供标准的创意提交表格。创意提交者可以通过书面或网络等多种方式方便、快速地提交新产品创意。

3. 建立创意筛选流程

接下来，创意管理者需要组织制定一个有效的创意筛选流程。要制定不同于传统项目的创意筛选准则进行新产品创意的筛选。对获得通过的项目，要推动进入概念开发阶段；对需要再完善的创意，要及时告知创意提交者，并指导和帮助他们完善创意；对被枪毙的创意，也要存入创意库。不管创意筛选决策的结果如何，创意管理者都要将创意决策结果及时反馈给创意提交者，并对创意提交者表示感谢。新产品创意筛选管理将在下文详述。

4. 设立创意库

公司要设立一个基于网络的交互式创意库，对于被搁置的创意及被枪毙的创意要全部存入创意库。或许这些创意哪天就会死而复生，或者与其他创意一起组合成一个新的创意。创意库要定期检查和更新，方便公司内其他员工使用。

产品经理行动

我们有正式的新产品创意搜集和管理流程吗？我们有必要建立正式的创意库吗？如何建立？

六、评审产品创意

在新产品创意评审方面，企业往往有两种比较极端的做法：一种是评审失控，很多没有价值的项目进入了开发阶段；另一种是只做一次决策，创意评审通过后就一直到上市，中途再也没有严格的生/杀决策。新产品创意评审决策的关键是要把握好度：既要让有前景的突破性创意获得"战斗"的机会，也要尽可能减少没有前景的创意进入开发管道的机会。解决办法是：

（1）采用基于最佳实践总结的项目决策评审方法对新产品创意进行评审。

（2）对新产品创意进行多次评审。

首先，企业要采取有效的评审准则对新产品创意进行科学的决策评审。其次，为降低决策风险，要在概念开发阶段和立项分析阶段继续对新产品创意进行越来越严格的评审。

产品创意评审是新产品开发流程中的第一个决策评审点，应该是一个"温柔"的决策评审点。如果在创意评审点对新产品创意进行过于严格的决策评审，很可能过早枪毙掉那些极具市场前景的突破性创意项目，选择的是那些小的、低价值和低风险的项目。

以下我们介绍一种简便、实用的新产品创意筛选决策评审方法，企业可根据实际情况进行适当优化后选择采用。该方法主要通过回答 3 个基本问题对新产品创意进行决策评审，如表 3-1 所示。

表 3-1　产品创意决策评审方法（Real-Worth-Win 方法）

决策评审准则	评分
（1）该项目真实吗（Real）？ 有市场需求吗？ 技术可行吗？	
（2）该项目值得做吗（Worth）？ 该项目对公司的价值有多大（销售额和利润）？ 做该项目的成本有多高？	
（3）我们能赢吗（Win）？ 我们在这方面有竞争优势吗？ 我们有做该项目所需的资源和能力吗？（或者这些资源和能力能够从外部获取吗？） 竞争有多激烈——竞争对手会防御吗？它们防得住吗？	

企业可结合对这 3 个方面更具体的思考，以 0~10 分为每个新产品创意打分。比如，如果有 1 项评审得分低于 6 分，则该项目将被枪毙；如果不考虑 3 个方面的权重，该项目的合计得分低于 18 分，则该项目也将被枪毙。以上是对新产品创意筛选的比较宽松的评分，在概念评审和立项评审时将会更为严格。

 产品经理行动

我们能有效评审新产品创意吗？我们有正式的新产品创意决策评审准则吗？我们应该如何提升新产品创意评审的有效性？

新产品创意产生阶段的主要任务是激发尽可能多的新产品创意，而且应该激发尽可能多的突破性的新产品创意。在概念开发阶段，我们将对在创意产生阶段通过评审的新产品创意进行进一步完善和筛选，以便为立项分析阶段提供具有高投资回报潜力的新产品创意。

本节小结

（1）新产品创意产生阶段的主要任务是激发尽可能多的突破性的新产品创意。在创意产生阶段，创意数量是成功的朋友。

（2）营造良好的创新氛围是激发突破性新产品创意的前提。企业领导者应该鼓励创新，支持创新，认可创新，带头创新。

（3）激发突破性新产品创意需要遵循有效的方法。员工是新产品创意的重要来源。客户是创新之母。"由用户设计"是激发突破性创意的突破性方法。

（4）新产品创意不会自动自发地产生，新产品创意更不会自动转化为畅销的新产品。对新产品创意必须进行有效的管理。创新型企业应该建立由专人负责管理的创意管理系统。

（5）需要有明确的评审准则对新产品创意进行筛选。新产品创意筛选主要看创意的市场潜力和实现的可能性，不要过多考虑财务指标。

第二节　产品概念开发

通过概念开发进一步论证新产品创意，
为有"钱景"的新产品创意争取投入"战斗"的机会。

? 产品经理思考

（1）我们公司有规范的新产品概念开发流程吗？

（2）我们应该如何有效进行新产品概念开发和完善？

（3）我们应该如何有效进行新产品概念评审？

上一节我们通过多种方法激发了很多创意，并且筛选了一些有前景的创意，这些创意是否就可以直接进入开发阶段？或者直接进入立项分析阶段？对于一些风险很低、投入不大的改进型项目，我们可以简化流程，快速进入立项分析或开发阶段。但是对于风险很高、投入很大，并且对公司的发展具有战略重要性的突破性新产品创意，在进入正式的立项分析阶段前，我们还需要经历一个分析和决策评审阶段——概念开发（Concept Development）阶段，如图 3-4 所示。

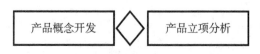

图 3-4　产品概念开发与评审框架流程

概念开发阶段的主要工作是对经过初步筛选的新产品创意进一步优化和完善，以便筛选出更有价值的新产品创意进入立项分析阶段。在立项分析阶段，为了减少资源浪费，提高立项分析阶段工作的效率和质量，企业需要投入较多的人手和资源对新产品创意进行比较深入的分析，并对经优化和完善后的概念进行比较严格的评审决策。

一、优化产品概念

产品概念开发阶段的关键工作是完善和优化新产品创意。只有在新产品创意更为明确和清晰的情况下，才有可能进行比较有效的市场、技术、商务和财务等评估。但是新产品概念开发阶段经常出现以下问题：

（1）没有经过思考、讨论和评价就草率地枪毙新创意。

（2）虽然举行概念优化会议，但是花费了很多时间却没有得到预期效果。

（3）新颖的创意通过一系列筛选、分析、定义后变成了新形式的旧创意，据此开发出来的产品与原有产品大同小异。

本节介绍一个简便有效的新产品概念开发方法——SWIFT 方法（Brain，2004），以解决以上常见问题。SWIFT 方法通过 5 个步骤完善和优化产品概念，如图 3-5 所示。

SWIFT 方法一个人可以应用，一个团队也可以应用。可以由公司内部的人员进行，也可以邀请一些合作伙伴或潜在客户一起参与讨论。如果创意提交者认为自己提出的创意是突破性的，最好邀请公司的高层管理者一起参加SWIFT 会议，以争取高层管理者的认可和支持。SWIFT 方法采用**聚焦的头脑风暴方法（Focus Brainstorming）**，通过提出和回答一系列结构化的问题来完善和优化创意，也可以用于新产品创意筛选。

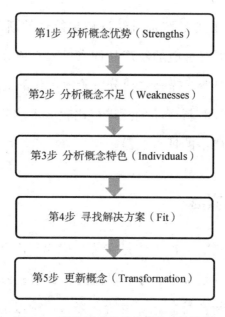

图 3-5　SWIFT 产品概念优化方法流程

　　首先描绘出初步的概念，然后在该概念的基础上按以下步骤完善和优化概念。

第 1 步　分析概念优势

概念开发团队可以通过回答以下问题思考该概念的优势，记录每个回答。

（1）关于这个概念你喜欢什么？

（2）此概念的长处在哪儿？

（3）是什么使得此概念具有这些优势？

（4）为何其他人会喜欢它？

（5）是什么使得此概念能通过我们新产品开发流程的后续阶段？

采用"**其可能不错是因为……**"作为回答每个问题的开始。

第 2 步　分析概念不足

概念开发团队可以通过回答以下问题思考该概念的不足，记录每个回答。

（1）你看到该概念有何问题？

（2）该概念最大的不足是什么？

（3）在随后的新产品开发流程中将会出现什么问题？

（4）关于此概念其他人将会提出什么问题？

采用"**其可能不行是因为……**"作为回答每个问题的开始。

记住：在发现概念不足后，不要急于寻找这些不足的解决方案，先分析概念的特色，再考虑如何解决概念的不足。这样，不至于使概念开发团队陷入概念不足的解决方案寻找中而忽略了思考概念的特色。

第 3 步　分析概念特色

概念开发团队可以通过回答以下问题思考该概念的特色，记录每个回答。

（1）是什么使得该概念不同于别的概念？

（2）该概念的新颖之处何在？

（3）该概念与众不同之处何在？

（4）该概念有而其他概念没有的方面是什么？

采用"**使该概念与众不同的是……**"作为回答每个问题的开始。

第 4 步　寻找解决方案

首先，从概念不足的清单中选出 3~5 项最难解决的或最有可能导致该创意失败的项。通过回答以下问题选择主要的不足。

（1）要解决的排在第一位和第二位的不足是什么？

（2）挡住通往成功之路的最大的不足是什么？

（3）什么是可能导致被枪毙的不足？

通过回答以下问题寻找解决或克服主要不足的方法：

（1）我们可能做什么来去除此项不足？

（2）做什么可能将此项不足转化为长处？

（3）我们知道什么将是有效但是害怕去尝试的？

第 5 步　更新概念

检查在 SWI 阶段记录的信息，确保大家理解该概念的关键想法。将最好的想法整合成一个新的改进后的概念陈述，步骤如下：

（1）使用投票的方式识别最重要的解决不足的创意。

（2）确保在更新概念时不会去掉特色要素。

（3）检查新的描述，与之前的描述进行对比，注意是否遗漏了以前描述中的特色部分。

在以上 SWIFT 分析的前 4 步中的每一步，我们都有可能做出枪毙该创意的决策。

（1）如果创意没有明显的优势，我们可以枪毙该创意。

（2）如果创意的不足之处太多，我们也可以枪毙该创意。

（3）如果创意找不出明显的特色，我们可以枪毙该创意。

（4）如果创意的重大不足我们根本找不到解决办法，我们可以枪毙该创意。

由以上可见，**SWIFT 方法不仅是一个很好的完善和优化创意的方法，也是一个快速、有效的创意筛选方法。**

建议：不要先入为主地怀疑该方法的有效性，请先拿一个新产品创意验证后再谈谈使用该方法的好处。

▶ 咨询实例

　　2010 年 12 月，我们为深圳某知名集成房屋制造商提供研发与产品创新管理培训。该公司的研发负责人提到 2 年前公司开发和上市了一款厢房产品，开发团队认为这款产品品质不错，但就是卖得不好，销售部门甚至提出来以半价进行促销。我们采用 SWIFT 方法在现场对该款产品进行评价。开发团队成员能说出该款产品的很多优势，不足方面主要是成本和价格偏高。但是，开发团队在谈到该款产品的特色时却非常勉强，很难说出该款产品与市场上的同类产品有何不同之处。由此，我们找到了该款产品不好卖的根本原因：产品没有特色，产品一上市就陷入了同质化竞争。而该产品又没有价格优势，因此销售量上不去也就不足为奇了。要是该产品的开发团队在概念阶段就采用 SWIFT 方法对该创意进行优化和评价，那开发出的新产品可能会与现在需要降价促销的产品有很大的不同。

产品经理行动

　　我们是如何进行新产品创意优化和完善的？有效性如何？采用 SWIFT 方法优化我们的新产品概念开发。

二、分析产品概念

　　概念开发阶段的工作一般由创意提出者或公司指定的人员进行，通常利用非正式的团队进行工作。概念开发负责人根据概念开发任务的需要，在公司内外寻找合适的合作伙伴一起进行概念开发工作。

概念开发工作的指导思想是：花一点资金，搜集一些信息，这样项目可以根据更准确的信息在概念评审点进行重新评估。概念开发阶段投入的费用一般不超过1万元，投入的工作量一般不超过10人/天。概念开发阶段工作一般应该在一个月内完成。在一个月内，概念开发小组要在概念评审点汇报所得到的更详尽的信息，以便对新产品创意进行更具有确定性的筛选决策评审。

概念开发阶段的主要工作包括初步的市场评估、初步的技术评估、初步的商务评估及初步的财务评估。

（一）初步的市场评估

初步的市场评估需要做的工作是进行快速的市场调研，其目的是确定推荐的项目是否具有商业前景。该阶段的任务是低成本、快速地（通常在一个月以内）获得尽可能多的市场信息，包括市场规模、成长性、细分市场、客户需求和兴趣、竞争状况等。

初步的市场评估工作要回答的主要问题有：

（1）该市场的吸引力大吗？该市场的潜力如何？

（2）基于该概念开发出的新产品能为大多数潜在客户所接受吗？

（3）预计该产品上市后，市场竞争激烈程度如何？

（4）该产品看起来是什么样的？能否描述得比较清楚？

初步的市场评估是探测性的案头研究，进行该项工作的主要方法有：

（1）搜集可以得到的内部信息（如与销售人员、分销商和技术服务人员交谈）。

（2）研究第二手资料（如由贸易杂志、协会、政府机构、研究和咨询机构等发布的报告和文章等）。

（3）和潜在的用户进行联系（通过电话访问或焦点小组方法）。

（4）获取外部资源的帮助（如行业专家、杂志编辑或咨询顾问等）。

（二）初步的技术评估

可以将建议的项目提交给公司的技术人员——研究开发、工程和运营等方面的人员进行评估。

初步的技术评估的主要目的是：

（1）确定初步的技术和产品性能指标。

（2）进行非常初步的技术可行性研究。

（3）识别可能存在的技术风险。

初步的技术评估要进行的工作主要包括：

（1）与内部的技术人员和运营人员就相关的技术问题进行讨论，必要时也可以借助外部专家的力量。

（2）进行初步的资料搜集，比如可以通过互联网或专业期刊了解相关技术现状与未来趋势。

（3）进行初步的专利查询。

（4）获取和评估竞争者的相关技术资料。

通过初步的技术评估，需要概要回答以下问题：

（1）产品需求或规格基本上会是什么样子的？（注意产品定义在这种早期阶段可能还是比较模糊和不确定的。）

（2）从技术方面看如何才能实现这些需求？有可预见的技术解决方案吗？或者需要新的发明或采用新技术吗？

（3）该项目在技术上可行的概率有多大？将会花费多大的成本和多长的时间？

（4）公司是否具备独自开发该产品的技术能力？或者在某些开发活动中公司是否需要合作伙伴或外部供应商？对于技术合作要进行审慎考虑。

（5）该产品可以生产或制造出来吗？如何制造？用什么样的设备、以多少成本去生产或制造？你是否考虑过外包或找一个合作伙伴？

（6）涉及什么样的知识产权和法规问题？法规和专利问题应在这种比较早的阶段被提出来并给予考虑。

（7）主要的技术风险是什么？我们将如何应对这些风险？

（三）初步的商务评估

初步的商务评估需要回答的主要问题有：

（1）该项目与公司的战略一致吗？

（2）我们主要的竞争策略是什么？

（3）做好该项目我们需要具有哪些核心能力？我们是否需要采取外包或合作的方式？应该与哪些机构合作？

（四）初步的财务评估

初步的财务评估需要回答的主要问题有：

（1）期望的收入是多少？

（2）单位产品的成本有多高？

（3）开发和上市该产品需要投入多少资金？

（4）投资回收期有多长？

在以上4个方面分析的基础上，概念开发团队需要向概念评审团队提交概念分析表。在概念分析表中，除了要回答以上4个方面的主要评估问题外，还要提出明确的关于该概念的生/杀决策建议。如果建议该概念进入立项分析阶段，概念开发团队需要制订立项分析阶段的工作计划，内容包括立项分析工作的时间期限、所需资金、人员及人·天，以及立项分析决策评审的建议日期等。

产品经理行动

我们是如何进行新产品概念分析的？有效性如何？采用上述方法对新产品概念进行分析。

三、评审产品概念

通过筛选评审的新产品概念将进入立项分析阶段，公司将花费较长的周期、投入较多的资源对新产品概念进行客户需求研究、技术可行性分析及多方面的可行性分析。因此，概念评审应该比创意评审更为严格，以确保真正有前景的创意进入立项分析阶段。

概念评审一般由产品线经理主责，团队成员主要由市场、技术及财务等职能部门的负责人组成。

我们将介绍一个基于最佳实践的新产品概念筛选方法（Cooper，2001），如表 3-2 所示。

表 3-2 产品概念评审准则

评审准则	评　　分
战略：	
● 与公司战略的一致性	
● 项目的战略重要性	
产品的竞争优势：	
● 对用户而言具有独特的产品利益	

续表

评审准则	评　分
• 与竞争对手的产品相比具有差异化 • 更好地满足客户需求 • 性价比高	
市场吸引力： • 市场的规模 • 市场的成长性 • 竞争地位	
能否利用公司的核心竞争力： • 营销和分销核心竞争力的利用 • 技术核心竞争力的利用 • 制造、运营核心竞争力的利用	
技术可行性： • 技术差距的大小 • 技术复杂性 • 技术的不确定性	
回报与风险： • 回报的大小——预测如果成功上市利润的大小 • 预测投入的大小 • 回报期——预测实现盈亏平衡的周期 • 收入、成本和利润估计的可信度	

从战略、产品、市场、核心能力、技术及投资回报这 6 个方面对突破性的新产品概念进行评价。在概念决策评审会议上，概念筛选决策团队根据这 6 个方面对新产品概念按 0~10 分进行评分。如果有一个方面的评分低于公司设定的最低值（比如 6 分），那么该项目就自动被枪毙。如果某个项目的技术可行性得分只有 3 分，那无论其他五个方面得分有多高，该项目都将被枪毙。6 个方面分数相加得到该项目的总评分（吸引力分数）。可以根据需要对 6 个方面设定相对权重，也可以不设权重。不设权重表示 6 个方面的重

要性相同。

企业可以依据每个项目的吸引力分数，对多个项目按得分高低进行排列，以确定进入立项分析阶段的优先顺序。

产品经理行动

我们是如何进行产品概念评审的？有效性如何？是否可以参照表 3-2 的设计概念评审准则对每个概念进行吸引力打分？

通过概念评审决策的新产品创意将进入立项分析阶段。在立项分析阶段，我们需要对新产品概念进行深入的市场、技术和财务等可行性分析，把好新产品项目进入设计开发阶段前的最后一道关。新产品项目一旦进入设计开发阶段，就意味着要开始投入重大的资金和人员。

本节小结

（1）采用 SWIFT 方法可以简便、快捷地对新产品创意进行完善和筛选。

（2）新产品概念开发阶段的主要任务是对新产品创意进行进一步的完善和筛选，以确保进入立项分析阶段的创意是真正具有投资价值的。概念开发阶段的主要工作包括对新产品概念进行初步的市场、技术、商务和财务可行性分析。

（3）可以从战略、产品、市场、核心能力、技术和投资回报这 6 个方面对多个新产品概念进行评分，选择评分靠前的项目进入立项分析阶段。

第三节 产品立项分析

在立项分析阶段所做的坚实的工作，
都会在产品开发和上市过程中得到回报。

? 产品经理思考

（1）我们能系统、完整、深入、正确地洞察客户需求吗？

（2）我们能系统、严谨地进行项目可行性分析吗？

（3）我们能对新产品项目进行有效的立项评审决策吗？

产品立项分析阶段要开展深入的客户需求研究、竞争分析和市场分析工作，要进行严谨的产品定义和概念测试，要进行系统、完整、深入的项目可行性分析，要为项目立项评审提供高质量的决策信息。项目一旦通过立项评审，进入设计开发阶段，就意味着要投入大量的资金、人员和时间（见图3-6）。

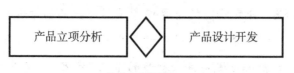

产品立项评审

图3-6 产品立项分析框架流程

对于产品经理而言，产品立项分析阶段是最重要的一个阶段，是产品经理投入时间和精力最多的一个阶段，也是最考验产品经理能力和水平的一个阶段。

产品立项分析阶段的主要工作包括客户需求研究、竞争分析、市场分析、产品定义、概念测试和项目可行性分析等。

一、市场研究的主要内容

我们通常所指的市场研究（Market Research）主要包括客户需求研究、竞争分析和市场分析这3方面的内容。

客户需求研究主要是对客户本身未说出来的、未想到的、未预期的隐性需求进行研究；竞争分析主要是对主要的竞争对手的产品、企业运营及企业战略等进行调查和分析；市场分析是在客户需求研究和竞争分析的基础上，对整个市场的规模、趋势等进行调查和分析。

（一）客户需求研究

客户需求研究（Voice of Customer，VOC）又可称为用户需求研究（User Needs-and-Wants Study），其主要目的是获得突破性的新产品创意，获得完整的新产品利益、价值、特性、性能特点等的描述，获得产品设计的输入。

1. 客户需求研究的主要目的

客户需求研究的主要目的包括：

（1）识别客户的需求（needs）、需要（wants）和偏好（preferences）。

（2）识别他们正在寻找的卓越的产品所必须具备的东西。

（3）识别什么绝对可以取悦他们。

（4）最终的目标是交付具有真正价值的产品给客户。

2. 客户需求研究的主要方法

客户需求研究没有单一的方法，但是不管采用什么方法，都必须贴近客户，倾听他们的问题，理解他们的业务、运营及工作流程。以下是用于客户需求研究的主要方法：

（1）深入的、一对一的访谈。

（2）由整个项目团队一起进行的客户现场拜访。

（3）与客户一起"野营"（camping out）的拓展的现场拜访，类似人类学研究。该方法也可以称为"盯在墙上"（fly-on-the wall）或"融入日常生活"（day-in-the-life-of）研究。

（4）体验式研究，也称为产品价值分析（Product Value Analysis）。客户使用你的产品，然后对该产品发表看法，揭示出客户未满足的需求。这比传统的焦点小组方法更有效。

（5）焦点小组方法。

（6）大样本的定量市场研究，识别客户问题并对客户问题进行定量研究。

（7）领先用户研究。

（二）竞争分析

要交付卓越的产品，除了要洞察客户需求外，还要进行有效的竞争分析。竞争分析主要通过对主要竞争对手的分析，发现竞争者有哪些值得学习的地方，以及竞争者有哪些弱点或不足之处可以加以利用。通过学习竞争者的长处和解决竞争者未能解决的问题，企业就有可能开发出差异化的、卓越的新产品。

竞争分析要注意分析直接竞争对手，也要注意分析间接竞争对手。互联网时代行业之间的边界越来越模糊，很多行业都是被外行颠覆的。比如，微信与电信运营商、银行都不是直接竞争对手，但是微信正在快速颠覆这两个行业。

1. 竞争分析的主要目的

（1）了解竞争者的产品及其优势与弱点。如果你要开发出卓越的产品，就必须全面了解你的主要竞争对手的产品，以便进行比较。

（2）了解竞争者是如何做的：他们如何竞争？他们在哪里获取客户？他们是如何获取客户的？这方面的分析可以获得关于该行业的关键成功要素的有价值的洞察。

（3）了解竞争者的战略、竞争者的产品及其如何与它的战略相匹配。这方面的分析能够为你提供一些当你的产品上市后可能带来的反应的线索。比如当你的产品上市后会不会引发竞争者强烈的市场防御活动？

2. 竞争分析的主要内容

竞争分析要回答如下主要问题：

（1）谁是市场上的主要参与者——直接或间接的竞争者？你的产品将会取代谁的产品（或者从谁那里夺取业务）？

（2）他们的产品特征、属性和性能特点是什么？他们的产品优点和缺陷是什么？

（3）到你的产品上市时，他们将推出什么样的新产品（估计他们的新产品、特征和性能表现）？

（4）每个竞争者在销售力量、客户服务、技术支持、广告和促销等方面还有什么其他优势和弱点？每个竞争者非常看重的方面有哪些？他们的软肋在哪里？

（5）每个竞争者是如何运作的？比如每个竞争者关注的客户（或细分市场）有哪些？竞争的基础是什么？是通过低价、产品优势、具有高超技能的销售人员，还是通过巨大的促销投入？

（6）竞争者的市场表现如何？他们的市场份额如何？每个竞争者的市场份额的变化趋势如何？为什么每个竞争者都做得这样好或不好（成功或不成

功）的秘密在哪里？

（7）竞争者的成本结构是什么样的？他们的产量和产能如何？他们的盈利能力如何（包括营业利润和净利润）？该产品在他们的经营中和总体盈利能力中的重要性如何？

3. 竞争分析的主要方法

知己知彼，百战不殆！企业要采取各种有效的方法搜集主要的直接竞争者和间接竞争者的情况。企业可尝试以下方法搜集竞争者的信息：

（1）在因特网上搜索各种商业出版物，寻找有关竞争者的信息，如声明、新产品上市、厂房扩建和财务报表等。

（2）想办法获得竞争者的产品。可以通过友好的客户获得竞争者的产品。

（3）对服务产品可以通过扮作客户到现场体验，以获得第一手的信息。

（4）描绘你的竞争者的产品路线图——他们近期的产品上市及其推出的时间、产品的特征和性能表现等。尝试将竞争者的产品路线图推演到未来。

（5）参观贸易展览会，看看竞争者最好和最新的产品。

（6）和你的销售人员和服务人员交谈。他们经常与客户打交道，能接触到很多竞争者的信息。

（7）在进行客户需求研究时，一定要设计一些能让你的目标客户表达他们对竞争者的意见的问题，如对竞争者的产品、销售力量、服务和定价的评价和意见。

（8）和供应商探讨你的竞争者，了解竞争者的生产能力、生产设备、产量、生产运营和运营成本等。

（9）通过财务渠道了解你的竞争者，如获得竞争者的年度报告，通过网上关键词搜索获得竞争者的相关信息。

（10）聘请一家对竞争者情况熟悉的咨询公司进行竞争分析。

（三）市场分析

客户需求研究和竞争分析对设计卓越的产品非常重要，但是也要了解更多的市场信息。市场分析是在以上两方面分析的基础上，结合一些二手研究，描绘出市场的全貌。市场分析可以采用在概念开发阶段介绍的初步的市场评估方法进行，只是比概念开发阶段的分析要更加深入和具体。

市场分析的主要内容包括：

（1）市场规模、成长性和发展趋势。

（2）细分市场的规模、成长性和发展趋势。

（3）购买者行为：在购买活动中谁买、买什么、什么时候买、在哪里买、如何买等。

（4）竞争状况。

产品经理行动

我们的市场研究工作应该包括哪些内容？应该重点研究哪些内容？为什么？我们应该如何开展市场研究工作？

二、市场研究的主要方法

市场研究是创新型企业从创新战略管理阶段到创新前端管理阶段，到产品开发管理阶段，再到产品生命周期管理阶段都要进行的工作。不同的创新阶段使用的市场研究方法不同，市场研究工作要实现的目的与目标也不同。

市场研究方法按照是否与客户直接接触划分，可以分为一手研究和二手研究。一手研究直接与客户接触，现场通过访谈、观察或体验客户的生活等方式了解客户需求；二手研究通过间接的方式了解客户需求，主要包括案头资料查阅等。

在市场研究工作中，通常先做二手研究，再做一手研究。因为二手研究成本低、速度快，能够在很短的时间内获取大量的信息。企业没有必要对能够简易获取的信息再通过现场研究去重复获取。二手研究虽然能在很短的时间内获得大量信息，但是很多信息的质量、真伪值得怀疑，所以很多信息还要通过一手研究去验证或获取。二手研究方法通常用于了解竞争者信息和市场整体信息，而一手研究主要用于客户需求研究。

在市场研究实践中，市场研究人员需要一手研究与二手研究方法相结合，定性研究与定量研究方法相结合，以实现预期的市场研究目标。

（一）二手研究

二手研究（Secondary Research）是指从已有的数据或已经做过的研究中获取有价值的市场信息。要进行有效的二手研究，首先，要明确研究所要回答的具体的问题，即要明确研究的目标；其次，要清楚所需的各种信息的可能来源；最后，才通过各种信息来源对信息进行搜索、搜集、整理与分析。泛泛地、毫无目的地搜索信息是低效的，难以获得有意义的结果。

二手研究的关键是识别所需信息的来源。表 3-3 列举了一些主要的二手信息来源，可供市场研究者参考。

表 3-3　二手研究的主要信息来源

信息类型	可能的信息来源举例
纸质媒体	商业期刊、报纸
在线商业服务	财经网站、CNKI 等期刊论文库

续表

信息类型	可能的信息来源举例
互联网	搜索引擎（百度、谷歌等）
公司信息来源	上市公司年报、证券交易所、大学等专业研究机构
行业信息来源	证券公司的研究所、行业协会网站、行业分析机构
新闻资源	腾讯等新闻门户网站
国际资源	各个国家的商务、贸易、工业网站
政府资源	政府网站的公告、年度统计数据、公共图书馆
专利资源	国家专利局、世界专利查询机构、专利代理机构

（二）定性研究

市场研究方法按照研究的数量化程度划分，可以分为定性研究和定量研究。定性研究通常以获得有价值的信息为目的。比如现场访谈、现场观察等定性研究方法的主要目的是获取有价值的客户需求信息。定量研究的主要目的是通过较多样本的研究，获得关于某一问题的统计结果。比如了解客户对产品不同定价水平的接受程度，就可以采取定量研究的方法。

1. 定性研究与定量研究的比较

通常，可以先通过定性研究了解客户需求的关键信息，再通过定量研究的方式去验证。在新产品开发的创意产生、概念开发及立项分析等前端阶段，较多地采用定性研究方法；在新产品开发、测试和上市阶段较多采用定量研究方法。比如在客户需求研究中，可以先通过现场访谈、现场观察等定性研究方法获得主要的客户需求信息，然后通过概念测试等定量研究方法确定这些需求信息是否真正是客户所需要的。请客户对需求信息进行重要度排序也是非常重要的定量研究方法。

定性研究方法与定量研究方法的比较如表3-4所示。

表 3-4 定性研究方法与定量研究方法的比较

	定性市场研究	定量市场研究
调研目的	• 主要用于洞察未满足的需求 • 对潜在的理由和动机求得定性的理解	• 主要用于优化新产品的吸引力 • 将调研结果用数据表示，并把结果从样本推广到所研究的总体
调研样本	• 样本规模较小	• 样本规模较大
数据搜集	• 词句及印象 • 软数据	• 数字 • 硬数据
数据分析	• 通过寻找主题和更深入的含义进行分析	• 采用统计方法进行分析
调研结果	• 更具探索性 • 获得初步的理解 • 对某个问题的深入理解	• 更具确定性 • 统计性

2. 主要的定性研究方法

定性研究方法在创新前端阶段使用最多，主要用于洞察客户需求。用于洞察客户需求的定性研究方法主要有 3 类。

（1）**自己扮演客户**。自己扮演客户是指新产品开发团队成员自己亲自使用自己的产品及竞争者的产品，从中发现存在的问题，找出可能的改进方案。这是了解客户需求最简单的一种方法。这种方法也可以称为角色扮演法。

（2）**与客户交谈**。主要有 3 种与客户交谈以了解客户需求的方法，分别是深度访谈方法、焦点小组方法和领先用户方法。深度访谈方法是指与客户一对一、面对面地深入交流。焦点小组方法是指同时与多位客户一起交流，以了解客户面临的问题和需求。领先用户方法是指与走在市场潮流前面甚至其需求超出普通客户的用户交流，以获取他们对创新性产品的需求。

（3）**现场观察**。观察客户如何使用产品是洞察客户需求必不可少的方法。只有在观察客户使用产品的过程中，才能深切了解客户在产品使用中遇到的问题，洞察到许多通过访谈难以发现的需求。客户很多隐性需求是看出来的，而不是说出来的。通过走进客户的家里或办公室，花几小时或几天的时间和客户生活在一起，能够获得很多客户未满足的需求，发现开发新产品的机会。

3. 各类定性研究方法的比较

定性研究方法适合企业的开发团队自己做。如果外包给市场研究公司，企业获得的将是已经过滤的二手信息，而不是直接来自客户的原汁原味的需求信息。这些过滤后的信息将影响开发团队对客户真正需求的理解，从而影响产品定义的质量。不同的市场研究方法的使用能得到不同类型的客户信息。没有一种市场研究方法能够了解客户各方面的需求。企业可以综合应用上述 3 类定性研究方法中的多个方法，来洞察客户需求，识别突破性新产品机会。表 3-5 对 3 类定性研究方法进行了简要的比较。

表 3-5　3 类定性研究方法的比较

定性研究方法	获得的信息	主要的优点	主要的缺点
自己扮演客户	• 隐性知识 • 对产品功能的比较	• 知识深度 • 相信识别的需求	• 难以将知识转移给别人 • 费时、费钱
与客户交谈	• 大量的细节 • 背景需求	• 搜集信息的速度快 • 信息面宽	• 难以获得可信的隐性需求和流程需求 • 被看成营销行为
现场观察	• 流程知识 • 隐性知识	• 学习客户的语言 • 发现未预期的需求	• 费时、费钱 • 必须将观察到的现象转换为文字描述

（三）定量研究

定量研究方法包括调查和问卷两种类型。

1．定量研究的主要步骤

各种定量研究方法都有关键的 4 个步骤：

（1）**撰写调查问卷**。这一步最为关键。需要由经过培训并且有经验的调查人员负责撰写调查问卷。调查问卷应该是清晰的、不带偏见的、准确的，调查问卷的长度和难度要适中。调查问卷的质量很大程度上决定了定量研究获取的信息的质量。

（2）**搜集数据**。搜集数据的方式主要有：邮件调查、电话访问、上门访问（办公室或家庭）、街头拦访与网络调查等。

（3）**数据分析**。首先将纸面的数据转换为电子格式，然后采用 Excel 或 SPSS 等专业的统计分析软件对数据进行统计和分析。

（4）**汇报结果**。这是定量研究的最后一步。可以采用 PPT 简要地汇报调研结果中的关键信息。简要的汇报能使听取汇报的人问研究者一些问题，更好地理解调研结果。最好在数据搜集完成后不久就召开研讨会议，以小组方式讨论这些数据的含义。研究团队在征集大家意见的基础上，进行更为深入的数据分析，提交对新产品开发更有用的最终报告。

2．搜集数据主要的方法

主要采用以下方法搜集数据：

（1）**邮件调查**。调查员将问卷邮寄给被调查者，说明填写方法，请对方填好后邮寄回来，或者调查者上门收取。也可以采用电子邮件或传真等方式进行调查。邮件调查由于回收速度慢、回复率低、填写质量难以保证，使用的频率正在降低。

（2）**电话访问**。选取一个被调查者的样本，然后拨通电话，询问一系列问题。调查员集中在某个场所或专门的电话访问室，在固定的时间内进行访问工作，现场有督导人员进行管理。调查员都是经过专门训练的。电话访问可以外包给专门的市场调查机构。电话访问面临的最大障碍就是受访者拒绝接受访问。由于要拨通多个电话才可能有一个愿意配合的受访者，因此电话访问的成本正在不断上升。但是，电话访问对于需要很快获取信息的调查还是有速度和成本优势的。

（3）**上门访问**。调查员到被调查者的家中或工作单位进行访问，直接与被调查者接触，利用访问式问卷逐个进行询问，并记录下对方的回答。到客户现场进行访谈的成本通常很高，但是由于访谈是在客户的环境中进行的，访谈的质量一般都不错。

（4）**街头拦访**。在某个场所拦截在场的某些人进行面访调查。对于消费品，可以在购物商场进行拦访调查；对于工业产品，可以在展会上进行拦访调查。如果一个公司的大量客户集中在某一个地方，而且这些客户有时间接受访谈，那么街头拦访就是一种很好的调查方式。

（5）**网络调查**。通过互联网对上网的客户进行问卷调查。网络调查是最快速的一种数据搜集方法。

> **建议**：调查者可以根据调研时间、调研费用及调研数据的可靠性要求等权衡选择各种定量研究方法。大样本的定量研究一般外包给市场研究公司。重要的、小样本的定量研究建议由公司自己做。调查问卷设计及调查样本的选择是定量研究取得成功的关键。

 产品经理行动

我们的市场研究工作需要用到哪些方法？各种市场研究方法的掌握程度如何？我们应该重点掌握哪些市场研究方法？为什么？

三、客户需求研究

真正卓越的产品一定是满足客户需求，甚至超出客户期望的产品。而满足客户需求，甚至超出客户期望的前提是洞察客户需求。**要取得产品创新成功，创新型企业必须比它们的客户自己更了解的客户。**

（一）明确调研目的

首先要明确客户需求研究项目的目的和目标。研究的目的是开发突破性的新产品，还是开发相对于竞争对手有重大改进的新产品，或者对现有新产品做一些改进和升级？研究的目标主要是要获取客户的需求信息，还是要对主要的竞争对手进行比较深入的研究，市场分析是否是本项目的重点。其实，客户需求研究的过程，也能获得很多竞争者的信息和市场信息，企业没有必要将这 3 方面的研究相互割裂，最好融合在一起，为获取客户需求信息的完整列表而同时展开这 3 方面的研究，但是研究的重点一般放在客户需求研究方面。

> **注意：** 企业可根据要开发的新产品的范围确定客户需求研究的内容，研究对象的选择也不要只限于现有的最大的、合作最愉快的或最忠诚的客户，还应考虑竞争者的客户、非客户或流失的客户。

客户需求调研的目的不同，相应的调研方法也会有所差异。客户需求调研目的主要有 3 种：新产品开发、现有产品改进和战略机会识别。表 3-6 总结了 3 种调研目的应采用的主要调研方法。

表 3-6　不同调研目的采用的主要调研方法

调研目的	主要调研对象	主要调研方法
新产品开发	• 友商现有客户 • 潜在目标客户 • 领先用户	• 一对一访谈 • 现场观察 • 焦点小组
现有产品改进	• 现有客户、流失客户 • 友商客户 • 潜在目标客户	• 焦点小组 • 现场观察 • 一对一访谈
战略机会识别	• 领先用户	• 一对一访谈 • 焦点小组

新产品开发是指开发企业以前没做过的产品，可能是世界上全新的，也可能是本公司虽没做过，但市场上已经有了的类似产品。这类产品需求不确定性高、开发周期长、开发投入大、开发风险高，需要企业采取各种可能的市场研究方法深入调研。

现有产品改进包括重大改进和微小改进。改进的幅度越大，调研的工作量相应越大，采取的调研方法也相应越多。微小改进可能采用焦点小组方法对现有客户进行调研就可以了。

战略机会识别是指对可能的市场机会进行前期的探索性的研究，主要调研对象为领先用户。

（二）确定调研对象

客户需求研究一般要调研多种类型的客户，以获得系统、全面的客户需求信息。不同类型的客户要选择合适的样本量进行调研。

1. 确定不同类型客户的主要调研对象

表 3-7 总结了各种客户的主要调研对象。

表 3-7 不同客户的主要调研对象

分 类	主要调研对象	举 例
按客户类型分	经销商、零售商、终端客户、客户的客户	汽车零部件产品
按客户角色分	决策者、购买者、使用者、维护者、影响者	医疗器械产品
按客户性质分	满意的客户、抱怨的客户、流失的客户、沉默的客户、友商的客户、间接友商的客户、非客户	电信产品

对于有经销商和零售商等渠道客户的企业，不同的客户均需选择一定的样本量进行调研，因为不同的客户均有不同的需求，任何一类客户的需求不能得到满足，都会影响产品的销售。要特别重视对客户的客户的需求的调研，因为最终买单的是客户的客户。比如对于汽车零部件产品而言，有经销商，也有零售商，终端客户是汽车整车厂商，"客户的客户"是驾驶和乘坐汽车的人。

对于 BtoB 企业而言，客户有不同的角色，不同的角色有不同的需求。要特别重视对决策者的需求的调研，因为决策者是最终决定买单还是不买单的人。比如对于医疗器械产品而言，我们不但要了解医生、护士、患者、患者家属的需求，也要了解医院院长等决策者的需求。

我们不能只调研现有客户和满意的客户的需求，还要调研友商的客户和流失的客户的需求。要了解这些客户为什么选择了友商的产品而没有选择我们的产品，为什么以前的客户不再选择我们的产品。我们除了要调研直接友商的客户，还要调研间接友商的客户及非客户。比如对于中国联通而言，开发一款新的电信服务产品或改善现有的服务产品，不但要调研中国移动、中国电信的客户，还要调研微信用户。

详细的客户类型介绍请参见产品差异化战略定位章节。

2. 确定具体的访谈对象

调研团队要考虑客户的价值链，结合对以下问题的思考，明确访谈对象：

（1）要访谈哪些地域、哪些层级的客户？

（2）哪些人真正与要开发的产品或服务的功能相关？

（3）谁是决策者？谁是使用者？谁是采购者？谁是影响者？

（4）是否需要访谈分销商、代理商或零售商？

（5）是否需要访谈客户的客户？

注意：明确访谈对象的关键不是要访谈哪些人，而是要访谈哪些类型的人。要思考每种类型的人应该访谈多少数量？访谈每种类型的人需要获取的主要信息有哪些？

调研团队成员要一起对以上问题进行头脑风暴，明确各类客户的访谈数量。国际最佳实践研究表明，30个一对一的访谈，每人访谈45分钟，能获得几乎100%的需求信息；20个一对一的访谈能获得几乎90%的需求信息。所以一般访谈15~20人比较合适，很复杂的情形也只需访谈30~40人。

确保被访问者是具有代表性的，不能只考虑选择的方便性。列出你的目标市场的潜在用户名单，从列表中进行随机选择（或者分为小组，比如小、中、大用户，然后从每组中随机选择）。对于工业产品，不要依赖某个客户公司的一两个访谈者，要多拜访一些利益相关者。**记住：一个人不能代表一个公司！**

（三）确定调研内容

客户需求是描述客户需要或期望（不管有意还是无意）从某一产品、服务或流程获得的利益。客户需求研究的目的就是要获得客户对某一产品的需求的完整列表。该列表应该以客户自己的语言表达，通过客户思考、使用和与产品或服务相互作用的方式来组织。该列表应该反映客户对各项需求的需要程度的优先顺序。顺序的排定应该由客户根据各项需求对自己的重要性和客户对当前同类产品的满意度来确定。

1. 客户需求研究需要回答的核心问题

客户需求研究需要回答以下 3 个核心问题：

（1）对客户而言，什么是价值？他们真正看重的是什么？有多看重？

（2）什么是利益？也就是说，什么样的产品客户才会认为是对其有益的，才值得掏钱购买？

（3）什么特征、属性、性能特点能转化为客户看重的利益和价值？

2. 客户需求研究的主要内容

企业需要通过客户需求研究洞察客户的隐性需求，以开发出差异化的创新产品。隐性需求是指客户没有说出来的、没有想到的、没有预期的需求，这些需求主要通过一对一访谈和现场观察等定性研究方法进行洞察。客户需求研究需要获取的具体信息主要包括如下内容：

（1）识别客户的问题，需要由一种新的解决方案或新的产品才能解决的问题。

（2）确定没有得到满足的或没有想到的需求。

（3）识别客户对新产品的需要和偏好。

（4）识别对需求相对重要性的排序。

（5）确定客户对当前（竞争的）产品的喜欢和满意的地方，以及对这些产品不喜欢和不满意的地方。

（6）研究客户如何使用产品，他们在使用中面临着什么样的问题。

（7）理解客户使用的经济性及客户的全生命周期成本。

（四）确定调研方法

不同调研目的的调研方法不同，企业需要综合运用多种市场研究方法洞察客户需求。

客户需求研究采用的主要方法有现场访谈、现场观察和焦点小组等。项目团队可根据项目的目的、目标，选择一种或多种有效、可行的市场研究方法，或者多种方法组合使用。比如在进行客户现场访谈时，可以同时进行现场观察。

1. 几种主要的市场研究方法的比较

一对一访谈和现场观察是最常用的客户需求研究方法，焦点小组和案头研究方法可以根据实际情况作为补充（见表 3-8）。

表 3-8　几种主要的市场研究方法的比较

市场研究方法	优　势	不　足	适用范围
一对一访谈	• 每个访谈者有更多发言时间 • 能获得更多的需求 • 更容易按计划安排	• 花费更多的访谈时间 • 花费更多的分析时间 • 花费更多的人力和资金	• 了解更多、更细致的客户需求
现场观察	• 与访谈相比，现场观察需要被观察人员的配合度不高 • 获得的信息最真实	• 只能获得通过行为表现出的信息，无法了解用户的想法 • 调研结果可能受观察者主观判断的影响	• 了解客户通过语言没有表达出来的信息 • 了解客户对产品的使用情况
焦点小组访谈	• 成员可相互激发 • 多个顾客同时访谈，节约时间	• 每个参与者表达的时间有限某一两个人可能主导了讨论 • "从众思考"现象 • 让更多顾客同时参与更困难	• 了解用户需求 • 激发用户提出创意
案头研究	• 搜集资料费用低、耗时少 • 更容易获得	• 信息真实性、准确性受到怀疑 • 可能与调研主题相关性不高	• 为实地调研提供客户背景资料等线索

2. 确定访谈方式

访谈方式主要有一对多的焦点小组方法和一对一的现场访谈方法。两种方式各有利弊，项目团队可以根据项目的需要选择使用，也可以同时使用两种访谈方式。两种访谈方式的优劣势比较如表 3-9 所示。

表 3-9　焦点小组与一对一访谈比较

	焦点小组	一对一访谈
优势	• 小组有活力：成员观点可相互激发 • 节省时间：多个客户同时访谈 • 对于观察者来说更有趣	• 每个访谈者能获得 30~60 分钟时间 • 比焦点小组能获得更多的数据 • 更容易按计划安排
不足	• 某一两个人可能主导了讨论 • 每个参与者表达的时间有限 • 存在从众思考现象 • 让更多高层次的客户（竞争者）同时参与更困难	• 对观察者而言不是非常有趣 • 要花费更多的时间 • 访谈者/主持人要付出更多精力 • 需要更多的分析时间

3. 确定访谈地点

访谈地点可以选择在客户所在地，或者在一个中心地点，可以根据客户意愿及访谈的需要进行访谈地点的安排。一般而言，客户所在地访谈更具有现场感，但是客户容易被打扰，可能影响访谈效果。不建议选择企业办公室作为访谈地点。两种地点选择的优劣势比较如表 3-10 所示。

表 3-10　客户所在地访谈与中心地点访谈比较

	客户所在地访谈	中心地点访谈
优势	• 能够观察到客户实际使用产品或服务的情形，对于实际使用问题的调查尤佳 • 有助于受访者更为深入地描述客户需求和环境 • 向客户表明其重要性	• 高效利用时间 • 能够便于多人观察：单面镜子或闭路电视 • 便于记录访谈：语音和（或）视频

续表

	客户所在地访谈	中心地点访谈
不足	• 由于需要旅行及计划，需要更多时间 • 牵涉隐私问题，客户是否愿意你来并在其工作场所观察他们	• 没有现场感

（五）制订调研计划

周详的计划是成功的一半。客户需求研究计划制订的过程也是准备的过程。以下几个方面是在制订客户需求研究计划时要确定的。

表 3-11 是一个调研计划的模板，供调研团队参考。

表 3-11　调研计划模板

调研目标						
序　　号	调研客户	调研对象	调研方法	调研地点	调研团队	调研时间
1						
2						
3						
4						
5						

1. 组建调研团队

在明确客户需求研究范围的基础上，企业要组建客户需求研究项目团队完成各项研究任务，实现预定的研究目标。客户需求研究项目团队应该由包括市场、研发、制造和销售等多个职能部门的人员组成，人数 8~12 人为宜。团队的职责是搜集客户信息并且进行整理，以便团队成员或其他人能够用来产生新产品创意，开发新产品或改进现有产品。

访谈团队最好两人一组，由市场与技术人员组成。其中一人负责现场提问，另一人负责现场记录。要让你的技术人员也参与访谈，因为市场信息不只对市场人员重要。这对高科技公司特别重要，这些公司的产品在技术方面是复杂的。市场人员可能在组织访谈、设计问卷、对付常见问题方面是一流的，但是技术人员在什么技术是可行的、什么是不可行的方面有更丰富的知识，能够与客户展开更有探索性的、更为深入的交流，从而识别客户想要的产品特征和性能，而这些可能会被市场人员所忽略。

项目团队需要支持者和团队负责人。每个市场研究项目都需要一个支持者，该支持者可能是一个总监、一个高层管理者、事业部的负责人或职能部门的负责人。其主要职责是协调各个职能部门的负责人以获取必需的资源：资金、人和人的时间。支持者必须有足够的威信以确保研究项目必需的资源。项目团队负责人最好有过市场研究项目的经验，至少要具有良好的项目团队组织和管理能力。

> **建议**：项目团队与管理团队之间要签订研究项目任务书。在很多公司，市场研究工作经常是计划外的任务。不签订项目任务书，管理层可能会随时取消项目，或者给的资源不够。此外，项目任务书有助于明确团队成员的职责。项目任务书应该包括以下内容：
>
> （1）本研究的目的与目标。
>
> （2）项目团队计划拜访的客户数量，10~30 家比较合适。
>
> （3）项目的交付清单。
>
> （4）项目时间期限，如 3~6 个月。
>
> （5）实现项目目标所需的支持与资源：资金、人手以及所用人员的时间。

2. 安排访谈日程

访谈样本选择的质量，很大程度上决定了客户需求研究的质量。访谈样本的选择应该符合正确、完整和足够的原则。研究团队要确保访谈的是正确的客户，访谈的客户类型要完整，每类客户访谈的数量要足够。

以下是安排访谈日程的一些要点：

（1）可以通过公司的销售、市场研究以及其他部门获得所需的访谈客户的名单。如果名单不够，也可以通过互联网、电话黄页簿寻找潜在的访谈对象名单。

（2）通过电子邮件、传真、电话或信件等方式与潜在访谈客户联系，简要介绍拜访的目的，希望能获得访谈对象的理解和支持。一定要介绍清楚不是去向客户推销现有产品，而是征求对下一代新产品如何开发的意见。

（3）每个客户安排 1.5~2 小时的拜访时间，一天为一组访谈人员安排1~2 场现场拜访。

（4）不要低估安排客户日期的困难，最好提前预约，并且最好按实际所需拜访客户数量的 1.5 倍预约客户。做了安排后，发封感谢信给客户，并再次告知具体的拜访时间、地点及拜访人员信息。

（5）最好为受访客户准备一些小礼品。如果自己的产品适合做礼品，也可以将自己的产品送给客户。

在正式进行现场拜访前，研究项目团队还要准备访谈指引，要对访谈人员进行培训，以确保现场访谈时的效果。在现场访谈时，要知道如何进行有效提问、如何挖掘有效需求、如何及时结束访谈。

3. 准备访谈提纲

在进行现场调研前，调研团队要提前准备访谈简介和访谈提纲。访谈简介是访谈开始时的开场白，要介绍访谈目的，打消受访者的顾虑，让受访者能够坦诚地进行交流。访谈提纲要列出需要了解的主要内容，以免遗漏或抓不住重点。

在正式开始访谈前，访谈人员除了要进行自我介绍外，还要先向受访者说明以下内容：

（1）解释研究目的。

（2）介绍受访者是如何选择的。

（3）介绍有什么其他类型的人接受过访谈。

（4）询问受访者是否可以录音或录像，并承诺最大限度地保护受访者的隐私。

（5）承诺访谈结束后，不会有公司的任何人打电话给受访者推销任何产品。

4．培训访谈人员

建议由专业的市场研究专家或咨询顾问对调研项目团队进行培训，并在访谈过程中适时给予指导。调研团队有必要采取角色扮演的方式进行情境培训。每位访谈人员分别扮演提问者、记录者和受访者，各进行 10 分钟左右的模拟访谈。调研团队成员分享角色扮演心得，相互指出需要改进和注意之处。

第一次访谈非常重要。在第一次访谈结束后，建议访谈人员能在一起分享现场访谈的心得，找出需要改进之处，请市场研究专家或咨询顾问给予指导。这对后续的访谈非常有帮助。

受过严格培训的专业的访谈人员不但能保证研究的质量，而且有助于在受访客户面前建立良好的企业形象。访谈人员培训内容主要包括：

（1）如何自我介绍。

（2）如何正确提问。

（3）如何正确记录需求信息。

（4）如何及时处理意外情况。

（六）实施调研计划

基于调研计划开展调研活动，要及时发现和解决调研过程中的问题和偏差，确保调研质量和效率。以下简要介绍调研过程中的要点。

1．进行有效提问

提问是有效挖掘客户需求的最重要的工具。**你问什么，你就会得到什么！** 开放式的、间接的问题最好。不能问封闭式的问题，因为封闭式的问题除了得到"是"、"否"和"不知道"3个答案外，再也没有更多有价值的信息。比如问"你喜欢某公司的某产品吗"就是基本上没有价值的问题。而问"你为什么喜欢（不喜欢）某公司的某产品"就能得到很多有价值的信息。一种最好的提问技巧就是简单地问"为什么"，并且不断地问"为什么"。比如：

（1）你为什么那样说？

（2）为什么你有那种感觉？

（3）为什么你喜欢那一个？

（4）为什么那对你是重要的？

（5）为什么那样更好？

采用"为什么"的提问能挖掘客户需要什么、喜欢什么、不喜欢什么、偏爱什么的根本原因。

认真思考你需要获取的信息目标。基于这些信息目标，列出要向客户提出的问题。使用一种结构化的问卷进行访谈，以达到以下目的：

（1）信息的完整性。确保涵盖你想问的所有问题。

（2）访谈的一致性。确保采用相同的方式、相同的词句访谈每个受访者。

（3）记录的方便性。提供一种记录受访者反应的一致的方法。

可以采用**"死前验尸法"**分析你是否正在搜集正确的信息。也就是说在进行访谈前，想象调查已经结束，你已经获得这些问题的回答。根据这些回答，你能达到调研目的吗？你能实现调研目标吗？如果有疑问，就需要重新思考和修改你的调查问卷，而不是在调查做完了之后再去修改问卷。

2．有效挖掘需求

关于如何有效挖掘客户需求，有如下建议：

（1）强烈建议在访谈时进行录音（要事先征得客户的同意），以便访谈后进行更为仔细的分析。

（2）要尽可能多地采用客户的语言进行提问和记录，不要在访谈中掺杂访谈者自己的想法。

（3）在记录时将阐明需求的词句突出标记出来，以方便事后整理。

（4）市场、技术等不同职能人员参与能从不同角度识别需求。

（5）由2个以上的人进行需求分析，能更全面地识别客户的需求。美国麻省理工大学的研究表明，一个人只能识别出大约40%的需求。

3. 及时结束访谈

客户需求研究的目标是要理解需求的细微之处，以发现新的或创造性的方法来满足那些竞争者还未能满足的客户需求。在访谈快要结束时，可以通过以下方法追问客户的真实需求：

（1）对于客户提出的工程特征或解决方案，要问他们为什么认为这是一个好的解决方案。

（2）对于客户提出的价值或特征，要问为什么，以便了解真实的需求。

（3）当对方阐明观点时，要问为什么会有这种观点。

对照结构化的访谈提纲，当绝大多数问题都已经得到客户的明确回答后，可以考虑结束访谈。但是，在结束访谈时，好像无心地再问客户一个关键问题，可能会有意外的收获。

（七）整理需求信息

客户需求信息的整理工作非常关键，既不能遗漏重要的客户需求信息，又需要去除无实际价值的信息。

1. 整理需求列表

建议按以下步骤对调研得到的客户需求信息进行整理：

（1）由 2~3 个分析者对 20~30 位受访者的记录进行分析，可能产生 750~1 500 条需求词句。

（2）找一个记忆力好的人花 1~3 天的时间将这些需求词句合并成 150~ 200 条彼此独立的词句。

（3）将这些词句写在小纸条或便签纸上，邀请团队成员进一步合并同类项，最后剩下 70~140 条需求信息，中间值是 100 条。

2. 对需求信息进行分类

以上整理出的 100 条左右的客户需求信息还需要按照逻辑结构进行分类。可以采取以下步骤对客户需求信息进行分类：

（1）将所有需求陈述写到卡片上或便签纸上，每张写 1 条需求。

（2）研究团队成员将这些需求按照逻辑结构进行分类。

（3）大致归类后为每组取名，可以分为 15~25 组，如图 3-7 所示。

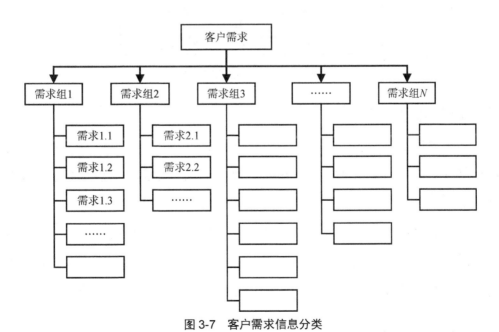

图 3-7 客户需求信息分类

比如，某医疗器械产品客户需求调研后的客户需求信息可分为外观、可靠性、安全性、界面等组。

最好的办法是邀请客户参与合并同类项的工作，并请客户对各类需求信息排定优先顺序。很可能客户的分类与研究项目团队的分类方法不同，客户对需求信息重要性的排序更不是研究项目团队可以代劳的。

3. 对需求信息进行排序

根据重要度和满意度对分类的客户需求信息进行排序。重要度是指客户对某类需求能带给自己利益和价值的看重程度；满意度是指客户对现有同类产品满足其需求的满意程度。

研究项目团队可以根据这两个维度将各类需求信息填入图 3-8 中。

重要性高	痛点 **重点关注**	优势 **保持水准**
重要性低	潜在机会 **留意挖掘**	需求过分 **降低水准**
	满意度低	满意度高

图 3-8　客户需求信息排序

由图 3-8 可以看出：

（1）重要性高、满意度低一栏的需求信息，是客户非常看重、但是现有的产品又做得不好的方面。这是现有产品的弱项，是客户的痛点需求，需要企业重点关注。

（2）重要性低、满意度低一栏的需求信息，客户不是很看重，但是现有的产品做得不好，可能是企业努力的机会。有些需求可能并不是客户真的不看重，而是客户认为企业反正不可能做好，便不作为重点提出来。

（3）重要性高、满意度高一栏的需求信息，是客户非常看重、现有产品做得不错的方面，这是现有产品的优势，对于此栏的客户需求，企业应该做好，才有可能使客户满意。

（4）重要性低、满意度高一栏的需求信息，是客户不太看重、现有产品做得不错的方面，这些可能是过分的需求，企业需要仔细评估。如果这些需求确实对客户没有太大的价值，但是实现成本又很高，可以去掉这些需求或弱化这些需求，以较大程度地降低产品成本。

以上各栏需求信息的排序应该是从（1）~（4），在每栏中还可以对多类信息进行比较排序。

以上需求信息排序，应该邀请客户参加，以便得到客观、正确的排序，为产品的定义和开发提供正确的输入。

（八）确认需求信息

"客户说对才是真的对！" 在企业内部，在对需求信息进行整理、分类和初步排序的基础上，调研团队要设计结构化的问卷，对需求信息进行确认。确认需求信息的客户可以是已经参加过访谈的客户，也可以找一些没有参加过前期访谈的客户，以进一步挖掘和确认客户需求信息。这个阶段的调研就开始从定性走向定量了。

以下是进一步调研需要确认的内容：

（1）确认需求信息描述的准确性、完整性。

（2）确认需求信息分类的准确性、完整性。

（3）确认需求信息的重要性，分为非常重要、比较重要、不太重要、不重要。

（4）确认需求信息的满足度，分为非常满意、比较满意、不太满意、不满意。

（5）确认需求信息满足的紧迫性，分为紧急、近期、中期、远期。

（九）应用调研成果

客户需求调研成果主要用于产品开发和产品规划。基于客户对满足需求信息的紧迫性，紧急需求要融入现有产品中马上改进，近期需求应该在产品的下一个版本中满足，而中期和远期需求则可列入产品线规划中。

可以基于表 3-12 将所有的客户需求信息按照实现的紧迫性进行分类。

表 3-12　客户需求紧迫性分类

紧迫性	需求信息	应用策略
紧急需求		插入现有产品中实现
近期需求		在产品的下一个版本中实现
中期需求		列入产品线规划
远期需求		列入产品线规划

各项需求信息列入近期、中期还是远期满足，除了看客户的紧迫性之外，还要考虑竞品表现和技术可行性。比如某项中期需求，竞争者在产品的下一个版本中已经实现了，那企业也要考虑在下一个版本中提前实现该需求。此外，如果某项近期需求实现的技术难度太大，或者成本太高，可能要考虑将该项需求在中期版本中实现。因此，客户需求信息的紧迫性分类能够指导产品路线图和技术路线图的制定，能够提示企业提前进行技术预研。客户需求研究应该为产品线战略规划提供输入信息。关于产品线战略规划内容详见创新战略管理相关章节。

（十）产品全生命周期的市场研究

市场研究不是在产品开发前进行的一次性工作，而是贯穿产品创新全过程的。对客户需求的管理应该树立**全流程管理**的观念。在产品创新的不同阶段，企业需要采用不同的市场研究方法，持续地洞察客户需求，征求客户的反馈意见，开发出满足客户需求，甚至超出客户期望的新产品。表 3-13 列出了在产品创新管理各阶段主要的市场研究方法的应用情况。

表 3-13 各产品创新管理阶段主要的市场研究方法应用

产品创新阶段	市场研究的主要内容	主要应用的市场研究方法
创新战略管理	• 战略机会识别 • 客户需求研究 • 竞争者分析 • 市场分析	• 二手研究法 • 焦点小组法 • 领先用户法
创新前端管理	• 突破性新产品创意激发 • 新产品创意完善 • 客户需求研究 • 客户需求排序 • 产品概念测试	• 领先用户法 • 深度访谈法 • 现场观察法 • 焦点小组法 • 定量研究法
产品开发管理	• 客户需求研究 • 原型测试 • 使用测试 • 客户测试 • 市场测试 • 产品试销	• 深度访谈法 • 现场观察法 • 焦点小组法 • 定量研究法
产品交付管理	• 产品改进与升级 • 产品系列化开发	• 深度访谈法 • 现场观察法 • 焦点小组法 • 定量研究法

1. 创新战略管理阶段的市场研究

创新战略管理阶段主要通过对客户需求、竞争对手及市场环境等的研究和分析，发现可能的市场机会，确定企业要进入的战略区域。这个阶段可以通过二手研究了解竞争者的相关信息，了解目标市场的基本情况，并通过焦点小组方法、领先用户方法等对客户未满足的、未预期的需求进行研究，发现可能的战略机会。

2. 创新前端管理阶段的市场研究

通过领先用户研究、深度访谈和现场研究等方法，洞察客户隐性需求，激发突破性的新产品创意，优化和完善新产品创意。通过各种定性、定量，一手、二手市场研究方法的应用，系统洞察客户需求，为产品定义和产品线规划提供正确的输入。

3. 产品开发管理阶段的市场研究

对于创新性比较高的新产品而言，进入产品开发阶段时客户需求的确定性只有 50%。也就是说，还有 50%左右的客户需求需要在设计开发阶段进一步了解和完善。所以，在产品的设计和开发过程应该持续保持和客户的密切接触，倾听客户需求，了解客户对开发中的产品的意见和建议。企业可以通过邀请客户参加产品概念测试、速制原型测试和样机测试等方式，实施并行工程，持续听取客户的声音，及时改进和完善产品，减少开发过程中的返工。

测试和矫正阶段需要邀请客户对产品样机进行使用现场的测试，以了解产品有哪些需要改进和完善之处。此外，企业还要通过部分样本客户的测试或试销，了解市场对产品的接受度，预测可能的市场规模，检验营销方案的有效性。

产品批量上市后并不意味着市场研究工作的结束，相反正是一个新的市场研究周期的开始。企业需要通过听取客户对产品的反馈意见，对现有的产品进行完善和改进，直至产品完全稳定。

4. 产品交付管理阶段的市场研究

产品批量销售一段时间后，企业需要结合对产品生命周期的理解，及时推陈出新，开发产品的升级版本或重大改进版本。对于考虑了平台规划的产品而言，要对不同的细分市场进行深入的调研，及时推出能满足不同的细分市场需求的系列产品。

产品经理行动

我们的客户需求研究工作的有效性如何？我们应该重点改善哪些方面？参照以上方法进行一个产品的完整的客户需求研究。

四、产品定义

客户需求列表是产品定义的输入，而产品定义又是产品设计和开发的输入。两次输入的质量直接决定了新产品开发的质量和成败。

通过采用多种市场研究方法进行客户需求研究，我们得出了按重要度排序的客户需求列表。客户需求研究回答了"做什么"（what），但是我们应该如何满足客户需求呢？我们接下来要回答的是"如何做"（how），即回答如何将客户需求转化为产品设计的性能指标。将客户需求转化为产品需求的工作是产品定义的主要工作。

（一）产品定义的重要性

产品定义是创新前端管理的关键环节。产品定义的质量直接决定了新产品的质量和成败。具体而言，产品定义在产品创新前端管理中的重要性主要体现在以下方面。

1. 产品定义是实现客户需求的关键

产品定义工作是将客户需求"翻译"成产品要实现的性能指标。有效的产品定义能建立起客户需求与产品性能指标之间的对应关系,确保客户需求得到实现。

在完整的产品定义的基础上进行有效的产品概念测试,通过概念测试了解拟开发的产品的市场接受程度,发现产品定义中存在的问题,尽早完善产品定义。

2. 产品定义是项目立项分析的前提

只有在明确的产品定义的基础上,才能进行有效的技术可行性分析。通过技术可行性分析,在正式的产品设计和开发之前识别关键的技术问题,降低技术风险,提高新产品开发的成功率。

只有在明确的产品定义的基础上,才能进行有效的制造可行性分析和服务可行性分析。通过这两方面的分析,尽早考虑产品的制造和服务可行性,避免出现开发出来的产品无法生产,生产出来的产品无法维护的情形出现。

只有在明确的产品定义的基础上,才能进行有效的市场分析,才能比较准确地预测市场规模、预算人力资源和资金投入,进行比较准确的投资回报分析。

3. 产品定义是产品设计和开发的基础

产品设计和开发是基于产品要实现的性能指标的。只有明确了性能指标及各性能指标要实现的参数值,才有可能设计出满足客户需求的新产品。有效的产品定义能够指导产品的功能设计,明确产品设计的重点,大幅减少产品设计中的冗余功能,提高产品的可靠性,降低产品的成本。通过设计控制产品成本是最有效和潜力最大的产品成本控制方法,因为产品的成本结构在设计时就已经确定了。产品成本是设计出来的。

（二）产品定义中的常见问题

在咨询实践中，我们发现大多数公司的产品定义工作都是非常薄弱的。很多新产品开发项目的失败主要是产品定义不明确、不完整、不正确造成的。具体而言，产品定义中的常见问题有如下方面。

1. 市场部门与技术部门难以进行有效沟通

很多企业在产品创新管理中采用的还是传统的职能式管理方法，即认为分工越细，效率越高。市场部负责了解客户需求，技术部负责实现客户需求。市场部了解了客户需求后通过电子邮件发送给技术部，技术部依据市场部提供的信息进行产品设计和开发。如果开发出的新产品不好卖，或者新产品开发失败，两个部门都有充足的理由证明不是自己的错！市场部责怪技术部只知道"闭门造车"，没有真正理解客户的需求；技术部则反过来责怪市场部提供的客户需求信息不清晰、不完整、不正确。基于这样的信息开发出的新产品不好卖很正常，这是一种典型的**"扔过墙头"**（Throw over the Wall）式的新产品开发管理模式。市场人员和技术人员很难形成一个目标一致的团队，共同了解客户需求、明确客户需求和进行产品定义。很多企业缺乏一种有效的机制和方法让市场人员与技术人员坐到一起，共同对新产品开发的成败负责。

2. 客户的很多重要需求没有体现在产品定义中

由于技术人员很少参加市场研究工作，对客户的需求理解不够深入和全面。有些客户看重的需求，技术人员可能不以为然；有些客户不怎么看重的需求，技术人员认为很有必要做好。有些技术人员以技术实现有难度为由，"过滤"或者"忘记"了很多客户需求。当市场人员对技术人员确定的产品定义提出疑问时，技术人员以市场人员不懂技术为由，拒绝考虑市场人员的意见。这样，很多客户看重的需求要素没有体现在产品定义中，当然也就更不会体现在产品的设计和开发中了。这样开发出的新产品往往由于不能满足客户的真正需求而以失败告终。

3. 产品定义了很多客户不需要的冗余功能

同样，由于对客户需求的理解不深入、不全面，技术人员为产品增加了很多自认为非常重要的功能，并希望以这些功能为卖点吸引客户。这是典型的技术驱动型（Technology-Driven）产品开发模式。这样开发出来的产品往往具有很多客户一次也不会使用的功能，甚至有很多客户根本不知道的功能。这样的产品患上了**功能疲劳综合征**。冗余功能不但增加了产品设计和开发的难度和时间周期，提高了产品的成本，还往往会严重影响产品的可靠性。

4. 定义的产品缺乏竞争特色和竞争优势

一些公司开发出的产品质量比较稳定，也能基本上满足客户的需求，但是卖得却不好。其主要原因就是这些产品太平庸，与主要竞争对手相比没有什么特色。有些功能企业自认为是卖点，但是客户并不买账；有些功能确实有些与众不同，但是不够突出。缺乏特色的产品往往没有定价权，很容易陷入价格战中，难以实现预期的投资回报。

以上产品定义问题反复出现的根本原因主要有两方面：一是未能采取跨职能团队组织模式进行新产品开发；二是缺乏有效的产品定义方法。

（三）产品定义的有效方法——质量功能展开

质量功能展开（**Quality Function Deployment, QFD**）是在整个新产品开发流程中用于搜集和展开客户需求的一种方法（Gerry，2007）。质量功能展开工作由跨职能团队实施，将按优先顺序排列的客户需求信息转化为新产品或新服务的详细的设计规格排序。虽然对该方法的褒贬不一，但是该方法是迄今为止可以采用的最正式的产品定义方法，可以用于对新产品设计规格进行深入分析、排序和决策。

1. QFD 方法的目标

对于开发周期长、投入大、设计复杂的产品，大多数公司都要求产品开发团队提交书面的产品定义文件。QFD 方法的目标就是帮助产品开发团队明确新产品的关键性能指标及其指标值。这要求产品开发团队首先识别关键的客户需求，然后将关键的客户需求转化为产品设计的性能指标，排列性能指标的重要度顺序，最后设定各个性能指标的指标值。

2. 组建跨职能团队应用 QFD 方法

一个人也可以应用 QFD 方法，但是其效果必定大打折扣。QFD 方法最好由跨职能团队一起应用。QFD 方法最大的价值就在于通过不同职能部门代表的集思广益，对产品定义达成一致。跨职能团队最好由 8~10 个人组成，并有客户参加。以下是挑选团队成员的 9 条原则。

（1）**团队应该是真正跨职能的**。好的跨职能团队应该包括以下职能的代表：设计、工程、制造、研发、营销、市场研究、销售、财务、工业设计、客户服务、产品维修、技术支持等。

（2）**团队需要一个召集人和一个客户代表**。召集人作为联络的中心点，主要负责会议安排及后勤保障等工作。客户代表对客户的需求最了解，在整个团队中代表客户说话。客户代表的角色应当由产品经理担任。

（3）**团队成员对产品定义的最终结果需要采取的行动负责**。团队成员不但要进行有效的产品定义，而且要保证相关决策能在各个职能部门得到实施。因此，最好有多个关键职能部门的负责人参与该项目。

（4）**团队成员应该具备相应的专业知识**。

（5）**团队成员之间应该相互尊重**。

（6）**团队成员中应该有一些大人物**。有一些公司高层领导参与项目，有利于项目团队争取必要的资源。

（7）**团队成员应该虚心听取来自不同层面的意见和建议。**

（8）**寻求建设性冲突。**允许提出不同意见，并且尊重不同意见，但是最好不要出现为了反对而反对的局面。

（9）**不要太民主。**不要让个别无关紧要的意见影响了整个项目的进度和质量。

（四）质量屋简介

质量屋（House of Quality）由 6 个部分组成，由于外形像一个屋子而得名，如图 3-9 所示。

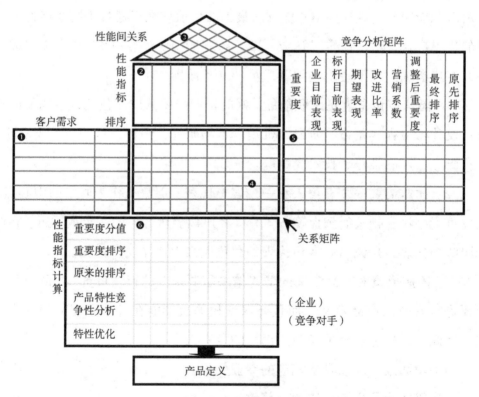

图 3-9　质量屋框架

以下我们将简要介绍这个屋子的各个部分。

1. 客户需求

质量屋的左墙是客户需求（Customer Needs），是质量屋的输入，也就是"做什么"（What）。客户需求一般列 15~25 条，并按重要性排序。由上节分析可知，客户需求研究一般可以得到 100 条左右的客户需求。我们需要将这些需求进行分类及分层，在保证质量的前提下降低 QFD 方法的复杂性。

2. 性能指标

质量屋的上部是性能指标（Performance Measures），也就是"如何"（How），即企业通过哪些性能指标的设计来实现客户需求。性能指标的选择是一个反复的过程，是为了满足左墙的客户需求。性能指标应该具备以下特征：

（1）**一项好的性能指标直接与一项或多项客户需求直接相关**。如果某项性能指标与重要的客户需求无关，那么就不值得在这样的性能指标上投入资金和精力。

（2）**一项好的性能指标能提升客户的满意度**。如果提升某项性能指标，客户的满意度不会相应提高，那么这项性能指标不值得投入资金和精力。

（3）**一项好的性能指标一定是可衡量的**。如果我们选择设计性能 A 而不选择设计性能 B 去满足客户需求，那么就应该能够说明白为什么 A 比 B 好。

（4）**一项好的性能指标是开发团队在产品设计中直接可控的**。性能指标的选择与开发团队设计产品或系统的方式直接相关。

（5）**一项好的性能指标是可行的**。开发团队能够根据性能指标评价该项设计的好坏。

产品性能指标的选择是产品定义方法实践过程中最具创新性的一个环节！QFD 团队通过集思广益、充分讨论，可以激发出突破性的创意，做出更具有创新性的设计决策。

3. 性能间关系

性能间关系（Interactions）是质量屋的屋顶部分，用以检查各性能指标之间的相互关系。两个性能指标之间可能相互强化，也有可能一个性能指标强化时，另一个性能指标会下降。如果两个性能指标之间相互强化，我们可以"+"表示；如果两个性能指标一个强化时会引起另一个下降，我们可以"–"表示。

比如在汽车设计中，汽车重量增加时，加速性能会下降，但安全性能会提升。如何在这些相互矛盾的性能指标之间进行权衡，如何解决重要的设计冲突，非常考验开发团队的创造性。我们将在产品开发管理相关章节中介绍一种解决技术矛盾的有效方法——TRIZ 方法。

4. 关系矩阵

质量屋的中心是关系矩阵（Correlations），用于明确客户需求与性能指标之间的对应关系。这是 QFD 方法中最为复杂和令人头疼的环节，QFD 团队需要反复检查和讨论每项客户需求与每项性能指标之间的相关关系。这些相关关系共分为 4 类，如表 3-14 所示。

表 3-14　客户需求与性能指标之间的相关关系

相关关系	分　　数	表示符号
强相关	9	●
中等相关	3	○
弱相关	1	△
不相关	0	（空白）

如果横向有 20 项客户需求，纵向有 30 项性能指标，那么就有 600 个交叉点需要 QFD 团队确定相关关系。如果平均每个点花 5 分钟讨论的话，全部讨论一遍所需时间为 50 小时！这往往会令很多 QFD 团队望而生畏，甚至放弃采用 QFD 方法。

在实践中有方法帮助 QFD 团队缩短讨论时间，步骤如下：

（1）每个团队成员先各自评价相关关系，分别在每个格中标注分数。

（2）由一个人汇总每个团队成员的评分结果，标注有不同看法的方格。通常有 2/3~3/4 的方格大家能取得一致的看法。对绝大多数团队成员有一致看法的方格，团队成员没有必要再浪费时间进行讨论。

（3）剩下 150~200 个方格需要团队成员进行讨论，并且达成一致意见。

也可以将团队分成 3-4 个小组，每个小组负责一部分方格相关关系的讨论。要注意的是不能简单地以多数意见作为相关关系的结论。要试图理解为什么有人认为这两者之间是强相关关系，而有些人认为是中等相关，甚至是没有相关关系的。有时候，真理掌握在少数人手里！

"没有什么是不能改变的。"在讨论的过程中，性能指标可能增减，性能指标与客户需求之间的相关关系也可以改变。相关关系的讨论是一个很好的团队学习过程。关系矩阵的讨论和分析为市场人员与技术人员提供了一个很好的沟通和相互学习的平台。市场人员可以学习如何将客户需求转化为性能指标，而技术人员可以学习怎么样才能更好地满足客户的需求。

参考表 3-15 所示的办公座椅产品定义简化示例，QFD 团队可以结合对以下问题的思考，检查性能指标设计的合理性。

（1）**从横向看，有一个或多个性能指标与每项客户需求强相关吗？**如果没有一个性能指标与某项客户需求强相关，则说明该项客户需求未能得到很好满足，团队需要重新思考性能指标设计的合理性。

（2）**从纵向看，有一项或多项客户需求与每个性能指标强相关吗？**如果没有一项客户需求与某个性能指标强相关，则要考虑这个性能指标存在的必要性。这是不是一个冗余的性能指标呢？多项客户需求与某个性能指标强相关，则说明该性能指标对满足客户需求非常重要，一定要做好。或者，如果有一个性能指标与 4 项以上的客户需求强相关，说明该性能指标可以再进行分拆，分别由多个性能指标满足客户的不同需求。

表3-15　办公座椅产品定义（示例）

产品特性 / 顾客需求	座位面积 (1)	可承受175磅压力的坐垫 (2)	可承受175磅压力的轮脚 (3)	坐垫的材料 (4)	对坐垫摩擦和穿刺测试的失败率 (5)	椅背最大倾斜需承受的压力 (6)	椅背最大倾斜度 (7)	扶手的标准宽度 (8)	扶手在坐垫以上部分的标准高度 (9)	扶手宽度的可调整范围 (10)	调整后重要度
感觉舒适 (1)								○			7
容易转动 (2)											
外观漂亮，与办公室格调相符 (3)											
结实、耐用的坐垫（布、皮革等） (4)											101
有足够的活动空间 (5)								○			99
倚靠感觉舒适且脚部有处可放 (6)											
扶手的高度和宽度合适 (7)								●			105
不易粘尘（耐脏） (8)											
让人感觉到在组织内的重要性 (9)											
底座结实，可承受重压 (10)											
适用于高矮胖瘦的各类人群 (11)								○			107
修理简单 (12)											
重要度分值 (13)								1864			

（3）**从整体看，是否有 60%~75% 的方格为空白？** 方格为空白表示这些
客户需求与相应的性能指标之间是不相关的。如果空白太少，表明每项需求
与多个性能指标之间都有相关关系，这说明性能指标划分不够细，产品定义
过于笼统。

5. 竞争分析矩阵

质量屋的右侧是竞争分析矩阵（the Planning Matrix），也称为规划矩阵。
竞争分析矩阵的目的是通过与主要竞争对手进行比较，得出企业在各项客户
需求方面要做到的程度，以实现产品的差异化，如表 3-16 所示。

表 3-16　竞争分析矩阵

顾客需求	重要度	企业目前表现	标杆目前表现	期望表现	改进比率	营销系数	调整后重要度		
	A	B	C	D	E	F	G	最终排序	原先排序
需求 1									
需求 2									
需求 3									
需求 4									
……									
需求 n									

表中各栏含义如下：

（1）A 栏重要度：表示当前客户对各项客户需求的相对重要度的评分，
以百分制评分。

（2）B 栏企业目前表现：表示企业对自己的产品在各项客户需求表现方
面的得分，以 10 分制评分。

（3）C 栏标杆目前表现：表示主要的竞争对手在各项客户需求方面表现
的得分，以 10 分制评分。

（4）*D* 栏期望表现：表示企业期望拟开发的新产品在各项客户需求方面的表现得分，以 10 分制评分。

（5）*E* 栏改进比率：即 *D* 栏与 *B* 栏的比值。

（6）*F* 栏营销系统：表示企业希望强调的某项客户需求的卖点，以 1.0~1.2 评分。

（7）*G* 栏调整后重要度：表示经过以上计算得出的各项客户需求重要度评分。

竞争分析矩阵帮助企业定量地实现产品的差异化。QFD 团队通过比较竞争对手各项客户需求的性能表现（*C* 栏）与自身产品现在的表现（*B* 栏），思考希望在新产品中实现的各项客户需求实现值（*D* 栏）。然后，算出改进比率值（*E* 栏）。如果改进比率值大于 1，则表示在新产品中该项客户需求相对现有表现有改进。

另一个需要调整的方面是卖点，即营销系数。很多客户需求的实现方案客户是难以感受到的，这时可以采取一些营销手段创造一些明显的市场优势。如果企业认为某项客户需求值得加大宣传力度，企业可以将其营销系数设为 1.2。

这样，就可以计算出各项客户需求要素调整后的重要度分数，计算公式为：$G = A \times E \times F$。根据 *G* 栏的得分，可以重新排列各项客户需求的重要度。*G* 值也将作为计算各项性能指标值的依据。

需要注意的是，如果以上重要度评分和产品表现评分都是来自企业本身的话，那很可能会存在比较大的偏差。最好这些数据均来自客户。

6. 性能指标计算

最后，质量屋的底部是性能指标计算（Calculating the Matrix），计算公式如下：

$$性能指标重要度 = \sum（相关关系值 \times 调整后重要度值）$$

每个性能指标的重要度值等于其与各项客户需求的相关关系值乘以该项客户需求调整后的重要度值的总和。然后，根据各个性能指标重要度得分按照分数高低对各个性能指标进行重要度排序。

由以上分析可知，在以下两种情况下，某个性能指标的得分会更高：

（1）一个性能指标与多项客户需求强相关或中等程度相关。

（2）一个性能指标强相关或中等相关的客户需求的重要度值很高。

这给我们的启示是：得分越高的性能指标，要么与多项客户需求相关，要么实现的是非常重要的客户需求。对这些性能指标我们在产品设计时要给予更多重视。

根据性能指标重要度的排序，结合主要竞争对手产品的当前性能表现，QFD 团队可以定义各个性能指标的设计值。

（五）QFD 方法应用流程

在以上质量屋各个部分介绍的基础上，我们可以将 QFD 方法的应用流程简要总结如下：

（1）通过市场研究，获得按重要度排序的客户需求列表，列入质量屋左墙，作为产品定义的输入。

（2）根据客户需求列表，在质量屋的天花板位置列出实现这些客户需求的性能指标。

（3）通过质量屋的屋顶两两比较各个性能指标之间的相互关系，正相关关系用"+"表示，负相关关系用"–"表示，不相关为空白。屋顶的分析提醒产品开发团队在设计新产品时要考虑各个性能指标间的相互冲突关系。性能指标间的冲突和矛盾可以采用 TRIZ 方法寻找解决方案。

（4）在质量屋的房间内识别各项客户需求与各个性能指标之间的相关关系，并标注分数或符号。

（5）在质量屋的右墙通过与主要竞争对手比较得出各项客户需求要实现的水平，并识别卖点，计算出调整后的各项客户需求重要度分值，重新排列各项客户需求的重要度顺序。

（6）在质量屋的地板上计算各个性能指标的重要度分值，并按分值高低排列各个性能指标的重要度顺序。结合主要竞争对手产品在各个性能指标上的表现，确定新产品的性能指标值。

（7）将调整后的各项客户需求重要度排序、各个性能指标重要度排序及各个性能指标值作为产品定义的主要内容，提交完整的产品定义表。

（六）QFD 方法的适用范围

QFD 方法的运用需要企业投入大量的人力资源，并不是所有的项目都适合运用 QFD 方法。只有重大的、复杂的新产品开发或平台开发项目才有必要采取 QFD 方法进行产品定义。这些项目往往客户需求项很多，产品结构复杂，客户需求与产品功能之间的关系不容易看清楚。

QFD 方法也同样适用于服务类项目，比如电信企业的服务流程重组，银行的网上服务系统开发等。

企业可以根据新产品项目的复杂程度，对 QFD 方法进行适当简化，比如主要考虑客户需求、性能指标和两者之间的相关关系。

（七）QFD 方法的好处

QFD 方法刚开始用起来确实有些复杂，但是对于投入巨大的新产品开发项目而言，学习和掌握 QFD 方法的难度和投入都要远小于新产品开发本身。况且，应用 QFD 方法定义的新产品，设计和开发的复杂度会大大降低，开发过程中的返工会大大减少，开发的成功率会大大提高。

通过跨职能团队方式运用 QFD 方法进行产品定义，主要有如下好处。

1. QFD方法使跨职能团队直接基于客户需求进行设计决策

新产品设计决策不再基于"谁的声音大就听谁的",而是直接将客户需求作为输入,基于客户需求进行设计决策。这样做出的设计决策能更好地满足客户需求,也能减少职能部门之间不必要的冲突。

2. QFD方法有效地促进了职能部门之间的沟通与合作

QFD方法成为市场和技术部门之间的一座桥梁,让这些不同部门之间的人坐在一起讨论产品定义问题。这样,技术人员加深了对非常定性的客户需求的理解;市场和销售人员加深了对非常定量的性能指标的理解。

3. QFD方法为扫除跨职能沟通障碍建立了一种共同语言

有时,在一个公司同一个词汇不同职能部门的人有不同的理解。比如提到"客户"一词,大多数销售人员的反应是购买我们产品的人,而技术人员的反应是使用我们产品的人。QFD方法明确了相关词汇的概念,使跨职能团队成员能够使用共同的语言去思考和分析问题,减少了很多没有价值的争论和误解。

4. QFD方法提供了一种可追溯的决策流程

对于一个长达2~3年的开发项目,在开发周期内,项目团队成员可能会变化,这样新加入项目团队的成员可以通过查看"质量屋"了解该项目为何做出了这样的设计决策,以保持项目的连续性。

5. QFD方法能减少开发过程中的变更从而确保新产品的上市时机

由于进行了深入的客户需求研究,产品定义又是基于客户需求信息进行的,因而产品定义的质量非常高。这样大大减少了开发过程中由于需求变更导致的返工,开发速度大大加快,新产品的上市时机也就更有保障。

6. QFD方法有助于创造性思考

传统的产品定义方法往往从竞争产品出发去定义产品的性能和特征，结果开发出的产品大多是没有什么新意的同质化的产品。QFD方法迫使产品开发团队从客户需求出发去思考满足客户需求的新性能、新特征和新的解决方案，这种集思广益的方法往往能设计出具有突破性的新产品。

7. QFD方法帮助产品开发团队打破常规，带来意外的惊喜

通过QFD方法的分析，产品开发团队经常会发现原先大家普遍认为很重要的性能指标，现在看起来没那么重要了；而原先认为不那么重要的性能指标变得非常重要了。这种基于客户需求的产品定义方法，经常颠覆人们习以为常的看法。这正是通过QFD方法的辛勤付出带来的重要收获。基于这种全新的产品定义方法设计和开发出来的新产品是非常与众不同的，新产品成功率也得到大大提升。

 产品经理行动

我们的产品定义工作的有效性如何？采用QFD方法对一个产品进行完整的产品定义。谈谈QFD方法的价值和适用性。

五、概念测试

是否采用QFD方法定义好的产品就可以直接进入设计和开发阶段呢？还不行！在正式进入设计和开发阶段前，产品开发团队还需要将准备开发的

产品概念征求客户的意见，看看这是不是客户真正想要的产品。这是产品概念测试需要进行的工作。

概念测试（Concept Testing）是在开发具体的产品前，先用产品的初步定义方案（包括对产品主要卖点、功能、结构特征等的描述）征求客户的意见，向客户验证产品定义的可接受程度，并根据客户的意见修改产品定义。概念测试在新产品创意产生阶段和新产品概念开发阶段都可以进行。在新产品立项阶段的概念测试尤为重要，因为此时新产品概念最为完整，进行概念测试能得到更多的客户反馈信息。此外，立项分析阶段是在重大投入之前的最后一个分析阶段，产品定义的正确性对新产品的成败起着非常重要的作用。因此，产品在进入正式的开发阶段之前的概念测试工作是必不可少的。即使在产品进入开发阶段之后，企业还有必要随着设计和开发工作的深入，多次采用概念测试的方法征求客户对产品的意见，及时将客户的反馈意见体现到设计和开发的产品中。

概念设计其实也是采用**设计思维**（Design Thinking）方法，通过设计产品概念、征求客户意见后改进产品概念的多次迭代，逐步完善产品概念，以期开发出满足客户需求，甚至超出客户期望的创新产品。

（一）概念测试的必要性

概念测试是在进入开发阶段前对客户需求的最后一次确认。进行概念测试的必要性主要有如下方面：

1. 我们不能保证在进行客户需求研究时正确地理解了客户的全部需求

在进行客户需求研究时，我们可能访谈的客户数量不够多，访谈的样本不够有代表性，访谈的方法不一定能熟练掌握，访谈的记录可能会有遗漏。这些都会影响我们对客户需求了解的全面性和正确性。

2. 我们不能保证我们正确地理解了全部已获知的客户需求

在客户需求整理过程中,我们可能遗漏了一些重要的信息。在客户需求分类和合并过程中,我们可能会出现错误。在对客户需求要素的重要性排序过程中,我们排列的优先顺序与客户实际看重的优先顺序可能会有差别。

3. 我们不能保证我们正确地将客户需求"翻译"成了产品设计规格

我们可能采用"扔过墙头"的方式,市场部将整理好的客户需求信息交给技术部转换成产品设计特性,这中间会存在大量的信息遗漏或误解。或者我们采取了 QFD 方法来"翻译"客户需求,虽然"翻译"的质量会有比较大的提高,但我们不能保证完全理解了客户的需求,并且完全将客户需求转化成产品设计特性。

4. 我们不能保证客户自己完全阐明了自己的需求

客户对自己需要什么,有时候自己也不太清楚。即使客户清楚地知道自己需要什么,有时候也不能完整、清晰、正确地表达出来。很多时候,"直到看到这个产品时,客户才知道自己在寻找什么。"有时候,客户会说,"给我看看你的产品,我将告诉你对错。"

5. 我们需要判断该产品是否真正值得进入开发阶段

即使我们完整、正确地理解了客户需求,并且正确地将客户需求转换成产品定义,我们也不能确定是否要开发该产品。我们还需要了解客户是否真正对我们拟开发的这款产品感兴趣,有多少客户真正感兴趣,他们能为该产品付多少钱购买。也就是说,我们还要从企业的角度考虑该产品上市后,我们能否收回投资,我们能获得多大回报。只有判断能够获得预期的投资回报后,我们才有可能让该产品进入开发阶段。以上这些信息,都需要通过对客户的调查获取。

（二）概念测试与客户需求研究的差异

概念测试是将拟开发的产品去征求客户的意见，而客户需求研究是了解客户需要什么样的产品，两者的研究目的不同。两种研究方法对比如表 3-17 所示。

表 3-17　概念测试与客户需求研究方法的比较

	概念测试	客户需求研究
研究目的	了解客户对拟开发的新产品的看法，论证该项目值不值得开发	洞察客户的真实需求，为可能要开发的新产品提供输入信息
研究方法	现场访谈、焦点小组、问卷调查等，定性研究与定量研究方法相结合	深度访谈、现场观察、焦点小组等，以定性研究为主
适用阶段	新产品创意产生、概念开发及立项分析等创新前端管理阶段，设计开发阶段样机测试之前	贯穿产品创新流程的各个阶段，重点集中在立项分析阶段和设计开发阶段
研究交付件	• 客户对产品概念的看法 • 客户的购买意愿 • 客户的价格敏感性	• 按重要度排列优先顺序的完整的客户需求列表

（三）概念测试步骤

概念测试设计与客户需求研究设计类似，主要包括以下步骤。

1. 准备要用于测试的概念产品

概念测试是在产品还没有开发出来，还没有样机的情况下对产品进行测试。这就要求产品开发团队尽可能形象化地呈现出未来产品的样子，以便客户对该产品发表看法。根据产品的不同特点，产品开发团队可以使用以下一种或多种方式向客户呈现产品：

（1）对于实物产品，可以画出产品的立体图，甚至做出一个工作模型或速制原型呈现给客户。比如医疗器械产品如果能够制作一个塑胶模型给医生或护士看，他们往往能够对该产品提出更多针对性的意见。

（2）对于软件产品，可以做出一个用户界面的效果图（Demo）呈现给客户。

（3）对于服务产品，可以采取图文并茂的方式将包含服务流程的概念产品呈现给客户。比如某银行想推出一款新的理财产品，可以设计一个小册子对该产品进行介绍。

（4）对于消费品，可以向客户展示产品的包装图片，利用带有声音解说的幻灯片描绘产品。

（5）对于建筑产品，可以做出建筑模型进行展示，还可以利用电脑软件制作三维的虚拟现实效果，让客户有身临其境的感受。

2．明确概念测试的主要内容，设计概念测试问卷

在考虑如何向客户呈现概念产品的同时，要考虑需要从客户那里获取哪些信息。概念测试需要评估客户对产品的接受度，判断预期的销售收入。一般来说，概念测试需要获取的信息主要包括以下方面：

（1）判断客户对该产品感兴趣的程度，并且了解客户为什么对该产品这么感兴趣或这么不感兴趣。

（2）判断客户对该产品的喜爱程度，了解客户最喜欢该产品的哪些方面，最不喜欢该产品的哪些方面。

（3）通过与主要竞争者的产品或客户正在使用的产品进行对比，判断客户对该产品的相对偏好程度，以及存在这些偏好的原因。

（4）判断客户愿意支付多少钱购买该产品。

（5）判断客户在某一价位对该产品的购买意愿。

（6）搜集对产品定位有价值的信息。

产品开发团队可以参照以上要了解的重点信息，设计概念测试问卷。

➡️ **咨询实例** 某陶瓷产品的概念测试

在深圳某高档陶瓷制造企业，我们采用 CID 等方法帮助企业激发了很多突破性的新产品创意，并采用 SWIFT 等方法对新产品概念进行了筛选和完善。为了进一步了解对一些突破性新产品创意的偏好程度，我们帮助该公司对重要的潜在客户进行了产品概念测试。产品概念是以样品的方式呈现给潜在客户的。表 3-18 是我们帮助该企业设计的某款高档功夫茶具概念测试问卷。

表 3-18　概念测试问卷（示例）

"雅"茶具概念调查问卷

（1）您对这套茶具感兴趣吗？

A. 一点都不感兴趣　B. 不是很感兴趣　C. 有点兴趣　D. 比较感兴趣　E. 非常感兴趣

您为什么这么感兴趣（不感兴趣）？

_____

（2）您有多喜欢这套茶具？

A. 一点都不喜欢　　B. 不是很喜欢　　C. 有点喜欢　D. 比较喜欢　E. 非常喜欢

您最喜欢该套茶具的哪些方面？

_____

您最不喜欢该套茶具的哪些方面？

_____

（3）您已经购买了（比较熟悉）×品牌的茶具。您如何比较该款茶具和×品牌的茶具？

A. 更喜欢该款茶具　　　　B. 两款差不多　　　　C. 更喜欢×品牌茶具

您为什么更喜欢（不喜欢）该款茶具？

_____

（4）您愿意花多少钱购买该套茶具？

_____

（5）如果该套茶具定价为 3980 元，您有多大可能性购买该套茶具？

A. 肯定不会买　　　B. 有可能会买　　　C. 肯定会买

您为什么肯定会买（不会买）该款茶具？

_____

续表

（6）您认为这套茶具有什么需要改善的地方？为什么这些地方需要改善？

_____

（7）您对该款茶具还有哪些意见或建议？

_____

　　受访人信息（以下信息仅作为我们统计调研结果的参考，不作其他用途。我们承诺对您的信息保密。）

您的姓名：_____　　　您的联系电话：_____

您的电子邮箱：_____

调研人员签名：　　　　　　　　　　调研日期：

3．选择概念测试方法

　　进行概念测试的最好的方法是现场访谈，即到客户现场将产品概念呈现给客户看，并对照调查问卷逐一征求客户对每个问题的看法。除了要了解他们的看法之外，更重要的是要问"为什么"。要问他们为什么对某概念不感兴趣，为什么喜欢某产品，为什么只愿意接受某价位等。

　　为降低成本，提高概念测试的效率，也可以采用焦点小组方法进行概念测试。即邀请部分客户参加会议，呈现和讲解概念产品后同样问调查问卷上的内容。要注意让各位客户独立发表自己的看法，不要让个别客户主导了整个会议，这样很可能会影响其他客户的观点。

　　当然还可以采取邮寄调查问卷或街头拦访的方式进行问卷调查，但是要注意样本的选择及调查的可信度。

4．进行概念测试

　　概念测试实施的质量将直接影响概念测试的质量。在进行概念测试时，调查人员需要注意以下几点：

（1）**要选择正确的测试对象。**样本的选择应该足够，并且要具有代表性。比如工业产品不能只调查客户企业中负责采购的人员，而要调查产品的使用者、产品购买的决策者。这样才能比较全面地了解各类客户对产品概念的看法。

（2）**不要推销产品。**一定要注意，现在是测试客户是否会买我们的产品，目的是希望设计出客户真正会买的产品，而不是去现场推销我们的产品。现在还没到推销我们的产品的时候！当你带有明显的推销意味进行调查时，客户很可能会拒绝接受调查，即使接受调查也很可能会应付了事，不会认真地回答问卷中的问题。

（3）**要观察客户是否在迎合调查者。**当客户在接受概念测试时，一般会倾向于做比较积极的反馈。反正现在不需要掏钱，你问他是否喜欢该产品，他可能会说很喜欢；你问他这个价格能否接受，他会说没问题，不贵！这样的调查结果，很可能会高估概念产品的市场接受度。

5．整理概念测试信息

调查人员应该在每次调查结束后 24 小时之内将调查结果整理好交给概念测试负责人。概念测试负责人在整个调查结束后，将所有有效的调查问卷进行统计汇总，形成完整的调查报告。关于产品改进方面的内容，用于完善产品定义；关于购买意图、购买价格等方面的信息，用于项目立项分析。要慎重使用调查结果，不要将购买意图数据直接当作潜在的市场份额。

6．完善产品定义

根据概念测试调查结果，修正客户需求列表，完善产品定义。

产品经理行动

我们的产品需要在开发前进行概念测试吗？为什么？请参照上述方法进行产品概念测试。

六、项目可行性分析

采用 QFD 方法，我们将客户需求转化为产品定义。通过概念测试，我们对定义的产品进行了修正和完善。在此基础上，我们就可以对新产品项目进行系统的可行性分析了。

项目可行性分析的质量直接影响项目决策评审的质量，并最终影响新产品项目的成败。

一旦项目进入新产品开发阶段，就意味着公司要投入大量的资源和资金。但是这些投入能否收回？能否实现盈利？这是任何企业的决策团队都要确认的事情。在正式进入开发阶段前，项目团队还需对项目进行严谨的可行性分析。

项目可行性分析必须回答以下 3 个核心问题。

1. 我们拟开发的产品会有人要吗？

这是一个市场视角的问题。这个问题的回答基于对客户需求的洞察，基于对竞争对手的分析，基于对整个市场情况的了解。客户需求研究主要回答"会不会有人要我们的产品"；竞争对手分析主要回答"客户为什么会买我们的产品而不买竞争对手的产品";而市场分析主要回答"会有多少人买我们的产品"。

2. 我们能开发出该产品吗?

这是一个技术视角的问题。有客户需求,但是我们如果没有能力开发和交付客户想要的新产品,那么前面的市场分析也就没有什么意义。与技术相关的分析主要包括开发的技术可行性分析、可制造性分析、可测试性分析、上市分析和可服务性分析等方面。

3. 该产品我们能赚钱吗?

这是一个财务视角的问题。如果某个新产品有客户要,我们也能开发出来,但是公司不能赚钱,那么公司也不会对这样的项目进行投资。财务可行性分析主要包括前期投入分析、投资回收期分析、投资回报率分析等方面。

(一)对项目可行性分析的常见错误观点

对于很多企业而言,一件事情没有做或没有做好,往往不是由于缺乏做好这件事的方法,而是对待做这件事的态度或观念出了问题。不知道做事的方法可以通过多种途径学习,但是认为不必要做或不知道要做,那么掌握了再多的方法也没有意义。在新产品项目可行性分析方面,正是由于一些错误的观念导致该项工作没有做好或基本上没有怎么做。

典型的错误观点有:

(1)开发任务太紧,我们没有时间做这些烦琐的工作。

(2)我们公司没有专门的人负责了解市场需求,立项分析工作无从做起。

(3)上什么项目是老板的事,我们只管干活。

(4)分析了也没什么用,到时候还是会有很多变化。

(5)我们边开发边分析,这样可以节省时间。

（6）产品经理写个报告交给老板就行了，用不着我们这么多人劳神费力。

（7）我们是小公司，做的是小项目，用不着这么复杂的分析方法。

（8）我们以前的项目没有怎么分析不也做出来了吗？我们还按以前的方法做就行了。

以上这些观点是不是在你的公司的管理团队及产品开发团队中或多或少存在？是不是正是这些观点影响了公司项目可行性分析工作的质量？我们不想花费过多笔墨在此对以上观点一条一条地进行反驳。请大家对照以前做过的项目及现在正在做的项目继续往下阅读，看看以下内容是否确实是产品立项分析所必需的，看看是否正是这其中的一个或多个方面没有分析清楚而导致了新产品项目的失败。**花钱买的教训往往比说教起到的作用要深刻得多！**

（二）项目可行性分析的重要性

很多企业的项目可行性分析工作做得非常简单，甚至有些企业没有明确的项目立项分析阶段。最佳实践研究表明，坚实的项目可行性分析工作是项目取得成功的关键。

项目可行性分析工作的重要性主要体现在以下 3 个方面。

1. 为项目立项决策评审提供依据

公司的决策评审团队对一个新产品项目进行评审必须有依据，不然就成了"拍脑袋"决策了。项目立项分析信息是项目决策评审的输入，**决策评审信息的质量直接决定了决策的质量**。如果决策信息是不完整的、不正确的，那么决策的正确性也非常值得怀疑。一些企业领导由于不能获得完整、正确的决策信息，而只能根据自己的经验进行"拍脑袋"决策。如果决策团队对自己的决策不自信，在投入创新资源时也就会畏首畏尾，影响项目的进度和质量。决策错误带来的损失主要有 3 个方面：

（1）**直接的资金投入损失**。这些失败的项目损失的资金都要靠成功的项目弥补。因此，投入越大、风险越高的项目，越应该进行谨慎决策。而谨慎决策的前提是进行充分的项目可行性分析。

（2）**机会成本损失**。企业可能花了一年的时间开发一款新产品，但这款新产品由于决策错误而失败了。如果这一年的时间用于别的决策正确的项目或许就成功了。此外，如果再重新开发一款同类新产品，可能已经错过了最好的上市时机而不能取得预期的业绩了。

（3）**对开发团队的信心的打击**。公司可能投入几十个跨职能团队成员辛辛苦苦干了一年，结果项目失败了，而且项目失败的原因是由于错误的决策导致的。可以想象，开发团队成员是什么心情！有些企业由于"拍脑袋"决策的项目太多，导致很多技术人员不愿意参与这些明显没有"钱景"的项目的开发。

2. 为后续行动做好准备

"谋定而后动"！没有任何一个复杂的大项目是依靠运气和直觉取得成功的。很多企业的新产品开发是"骑驴看唱本——走着瞧"。边调查，边开发，边完善，并美其名曰"并行工程"。实际上，这种准备不充分的开发，花费的时间要远远高于预期，产品开发的质量也根本没法保证。开发前的准备工作不充分很容易导致以下问题的出现：

（1）**开发过程中需求变更频繁**。客户需求研究不充分，产品定义不明确，导致开发过程频繁变更需求。而需求的频繁变更导致开发过程一再返工，开发周期远远超出预期。最后开发出来的产品成了一个"四不像"，与当初的预期相去甚远。当然，这样的产品是没有多少人愿意买的。

（2）**设计的产品开发不出来**。由于技术可行性分析不深入，也没有在产品开发前对一些风险很大、不确定性很高的关键技术进行预研，导致产品开发过程中项目团队大量的时间和精力投入到技术问题的解决之中，产品开发变成了技术开发。由于技术的不确定性，解决技术问题的时间往往远远超出预期，原先预计1年上市的新产品，结果2年才上市。而当这款新产品上市时，竞争对手的同类产品已经将市场占领得差不多了，企业错失了新产品上市最好的机会窗（Windows of Opportunity）。这类企业的领导者经常感叹，"我们的新产品开发经常是起了个大早，赶了个晚集"！还有一些情况是，项目的技术问题远比预期的要复杂，企业没有能力在2~3年内解决这些关键的技术问题，只好偃旗息鼓，放弃该项目的开发。

（3）**开发出的样机无法实现量产。**一些企业千辛万苦总算把样机开发出来了，但发现该样机的一些关键技术指标没有合适的设备进行测试。如果这些指标不能进行有效测试，将严重影响产品的整体性能。有的项目样机开发出来了之后，发现模具开不出来，或者缺乏合适的制造设备和具有相应技能的生产人员。还有的产品关键原材料或关键元器件买不到，或者价格远远超出预期，企业根本无利可图。

（4）**产品上市后不能实现预期的投资回报。**一些公司的新产品在投入了高昂的前期开发成本和产品上市成本之后，产品上市后的销售量远远低于预期，或者销售价格低于成本。这样，企业的前期投入都打了水漂，项目以失败而告终。摩托罗拉公司的铱星卫星项目上市后不到一年就宣告破产，其主要原因就是没有进行有效的市场预测和财务分析。

3. 为后续分析提供框架

项目可行性分析不是在产品开发前要做的一次性工作，而是贯穿整个新产品开发过程的。在开发前进行完整的项目立项分析工作，可以为企业在产品开发过程中的深入分析提供指导框架。随着开发过程中了解信息的深入和完善，项目团队需要对可行性分析报告进行及时的更新和调整。在走向测试和走向上市的评审点，决策评审团队都要将更新后的项目可行性分析报告作为决策依据（见图3-10）。

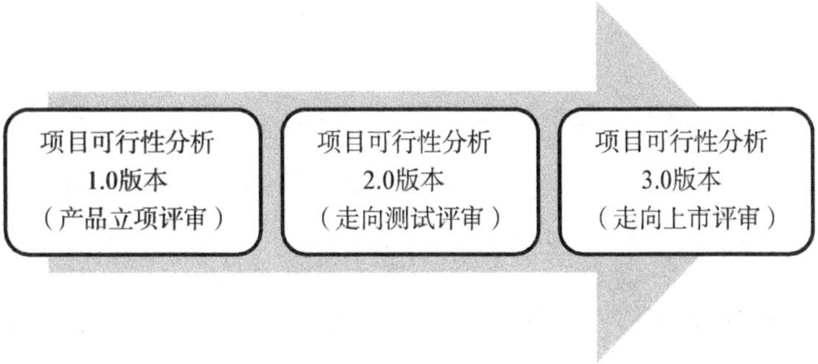

图 3-10　项目可行性分析的 3 个版本

由以上分析可以看出，项目可行性分析工作不是可有可无的。项目可行性分析工作的质量很大程度上决定了项目的成败！如果你想降低项目风险，就必须做可行性分析工作；如果你想加快项目进度，就必须做可行性分析工作；如果你想提高新产品开发的成功率，就必须做可行性分析工作。**在产品创新流程中，项目可行性分析工作的重要性怎么强调也不过分！**

如果你不差钱，故意想尝尝项目失败的滋味，那么放弃项目可行性分析工作一定可以帮助你梦想成真！

（三）项目可行性分析的质量要求

企业的决策评审团队可以依据以下 3 个方面评价项目可行性分析报告的质量，项目团队也可以依据以下 3 个方面来要求自己，向决策评审团队提交高质量的可行性分析报告。

1. 内容完整

无论项目大小，以上提到的项目可行性分析的主要内容都应该涵盖，不遗漏。企业很多时候犯下难以改正的错误，不是由于不能做好，而是根本没有想到需要做某些事情。管理方法的价值就在于其是最佳实践的总结，涵盖了多家企业成功的做法。**按照有效的方法去思考和行动，企业就能少走弯路，少犯错误，特别是少犯很多不必要的低级错误。**

2. 数据可信

可行性分析报告中的每个数据都应该有明确的来源，而不是某个人杜撰的。有些数据可能是基于一些假设条件推算出来的，不一定准确。但是如果说清楚了数据的来源，当这些假设条件变化时，可以重新调整数据。比如销售量的预测是按照潜在客户数量的一定比例计算出来的，当客户总的数量或企业占的市场份额变化时，销售量也会相应变化。**不能因为预测不准确就不做预测，更不能因为条件会变化就拒绝测算一些数据**。很多数据的预测应该是一个范围的预测，而不是一个准确的数值的预测。这些预测应该是符合逻辑的，应该是有明确的假设条件的。没有假设条件的"拍脑袋"得出的数据比没有数据更糟糕。

3. 详略得当

任何人都不可能预知未来的一切，项目可行性分析追求的是**适度的可预见性**。对于有经验的方面，可以多做一些工作；对于不确定性很高的方面，可以随着项目的进展不断补充和完善。越近期的内容，应该看得越清楚；远期的内容，可以适当简化。比如开发的技术可行性分析，在开发前应该能够识别绝大部分的关键技术问题并寻求解决方案。而对上市分析，在立项分析阶段只需根据以往类似项目的经验进行简单分析即可。在开发阶段，随着具体产品的明晰，可以进一步完善上市分析。在测试和矫正阶段，则要制订可行的上市计划，为新产品上市做好准备。

（四）项目可行性分析的团队组成

项目可行性分析工作不是产品经理的事，更不是一两个人写个报告交给公司领导就可以了。项目可行性分析工作需要全公司相关职能部门人员的参与，需要一个跨职能团队来完成。这个团队是未来产品开发团队的雏形。**参**

加项目立项分析的各职能部门代表，原则上要成为该产品开发团队的核心成员。

立项分析团队的任务是对通过概念评审的项目进行深入的调查和分析，论证该项目是否可以进入开发阶段，交付件是完整的立项分析报告。根据项目大小和复杂程度，立项分析工作持续的时间可能需要 1~3 个月，参加的人员需要 6~10 人。各职能代表首先要对相应职能内容的分析结果负责，同时作为团队成员也要对立项分析报告的整体质量负责。要注意这是一个团队，不是只做好自己分内的事情就足够了。比如作为一个技术代表，首先要对项目的技术可行性分析结果负责，同时如果发现项目在可制造性方面有问题，也要及时提出来，并与其他团队成员一起集思广益，提出相关制造问题的解决方案。

项目立项分析团队的成员组成及主要职责如表 3-19 所示。

表 3-19　项目立项分析团队成员及主要职责

团队成员	主要职责
产品经理	组织跨职能团队调查和分析立项报告的各项内容，向决策评审团队提供完整的立项分析报告
项目经理	组织项目计划制订，组织资源预算分析，组织项目风险分析
市场代表	组织进行客户需求研究、竞争分析和市场分析，参与产品定义，组织进行概念测试，组织上市分析工作
销售代表	为市场研究工作提供客户资源，预测市场规模与市场份额，参与上市分析工作
技术代表	参与客户需求研究工作，参与产品定义，组织进行技术可行性分析，组织技术预研工作
制造/运营代表	参与产品定义，组织可制造性分析，组织测算单位产品成本
测试代表	组织可测试性分析，参与技术可行性分析
服务代表	组织可服务性分析，参与可制造性分析
财务代表	组织财务分析

续表

团队成员	主要职责
法规代表	组织法律、法规分析
质量代表	组织制定质量控制方法

（五）项目可行性分析团队要求

项目立项分析工作涉及的部门多，工作任务复杂多样，而项目团队也不是非常正式的，因而项目立项分析工作很容易偏离预期，分析报告的质量也很容易受到影响。注意以下要点，有助于项目团队高质量地完成立项分析报告。

1．争取高层领导者的强力支持

在早期阶段能够得到高层领导者强力支持的项目，一般能够比较快速而又顺利地往前推进。强有力的高层领导者能够帮助项目团队及时协调各个职能部门的资源，争取各个职能部门的支持。有高层领导者支持的早期项目，也能给项目团队成员带来信心，鼓励大家全力投入到项目工作之中。

2．任命领导和管理能力强的产品经理

项目立项分析工作涉及的部门多，要求专业知识广博和深厚，产品经理的能力和水平对项目的成败有非常大的影响。首先，产品经理应该具备较强的领导能力，能够与各职能代表进行很好的沟通，能够激励和协同团队成员积极主动地投入立项分析工作中。其次，产品经理应该具备较强的项目管理能力，能够保证项目按时、按质、按量地向前推进。

3．挑选专业而又负责任的项目团队成员

立项分析的各项工作主要是由各职能代表组织完成的。为了高质量地完成各项立项分析工作，要挑选符合以下几个基本条件的项目团队成员。

（1）**专业**。专业是高质量完成工作任务的前提。项目团队各职能代表既要具备所负责职能的专业背景、经验和知识，又要掌握相关的项目立项分析方法。有较好的逻辑思维能力也是专业人士必备的能力。

（2）**负责任**。负责任的真正含义就是对自己所负责的工作的结果负责，而不是对过程负责。**不是"做了"，而是"做好"**。在项目工作中肯定会遇到很多问题和困难，团队成员应该勇于迎接挑战，积极进取，不达目的不罢休！

（3）**有团队精神**。富有团队精神的团队成员既关注个人所负责任务的目标的实现，也关注团队目标的实现。他们会主动地与其他团队成员、职能部门同事及客户等外部相关人十合作，通过集思广益、群策群力完成任务，实现项目目标。

4. 掌握有效的项目可行性分析方法

方法是打开成功大门的钥匙。只有掌握了有效的方法，才能保证项目任务完成的质量；只有掌握了有效的方法，才能保证项目完成的进度。项目可行性分析是有最佳实践方法的，学习和掌握本文提到的最佳实践方法，能够事半功倍地完成任务，达成目标。

5. 承诺给予立项分析工作所需资源

大多数创新型企业的产品开发团队成员都是公司最忙的人，总有做不完的事情在等着他们。某个项目的立项分析工作或许只是他们参与的多个项目中的一个，他们很可能有时间的时候就帮一下忙，一忙起来可能就将这件事给忘了。所以，在概念评审会议上，一定要求各职能部门承诺给予相关的资源，并兑现承诺。**职能部门不但要给人，还要给时间**。

（六）项目可行性分析的主要内容

立项分析是项目团队对项目的市场分析、技术分析和财务分析的总结，也是对项目创新前端管理阶段所做的工作的总结。通过项目立项分析，决策团队必须清楚了解为什么应该将公司稀缺的创新资源投到该项目上。

1．项目可行性分析的 3 个方面

一个完整的项目立项分析包括以下 3 个方面的内容：

（1）**产品定义**。通过客户需求研究、竞争分析和市场分析，我们得出了客户需求列表。通过采用 QFD 等方法，我们将客户需求转化成产品的性能指标列表。通过概念测试，我们完善了产品定义。产品定义回答了"客户需要什么样的产品"这一基本问题，这为更多的项目立项分析工作奠定了基础。

（2）**项目可行性分析**。在定义产品的基础上，我们需要对该项目进行市场可行性分析、技术可行性分析及财务可行性分析，从而回答以上提出的 3 个核心问题。只有这 3 个核心问题的回答能得到公司决策团队的认可，项目才有可能进入开发阶段。

（3）**后续行动计划**。如果项目能获得审批通过，项目团队还需要制订后续行动计划供决策评审团队审批。决策评审团队根据后续行动计划承诺项目团队所需的资源。开发阶段的行动计划要详细制订，测试阶段和上市阶段的计划也需要初步制订。

2．项目可行性分析框架

项目可行性分析是一个有一定先后顺序的流程，总体包括 14 项内容，具体内容如图 3-11 所示。

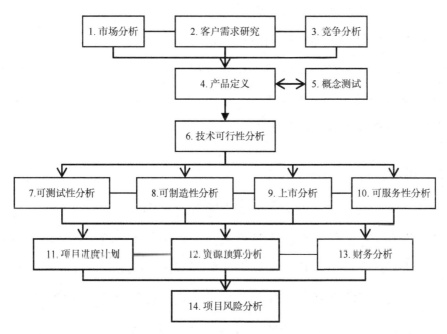

图 3-11 项目可行性分析框架

> **咨询实例**
>
> 　　在一个项目立项分析与决策评审的研讨课程上,当我们的咨询顾问介绍到该框架时,一位做水电气自动抄表系统的高科技企业的董事长站起来问:"老师,你说这 14 项都一定要分析吗?"咨询顾问反问这位老总:"您认为哪一项是可以不要的呢?"该董事长再次认真地审视了一下这个框架,摇了摇头,叹了口气说:"老师,我知道我们的新产品开发为什么成功率那么低了。因为这 14 项分析中我们只做了一项分析——技术可行性分析。当我们的销售部门提出一个新产品项目时,技术部门说这个项目技术实现上应该没有大的问题,于是该项目就进入了开发流程!"

　　对照这位老总的感叹,请各位企业的创新领导者认真审视一下以上框架,并回答以下问题:

　　(1)该框架中的哪些内容是必须做的?有没有可以不做的内容?为什么?

（2）我们实际的项目中做了哪些方面的分析？

（3）我们所做的这些分析的质量如何？

（4）我们真的是在严谨的项目立项分析的基础上做出的项目决策吗？

（5）我们的新产品开发失败是否与未进行严谨的项目立项分析密切相关？主要是哪些方面没做好导致我们的新产品项目失败？

3. 项目可行性分析内容简介

项目立项分析内容大致可以分为 3 部分（见图 3-11）：

（1）**第 1~5 项主要与市场研究相关**。企业在市场分析、客户需求研究和竞争分析的基础上得出客户需求列表，然后采用 QFD 等方法将客户需求转化为产品定义。在此基础上，对定义的产品进行概念测试，以修正和完善产品概念，并且了解产品的市场接受度和价格敏感性等。

（2）**第 6~10 项主要与技术分析相关**。首先要对定义的产品进行技术可行性分析，看产品是否能开发出来。接下来要进行可测试性分析和可制造性分析，要保证开发出的样机能够测试，测试通过的样机能够生产出来。接下来要进行上市分析和可服务性分析。上市分析也是一种软技术，即要分析生产出来的产品如何才能卖得好。可服务性分析则要分析如何做好产品的服务工作，提高客户的满意度，以争取重复购买客户和引荐客户。

（3）**第 11~14 项主要与商务及财务分析有关**。项目进度计划与资源预算分析主要是定义项目本身的内容。财务分析主要是对项目的投资回报进行分析，分析该项目是否值得投资。最后一项项目风险分析是对整个项目各个方面的可能风险进行分析，并提出规避或应对方案。

以上就是一个完整的项目立项分析框架。不论是实物产品项目还是服务产品项目，不论是消费品项目还是工业品项目，也不论是高科技项目还是低科技项目，该分析框架都是适用的。当然，部分分析项的名称或具体内容可能有所不同，分析的详略程度有所不同。比如服务产品的可制造性分析可以改为运营分析。对于管理方法而言，"运用之妙，存乎一心"。

（七）项目可行性分析要素详细介绍

如果大家觉得这 14 项立项分析内容都必不可少，那么请继续与我们一起探讨每个方面的具体内容。如果你觉得有些方面做得不错，那么可以重点看看做得不够好的方面。

1. 市场分析

在客户需求研究与竞争分析的基础上，结合二手信息研究，项目团队需了解市场的总体情况。市场分析由市场代表负责完成，销售代表配合。

以下是市场分析需要回答的关键问题：

（1）未来 3~5 年市场的增长趋势如何？增长速度有多快？

（2）未来 3~5 年的市场规模有多大？预计我们的产品上市后会获得多大的市场份额？为什么？

（3）同类产品的价格会呈现什么样的变化趋势？每年价格递增（递减）的比例会是多大？

（4）同类产品主要有哪些细分市场？各类细分市场有何特点？我们的产品应该定位在什么样的细分市场？为什么？

（5）我们是否需要考虑进入国际市场？应该进入哪些市场？这些市场的需求各有什么差异？

2. 客户需求研究

项目团队通过深度访谈、现场观察及焦点小组等方法对目标客户的需求进行深入分析，按重要度排列客户需求。客户需求研究由产品经理组织完成，市场、销售、技术代表配合。

客户需求研究需要回答的主要问题有：

（1）谁是我们的目标客户？他们主要分布在哪些地方？他们有何共同的特征？

（2）在客户使用同类产品时，遇到的主要问题有哪些？他们是如何解决这些问题的？

（3）客户购买这类产品的主要目的是什么？他们是为了解决哪些问题，还是为了满足哪些需求？

（4）客户希望从这类产品上得到的到底是什么？

（5）哪些是客户最看重的需求？哪些是客户比较看重的需求？哪些是客户不太看重的需求？

（6）就客户使用过或知晓的竞争产品而言，客户对哪些需求的满意度比较高？客户对哪些需求的满意度一般？客户对哪些需求的满意度很低？

（7）客户对各类需求的重要度是如何排序的？

3. 竞争分析

项目团队可通过多种一手或二手途径了解到竞争对手的很多信息。**了解竞争对手信息的主要目的不是为了模仿和抄袭，而是为了学习和超越。**竞争分析由市场代表负责完成，销售代表配合。

竞争分析主要需要回答以下问题：

（1）我们的主要的竞争对手有哪些？他们主要有哪些优势和劣势？他们的核心竞争力是什么？

（2）主要的竞争对手是如何设计、开发、生产、上市和管理他们的产品的？

（3）哪些竞争者的产品的市场表现最好？他们的关键成功要素是什么？哪些竞争的产品的市场表现不好？他们表现不好的主要原因是什么？

（4）竞争对手的战略是什么？他们对我们的产品的上市会有哪些反应？

（5）竞争对手们正在开发什么新产品？这对我们有什么影响？

（6）未来将会有哪些新的竞争对手出现？他们对我们会有什么影响？

4. 产品定义

通过市场分析、客户需求研究和竞争分析，我们能得到一个按重要度排序的客户需求列表。通过跨职能团队采用 QFD 等方法我们能将客户需求转化为产品定义。产品定义由产品经理负责完成，市场、销售、技术、制造、服务等主要职能代表参与。

一个有效的产品定义要能清晰地回答以下问题：

（1）产品的主要性能指标有哪些？这些性能指标的相对重要性是什么样的？这些性能指标的设计参数分别是多少？

（2）每个主要的性能指标至少都能与一项重要的客户需求高度相关吗？

（3）各个性能指标之间存在冲突吗？这些冲突能有效解决吗？

（4）每项重要的客户需求都有相应的性能指标来实现吗？

（5）与主要竞争对手的同类产品相比，我们在哪些客户需求方面需要重点改进？相对改进的幅度有多大？

（6）我们应该强调的卖点需求主要有哪些？为什么？

（7）各个主要性能指标的目标值应该设定为多少？

5. 概念测试

通过概念测试验证客户需求研究所了解的客户需求信息，并对产品的市场接受度、价格敏感性等进行测试。概念测试由市场代表负责完成，销售代表配合。

概念测试需要回答的主要问题有：

（1）哪些客户需求信息需要调整或完善？哪些客户需求信息的重要度排序发生了改变？

（2）有哪些性能指标需要调整或改变？性能指标的重要度排序有何变化？

（3）产品应体现的差异化主要在哪些方面？

（4）有多大比例的潜在客户愿意购买该产品？

（5）大多数客户能接受的价格水平是多少？

（6）某一特定价格潜在客户会购买的比例是多少？

6. 技术可行性分析

根据产品定义的性能指标及其目标值，分析需要用到哪些关键技术，以及这些技术应该如何获取。技术可行性分析由技术代表负责完成，测试代表、制造代表配合。

技术可行性分析需要回答的主要问题有：

（1）为了实现产品定义中设计的性能指标参数，我们主要需要获得哪些技术或解决方案？

（2）哪些技术或解决方案是最重要的？哪些技术或解决方案是开发难度最大的？

（3）这些技术或解决方案哪些是现有的，哪些是需要开发的，哪些是可以从外部获取的？

（4）对于需要开发的技术，开发的难度有多大？开发的周期要多长？开发的风险有多高？需要什么样的团队才能开发出这些技术？

（5）有哪些技术需要预研？需要哪些人参与预研？总体预研周期要多长？

（6）对于可以从外部获取的技术，我们是采用购买的方式还是合作开发的方式？这些做法有何风险？我们如何规避这些风险？如果这些风险出现了，我们如何应对？

（7）哪些技术是该产品中要用到的核心技术？我们可否利用核心技术为竞争对手设置进入门槛？

（8）该产品可否或是否应该通过建立技术平台进行系列化开发？如果需

要，哪些技术应该是平台的组成部分？

（9）我们是否需要进行模块化设计和开发？如何进行？

（10）我们是否具备技术开发所必需的开发设备和测试设备？

（11）在技术开发过程中，可能会出现哪些技术矛盾或冲突？我们应该如何解决这些矛盾或冲突？

（12）技术开发过程中是否存在法律、专利等问题？我们如何解决这些问题？

（13）需要多少人参与开发过程？分别需要什么专业和素质的人员？我们如何获取这些专业人才？

（14）设计和开发过程大致分为多少个里程碑？每个里程碑节点的交付件是什么？两个里程碑节点间的时间周期分别是多长？多长时间可以开发出样机？

（15）设计和开发阶段的人员和资金预算分别是多少？

（16）我们的设计和开发的质量目标是什么？我们如何保障设计和开发的质量？由谁保障？采用什么机制和方法保障？

（17）在设计和开发过程中最有可能出现的风险有哪些？哪些风险的影响最大？有何影响？我们如何规避这些风险？如果这些风险出现了，我们如何有效应对？

7．可测试性分析

产品测试包括技术测试、客户测试和市场测试 3 个方面。可测试性分析由测试代表负责完成，技术、制造代表配合。

可测试性分析需要回答以下主要问题：

（1）该产品需要测试哪些主要的性能指标？如何测试这些指标？

（2）应该如何进行该产品的样机测试？需要哪些测试设备和人员？

（3）如何在客户的现场进行样机测试？需要测试哪些方面？需要选择哪

些典型的客户环境进行样机测试？

（4）有否强制性的法律、法规、标准要求？如何通过相关机构的测试和认证？

（5）如何进行市场测试？

8. 可制造性分析

可制造性分析评估产品能否生产出来，企业能否满足小批量生产和批量生产的需要。可制造性分析由制造代表负责完成，销售代表、技术代表、服务代表配合。

可制造性分析需要回答以下主要问题：

（1）批量生产时的产能规模是多少？每个月需要生产多少数量？每年需要生产多少数量？公司是否具备所需产能？

（2）我们是应该自己生产，还是外包生产？为什么？

（3）产品的制造流程是什么样的？有哪些难点？如何解决？

（4）有哪些关键零部件需要加工？哪些需要内部加工？哪些可以外协加工？

（5）需要采购哪些关键原材料、元器件或零部件？这些原材料、元器件或零部件的可获得性如何？采购周期有多长？价格波动有多大？

（6）生产所需厂房、设备、人员、能源等是否能够满足需要？

（7）排放、环保、安全和健康等方面能否达标？

（8）产品应该如何包装和运输？

（9）产品质量指标有哪些？如何保证产品制造质量？

（10）如何进行产品测试和检验？

（11）生产应该如何进行组织和管理？需要哪些 IT 工具？

（12）如何进行样机制造？

（13）如何进行小批量生产？

（14）产品批量生产所需前期投资是多少？主要投资在哪些方面？

（15）批量生产时，单位产品的材料成本有多高？单位产品的制造费用有多高？成本变化趋势如何？如何有效降低成本？

（16）产品制造过程中可能会出现哪些主要风险？如何规避？发生后如何应对？

9. 上市分析

上市分析主要包括营销战略与上市计划的制订。上市分析由产品经理组织完成，市场代表、销售代表配合。

上市分析需要回答的主要问题如下：

（1）产品上市前是否需要进行试销？如何进行试销？

（2）产品上市后 1~5 年的销售量、销售收入目标是多少？是否可以分别进行挑战目标、现实目标和保守目标的预测？做出该预测的依据是什么？

（3）产品上市后 1~5 年预计的市场份额是多少？市场份额的变化趋势是什么样的？为什么？

（4）产品将采取什么定价策略？是高价策略、平价策略还是低价策略？为什么？产品的定价是多少？价格有何变化趋势？

（5）是否需要通过渠道商进行产品销售？应该选择什么样的渠道商？应该选择哪些渠道商？与渠道商的合作机制是什么样的？

（6）如何与客户进行有效的沟通？广告计划是什么样的？渠道促销计划是什么样的？如何进行网络营销？如何处理公共关系？如何与媒体合作？是否需要参加一些贸易展览或行业会议？如何制作宣传资料？

（7）需要进行哪些销售准备？需要多少销售人员？销售人员如何分布？如何培训和管理销售人员？

（8）产品上市计划是什么样的？有哪些关键事项？有哪些关键节点？每个关键节点需要实现的目标是什么？

（9）产品上市需要多少资金预算（盈亏平衡点之前）？盈亏平衡点之后每月的市场费用需要多少？

（10）产品上市后多长时间能实现盈亏平衡？预测的依据是什么？

（11）新产品上市是否对公司的现有产品有冲击？如何保护现有客户的利益？如何将现有客户迁移到新产品？

（12）何时进行产品上市后评审？评审的要点有哪些？

（13）产品的生命周期有多长？如何进行产品生命周期管理？何时要考虑产品的改进、升级或换代？

（14）如何进行产品退市管理？

（15）产品上市过程中可能的风险主要有哪些？如何规避？发生后如何应对？

10. 可服务性分析

可服务性分析的主要目的是评估企业是否具备为客户提供服务的能力和条件。可服务性分析由服务代表完成，市场代表、销售代表配合。

可服务性分析需要回答的主要问题如下：

（1）主要有哪些服务指标和目标？如何评价服务质量？

（2）哪些服务内容可以外包？如何外包？如何保证外包服务的质量？

（3）服务流程是什么样的？有哪些关键的服务内容？服务的重点和难点分别是什么？

（4）如何组建服务团队？服务团队包括哪些职能的人员？服务团队如何分布？服务团队的人员预算是什么样的？

（5）如何进行产品的安装和调试？

（6）如何进行产品的维修和保养？需要什么样的维修和保养场地、设备和设施？需要准备哪些备品和备件？维修和保养的前期投入预算是多少？

（7）产品的保质期有多长？主要有哪些服务条款？

（8）退、换货政策是怎么样的？如何保证退、换货顺利进行？

（9）有否突发重大产品质量事故的可能性？企业对突发事件的响应机制是什么样的？如何进行产品召回管理？如何进行有效的危机管理？

（10）产品终止使用后如何回收或处理？

（11）每月、每年的服务费用预算是多少（包括人员、设备、备品备件、差旅等）？

（12）产品过了保质期后如何维护？是否收费？如何收费？

11. 项目进度计划

项目进度计划是评估项目开发、测试直到上市所需的时间周期，明确开发过程的主要里程碑。项目进度计划由项目经理组织制订，项目管理工程师配合。

项目进度计划制订时需要回答的主要问题如下：

（1）项目立项评审、样机评审及上市评审的时间点分别是什么时候？

（2）项目开发过程主要分为几个大的里程碑？每个里程碑节点主要需交付哪些交付件？

（3）哪些事项是重要的前置事项？如果这些事项不能按期完成，对项目的整体进度将有多大的影响？

（4）项目的关键路径是什么样的？如何通过缩短关键路径缩短新产品的开发周期？

（5）影响项目进度的主要风险有哪些？如何规避？风险发生后如何有效应对？

12. 资源预算分析

资源预算分析是指分析在新产品开发各阶段所需的人员及人员的时间。不同的阶段投入的人员类型和数量都会有所不同，但核心团队成员需要保持稳定。资源预算分析由项目经理负责，各职能代表及人力资源部门配合。

资源预算分析需要回答以下主要问题：

（1）项目核心团队成员由哪些人组成？这些人具备项目所需的专业知识和技能吗？这些人的项目时间能够保证吗？

（2）项目开发阶段需要哪些专职人员？分别需要多少数量？这些专职人员必须具备哪些专业知识和技能？这些人员是公司现有的还是需要招聘？这些人员能按时到位吗？

（3）项目开发阶段需要哪些兼职人员？分别需要多少数量？这些兼职人员必须具备哪些专业知识和技能？这些人员是公司现有的还是需要招聘？这些人员能按时到位吗？这些人员的项目工作时间能够保证吗？

（4）项目测试和上市阶段需要哪些专（兼）职人员？分别需要多少数量？这些人员必须具备哪些专业知识和技能？这些人员是公司现有的还是需要招聘？这些人员能按时到位吗？这些人员的项目工作时间能够保证吗？

（5）从立项分析阶段一直到上市后项目团队正式解散时，所需投入人员的总费用是多少？

（6）在项目团队管理方面主要可能面临哪些风险？如何规避？风险发生后如何应对？

13. 财务分析

财务分析的主要目的是分析项目的投入和产出，以评估项目是否值得投资。财务分析由财务代表负责完成，产品经理、项目经理配合。

财务分析需要回答的主要问题如下：

（1）立项分析、开发、测试及上市阶段所需资金投入分别是多少？到运营性的盈亏平衡点公司一共要在该项目上投入多少资金？公司能够按时、足额地保证该项目所需资金投入吗？最大的可能投入额是多少？最小的可能投入额是多少？资金如何筹措？资金成本是多少？

（2）产品上市后，乐观、现实和保守的各年度销售数量、销售收入分别是多少？

（3）产品上市后，各年度的产品平均销售价格是多少？扣除渠道商佣金，产品实际的平均销售价格是多少？

（4）产品上市后，各年度单位产品的材料成本、制造成本、营销成本、销售成本、服务成本和管理成本分别是多少？单位产品的年度平均总成本是多少？

（5）产品上市后，多长时间内能实现运营性的收支平衡（月度投入与收入相当）？金额是多少？

（6）产品上市后，多长时间内能实现盈亏平衡（收回前期所有投资）？总投入预计是多少？

（7）在该产品的生命周期内，预计能实现的利润总额是多少？产品的毛利率有多高？公司的投资回报率有多高？

（8）该项目有否长期价值？可否通过产品的系列化摊薄第一款产品的成本？

（9）如果出现以下情形，财务预测会有什么变化？比如，价格下降、成本上升、销售数量低于预期、产品生命周期缩短、开发周期延长、开发成本上升，请进行财务敏感性分析。

（10）各财务数据的预测分别基于什么样的前提假设？如果这些假设条件变化，各财务数据分别会有什么变化？

14．项目风险分析

项目风险分析的主要目的是识别项目分析，制定规避风险的措施或风险发生后的应对策略。项目风险分析在综合各项立项分析要素风险分析的基础上由项目经理组织完成。

项目风险分析需要回答以下主要问题：

（1）项目风险主要包括哪些方面？每个方面可能有哪些主要风险？

（2）每项风险的发生概率有多大？每项风险对项目的成败影响有多高？如何规避风险？风险发生后如何应对？

（3）风险管理机制是什么样的？谁负责风险预警和分析？谁负责风险决策？谁负责风险处理？

（4）如果出现未预见的重大风险如何处理？如何进行有效的危机管理？

以上，我们对项目立项分析中涉及的 14 个方面的问题进行了简要的探讨。企业可以根据项目的实际需要增加或简化一些分析内容。

（八）项目可行性分析报告的更新

项目立项分析工作不是一次性工作，不是立项评审通过了项目立项分析报告就可以束之高阁了！**项目立项分析报告主要不是写给决策评审团队看的，而是产品开发团队需要定期评估和更新的**。原因如下：

（1）在立项分析阶段，项目立项分析报告是基于不完整、不准确的信息撰写的。这些信息需要在产品开发过程中进一步核实和补充完善。

（2）在开发阶段，客户需求、竞争对手、市场环境及技术等因素都会发生变化。这些因素的变化势必影响得出立项分析数据的假设条件。假设条件变化了，预测数据必然相应进行调整。

（3）随着产品开发向前推进，产品的功能和特征等越来越明晰。产品开发团队能够对市场需求等信息进行更为准确的分析和判断，相应地，原先预测的数据也需要调整。

正如一位古希腊哲学家所说："人不能两次踏进同一条河流。"由于影响产品成败的因素在不断变化，作为保障产品成功的项目可行性分析报告也应该根据环境的变化而及时调整和更新。

在开发和测试阶段需要重点调整和更新的项目可行性分析报告内容如下。

1. 产品设计开发阶段项目可行性分析更新内容

对于一个创新性比较强的新产品而言，在立项分析阶段客户需求的确定性只有50%，其余50%需要在开发和测试阶段补充和完善。在开发阶段，随着样机开发的完成，需要对可测试性、可制造性、上市分析及可服务性分析等进行修改和完善。如果开发的周期需要持续6~18个月，则在样机评审前，应该有几个里程碑的小评审点。如果在开发期间竞争对手推出了比我们的产品更好的新产品，产品开发团队需要重新评估销售量预测、价格预测等市场数据。如果出现破坏性打击，可能要及时中止新产品的开发。

2. 产品测试矫正阶段项目可行性分析更新内容

产品测试阶段除了进行技术测试之外，还要进行现场测试、客户测试和市场测试。在此阶段要重点更新可制造性分析、上市分析、财务分析等数据。

在每个决策评审点，产品开发团队都要将更新后的项目可行性分析报告作为主要交付件提交给决策评审团队，作为项目决策的重要依据。在产品上市后的评审点，产品开发团队还要将立项分析时承诺的产品开发绩效指标与实际实现的绩效指标进行对比，分析差距和原因，总结经验和教训。

 产品经理行动

我们的项目可行性分析需要分析以上14个方面吗？我们的项目可行性分析哪些方面需要重点改善？请参照以上内容进行项目可行性分析。

七、项目立项评审

项目决策评审是保证项目执行质量，降低项目风险，提高新产品开发成功率的关键。

（一）项目立项评审的常见问题

很多企业在项目决策评审方面，要么重视不够，要么方法不当，导致项目决策评审失效。

> **➡ 咨询实例**
>
> 在我们的咨询实践中，企业的项目经理及产品开发团队成员在谈到项目决策评审时，有很多话要说：
>
> （1）"我们公司上什么项目都是老板说了算。他让我们干什么，我们就干什么，反正是他投的钱。"
>
> （2）"我们公司的项目只在立项的时候评审一次，以后就一直干到上市。很多项目只有上市了之后才发现不行。"
>
> （3）"很多项目其实公司管理团队也拿不准到底要不要做。公司采取的策略就是多做几个，期望总有一两个会成功。"
>
> （4）"我们的决策评审没有什么明确的准则，公司几个领导在评审会议上经常争论不休，有时甚至影响大家之间的感情。"
>
> （5）"我们的决策评审会议没有什么明确的流程，经常是领导有空的时候就开。开会的时间很长，有时候好多事情放在一起讨论，开着开着就跑题了。"
>
> （6）"决策评审会议经常议而不决，领导总是说还要再讨论讨论，项目团队成员能做的就是等待。"
>
> （7）"很多时候项目决定要做，但是资源不到位，项目经理要频繁地与多个职能部门协调资源。"
>
> （8）"我们同时上马的项目很多，而且这些项目没有明确的优先顺序。但

是我们的人手严重不足，几乎每个项目都严重延期。公司领导希望通过项目团队多加班来保证多个项目的进度，但是这样做出来的项目质量很难保证。"

（二）组建项目决策评审团队

决策评审团队又称为入口把关者（Gatekeeper），即对每个决策评审点进行把关的人。决策评审团队也称为产品审批委员会（Product Approval Committee，PAC）或组合管理团队（Portfolio Management Team，PMT）。你的公司也可以给决策评审团队取一个名字。我们在本文中用 PAC 作为产品评审团队的简称。决策评审团队成员的组成对决策评审的质量非常关键。

进行项目决策评审的前提是选择合适的评审团队成员。以下是 PAC 团队成员选择的一些基本准则：

（1）任何入口的把关者必须有权批准下一阶段所需的资源。也就是说，PAC 成员必须是资源拥有者。

（2）一般来说，产品开发团队所需资源来自不同的职能部门。PAC 必须能代表不同的职能部门：研发、营销、工程、运营，也可能包括销售、采购和质量保证等。

（3）不同入口的 PAC 成员通常会有所变化。在创意筛选和概念筛选评审点，如果对资金和资源的承诺很少，PAC 成员主要是由市场和技术职能代表 2~3 人组成，一般不需要公司的最高层参加。在立项、样机和上市评审点，如果对资金和资源的承诺是巨大的，PAC 成员必须由各职能部门负责人及公司领导团队成员担任。

（4）在不同的入口应保持 PAC 成员的连续性。应有人从头到尾留在决策评审团队之中。比如，市场或研发负责人可能在概念评审时加入，所有的领导团队将在立项评审时加入。

（三）定义项目决策评审准则

基于事先定义的决策评审准则，PAC 团队成员对产品创新项目进行一致的、快速而又有效的决策评审。

1. 创新前端的决策评审准则

在标准的产品创新流程中，创新前端工作投入的资源相对很少，企业没有必要采用非常复杂的决策评审准则对新产品创意进行评审。过于复杂的决策评审准则不但增加了决策评审团队的工作量，而且很有可能过早地误杀极具创新性的创意。因此，我们建议在创意筛选入口及概念筛选入口采用以下3 个决策评审准则对新产品创意进行筛选：

（1）**战略一致性**。该创意与公司的创新战略一致吗？

（2）**市场吸引力**。基于该创意开发的新产品上市后具有很大的市场空间吗？

（3）**技术可行性**。我们能否开发出该新产品？

创新前端也称为模糊前端，创新前端的入口评审准则相对而言也是比较模糊的。由于项目处于非常原始的状态，很多信息不可能在短期内获取，因而对项目的判断也相对主观。但是，不能由于信息较少就不做判断，也不能因为比较难以判断就没有评审准则。毕竟，创新前端创意的数量是非常巨大的，企业必须采取有效的评审准则快速地对创意进行筛选，让有前景的创意快速地进入新产品开发流程。

以上 3 个决策评审准则如果有 1 项不能通过，则该创意被枪毙。

2. 新产品开发阶段的决策评审准则

从进入开发阶段起，企业将在新产品项目上投入巨大的资源。为了有效降低项目风险，提高公司的投资回报率，企业必须采用科学的决策评审准则在每个入口对项目进行严格的生/杀决策。关键入口的决策质量直接影响了公司的创新绩效。**对新产品项目进行正确的决策评审是创新领导者最重要、最具价值的工作！**

新产品开发阶段的决策评审包括立项评审、样机评审和上市评审 3 个决策评审点。在这 3 个决策评审点都应该采用一致的、严格的决策评审准则对新产品项目进行严格的生/杀决策。这 3 个决策评审点的决策评审准则包括两部分：

（1）**必须满足的决策评审准则**：只要有一项不通过，则枪毙该项目。

（2）**应该满足的决策评审准则**。合计得分低于某个分值（比如 60 分）的项目将被枪毙。

采用以上两步决策法对新产品项目进行严格的生/杀决策。如果一个新产品项目通过了所有的"必须满足的决策评审准则"项，则进入评分阶段，通过"应该满足的决策评审准则"对该项目进行打分。只有得分高于某个设定的最低分值的项目才能进入下一阶段。通过"必须满足的决策评审准则"，PAC 团队能快速地对新产品项目进行初步筛选，剔除明显没有价值的项目。通过"应该满足的决策评审准则"，PAC 团队能够定量地评估各个获得初步筛选通过的项目的相对吸引力，选择最有价值的项目组合。

3. 定义必须满足的决策评审准则

在创新前端阶段 3 项决策评审准则的基础上再增加 3 项，定义为新产品开发阶段的必须满足的决策评审准则：

（1）**战略一致性**。该产品与公司的创新战略一致吗？

（2）**市场吸引力**。该产品上市后具有很大的市场空间吗？

（3）**技术可行性**。我们能否开发出该新产品？

（4）**产品的优势**。该产品具有独特的竞争优势吗？

（5）**利用公司的核心能力的程度**。该产品能很好地利用公司的核心竞争力吗？

（6）**财务可行性**。我们能获得理想的投资回报吗？

以上 6 个方面，如果有任何一个方面明显低于公司设定的底限，则枪毙该项目。通过必须满足的决策评审准则，公司的 PAC 能快速地剔除那些明显没有前景的项目。

4. 定义应该满足的决策评审准则

通过了"必须满足的决策评审准则"筛选的项目也不一定能够进入下一阶段，我们还需要通过评分的方式定量地确定这些项目的相对吸引力。"应该满足的决策评审准则"就是一种评分依据。我们通过细化"必须满足的决策评审准则"的 6 个方面来对项目进行吸引力评分，如表 3-20 所示。

表 3-20 "应该满足的决策评审准则"评分模板

应该满足的决策评审准则	评分指标	评分分数
战略一致性	• 与公司战略的匹配程度 • 该项目对公司战略的重要性	
市场吸引力	• 市场规模 • 市场成长性 • 竞争激烈程度	
技术可行性	• 技术差距的大小 • 技术的复杂度 • 技术的不确定性	
产品优势	• 带给客户独特的利益和价值 • 比竞争对手更好的性价比	
核心能力的利用	• 技术能力 • 生产/运营能力 • 营销/渠道/销售能力	
财务可行性	• 期望的利润（度量：净现值多少） • 回报率（内部收益率或投资回报率的百分比） • 回报/利润/销售额预测的可信程度 • 项目成本及上市速度	

对以上每个方面的评分指标进行 0~10 分打分，得出每个方面的平均分，最后合计算出该项目的得分。每位 PAC 成员打分的平均值就是该项目的吸引力分数。企业可以根据需要对以上 6 个方面分别设定不同的权重。如果没有设定权重，表示 6 个方面的权重相同。

PAC 可以根据各个项目的吸引力分数对项目进行决策，低于某个分值（比如 60 分）的项目将被淘汰。而高于该分值的项目将进入下一个阶段。当然，批准进入下一阶段的项目何时能够启动，还取决于项目的优先级及资源的可获得性。

（四）组织项目决策评审会议

有效的会议源于有效的组织。决策评审会议流程如下：

1. 提前预告决策评审会议时间

一般在上一次决策评审会议上确定下一次评审时间。最好有全年的决策评审会议排期。决策评审会议最好与公司的高层管理会议安排在同一时间段，以方便公司领导安排工作时间。

2. 提前一周提交电子版的交付件给 PAC 成员审阅

项目团队必须提前一周将电子版的交付件提交给 PAC 成员审阅，否则该项目不能参加该次评审。应该采用标准的模板提交交付件。

3. PAC 成员在决策评审会议前对交付件提出疑问

如果 PAC 成员在审阅交付件时发现了重大问题，或者认为该项目可能被枪毙，应该在决策评审会议前与该项目的产品经理（项目经理）进行沟通。不要在决策评审会议上"扔炸弹"。

4. 举行决策评审会议

（1）除非交付件没有准备好，否则不能延期举行或取消决策评审会议。

（2）即使预期一个项目要被枪毙，也应该举行决策评审会议，目的：

- 正式关闭项目。

- 总结教训。

- 庆贺"正确地枪毙了一个项目"。

（3）PAC 成员可以采用视频或电话会议方式参加决策评审会议。

（4）整个项目团队出席决策评审会议。

（5）任命项目跟踪人。

任命一位 PAC 成员负责项目的跟踪（也可以常设一位跟踪人）。在决策评审会议之后负责与项目团队保持联系，跟踪落实决策评审会议上的决策内容。

5. 遵循决策评审会议流程进行项目评审

（1）项目团队进行 15 分钟的项目陈述。注意，不要打断项目团队的陈述。

（2）PAC 成员提问，项目团队应答。

（3）PAC 成员根据决策评审准则对项目进行评审。

- 评估交付件的完整性和可信度。如果交付件不完整或不可信，要求重做或枪毙该项目。

- 采用"必须满足的决策评审准则"对项目进行评审。只要 PAC 成员一致认为有一项不通过，则枪毙该项目。

- 采用"应该满足的决策评审准则"对项目进行吸引力评分。

（4）搜集计分分数并现场统计和公布结果。

（5）PAC 成员对项目得分进行讨论。

（6）对项目的评分结果取得一致意见。

6. 做出评审决策

（1）对项目给出决策评审结论：通过、枪毙、搁置、重做。

（2）对项目进行优先顺序排列：

- 该项目与正在开发中的项目及处于搁置状态的项目进行比较。

- 确定项目进入下一阶段的优先顺序。

（3）审批下一阶段的行动计划，明确下一入口的交付件清单。

（4）承诺项目所需资源（人、人的时间及人天和资金）。

（5）确定项目下次决策评审的日期。

7. 知会决策结果

面对面地，立即将决策评审结果告知所有项目团队成员。

如果项目通过评审进入设计开发阶段，PAC 要任命正式的产品开发团队，要与产品开发团队签署书面的产品开发任务书，要承诺产品设计开发阶段所需的资金及人员。

 产品经理行动

我们的项目决策评审是否有规范的流程？是否有事先明确定义的决策评审准则？我们应该如何提高项目决策评审质量？

本节小结

（1）市场研究包括客户需求研究、竞争分析和市场分析这 3 个方面。客户需求研究是市场研究的核心内容。

（2）主要的市场研究方法包括二手研究、定性研究和定量研究。定性研究是洞察客户隐性需求的主要方法。主要的定性研究方法包括现场访谈、现场观察、焦点小组访谈和领先用户研究等。

（3）客户需求研究要重点洞察客户没有说出来的、没有想到的、没有预期的隐性需求。洞察客户隐性需求是开发差异化的创新产品的前提和基础。

（4）可以采用 QFD 方法进行产品定义，将客户需求转化为产品性能指标。产品定义环节很大程度上决定了客户对产品的满意度，决定了产品的成本结构。

（5）要通过概念测试验证客户需求和产品定义。通过多次迭代，在产品开发前尽可能明确客户真正想要的产品是什么样的。

（6）通过 14 个方面的项目可行性分析，为项目立项评审决策提供输入信息。项目可行性分析的质量很大程度上决定了项目评审的质量。

（7）基于规范的评审流程，基于事先定义的决策评审准则，对项目进行严格的生/杀决策和优先顺序排列，选择最有"钱景"的新产品开发项目进入产品设计开发阶段。

读书笔记

知行信 4D 创新流程

在知行信 4D 创新流程中，产品开发管理是第三阶段，回答"如何做"的问题。产品开发团队要将在创新前端定义的产品开发（Develop）出来，并且负责上市管理。产品开发团队不是对将产品做出来负责，而是要对产品上市后实现盈亏平衡负责。产品上市后实现了盈亏平衡，才真正证明该产品成功上市了，可以进入产品生命周期管理阶段了。

产品开发管理阶段包括产品设计开发、产品测试矫正和产品上市管理 3 个子阶段。

产品开发管理阶段工作准则：又快又好！

第四章
产品开发管理

无欲速，无见小利。欲速则不达，见小利则大事不成。

——《论语·子路》

产品开发管理阶段包括产品设计开发、产品测试矫正和产品上市管理 3 个子阶段。在产品设计开发阶段结束时需要进行走向测试评审，在产品测试矫正阶段结束时需要进行走向上市评审，在产品上市管理阶段结束时需要进行产品上市后评审。

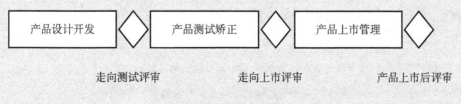

产品开发管理框架流程

本章分为 3 节，内容包括产品设计开发、产品测试矫正和产品上市管理 3 个方面。

第一节，产品设计开发。主要内容包括产品设计方法、产品开发项目管理、并行工程方法、技术矛盾解决方法（TRIZ）、失效模式与影响分析（FMEA）及客户需求变更管理等。

第二节，产品测试矫正。主要内容包括产品使用测试、客户测试、市场测试、试生产、财务测试及利益相关者测试等。

第三节，产品上市管理。主要内容包括设定产品上市目标、分析企业外部环境、评估企业内部能力、制定产品上市战略及上市计划等。

请企业首席产品官组织企业产品管理团队对照下表，评估企业在产品开发管理方面是否存在以下常见问题，并从本章后续章节的介绍中寻求相关问题的解决方法。

产品开发管理常见问题描述

产品开发管理常见问题描述	公司现状描述
（1）新产品开发是研发部的事，而不是全公司的事，其他部门只是在有空时帮帮研发部的忙	
（2）新产品开发任务在各个职能部门之间传递，沟通协调成本高，会议多、邮件多、微信等"三多"成为一些企业的新常态。有些企业的高管一周上班五天有四天半在开会；有些高管最多时一天要开8个会，优先参加哪个会成为让高管头痛的问题；有些企业的会议室总是不够用，经常需要抢会议室	
（3）为了赶进度，一些企业采取"边了解需求，边开发技术，边开发产品"的"三边"开发模式，美其名曰敏捷开发，结果是不断返工，开发进度大幅延期	
（4）一些企业新产品开发项目最显著的特征就是延期、延期、延期！延期是正常的，不延期反倒是不正常的。新产品开发项目一再延期通常导致错失新产品上市的最佳机会窗，难以实现预期的投资回报	
（5）有些企业的公司领导不关心新产品开发过程，只是要结果，未能及时终止没有"钱景"的新产品开发项目，浪费了大量宝贵的研发经费，并且造成巨大的机会成本；有些企业的领导则过度关心新产品开发过程，事必躬亲，随时追问新产品开发进展情况，经常对项目团队发号施令，导致项目团队无所适从，公司领导自己成了事实上的项目经理	
（6）产品只在实验室进行测试，没有到客户实际使用环境中测试，导致产品交付客户后不能满足客户需求	
（7）产品开发团队在新产品上市时就解散了，新产品上市过程中出现的问题无人及时解决，可能贻误上市时机或导致新产品上市失败	

第一节　产品设计开发

产品设计开发要始终以客户为中心，以客户需求为导向，以开发出满足客户需求、超出客户期望的创新产品为目标。

> **? 产品经理思考**
>
> （1）我们能够有效设计新产品吗？
>
> （2）我们能够高效开发新产品吗？
>
> （3）在新产品开发过程中，我们能够有效进行客户需求变更管理吗？

本节介绍产品开发团队在产品设计开发阶段需要掌握的主要的创新方法，产品开发团队可以根据企业实际情况进一步深入学习和掌握相关创新方法。

一、产品设计

产品设计是基于对客户需求及技术的理解进行的。产品设计工作需要"严肃地玩"，既需要科学家的创造性思维，也需要艺术家的灵感。

产品设计是产品开发的前提和基础。产品设计的质量直接影响了开发的质量和开发的周期。产品设计不但要考虑客户的需求，还要考虑产品全生命周期各个利益相关者的不同需求。

根据创新前端立项分析阶段输出的产品定义表对新产品进行概要设计和详细设计。需要注意的是，新产品的设计需要根据开发过程中市场环境和客户需求的变化进行及时的调整和完善。新产品设计不是一次性的工作，而是动态调整，需要持续迭代。**为了赶项目进度而拒绝在开发过程中对产品设计进行调整的做法是不明智的，是舍本逐末**。这样的项目团队忘记了开发新产品的根本目的是满足客户需求，从而实现预期的投资回报，而不是为了做项目而做项目！

对于比较复杂的新产品开发项目，应该先进行概要设计，在概要设计通过项目团队内部评审的基础上再进行详细设计。这就好比建造一座房子，应该先设计好房子的整体框架，再进行局部的设计。而不是直接开始砌墙，最后发现可能这堵砌好的墙根本没有砌的必要。**设计不严谨是导致新产品开发过程中频繁返工的主要原因**。设计阶段的"慢"是为了开发阶段的"快"，而设计阶段的敷衍了事必然导致开发过程中的大量返工，最终导致整体开发进度大幅延误，新产品开发的质量也无法保证。

新产品设计应该体现"DFX（Design for X，为 X 设计）"的设计思想，即设计要满足多方面的需求。比如不但需要进行用户需求设计，还要进行可靠性设计、可测试性设计、可制造性设计、可维护性设计及环境保护设计等。

以下介绍多种产品设计方法，各企业可根据实际情况重点应用相关设计方法。

（一）产品架构设计

产品架构设计（Product Architecture Deign）是将客户需求转换为产品设计的流程。这是产品设计中的关键步骤。坚实的产品架构能够提高产品的最终性能，降低生产过程中产品变化的成本，加快产品的上市速度。产品架构设计是产品开发团队中系统工程师的重要工作。

产品架构设计是一个分析与综合相结合的系统思维过程。产品通常是由原材料组成零件，由零件组成部件，由部件组成装配件，最后由装配件组成产品的过程，如图 4-1 所示。

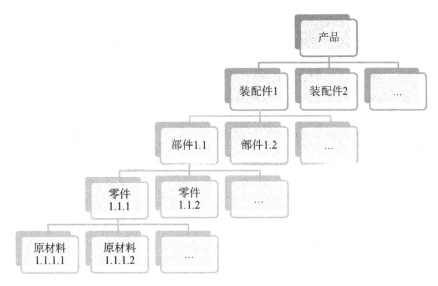

图 4-1　产品架构设计示意

产品架构图绘制步骤如下：

（1）产品开发团队从客户的需求出发，采用 QFD 等工具，将客户需求转换为产品性能列表。

（2）画出产品的原理图。原理图呈现出产品的部件和功能，以及这些部件之间的相互关系。

（3）将部件按照实现的功能划分为装配件或子系统，每个子系统实现一项或多项产品功能。

（4）采用 CAD 等工具画出产品的结构图，并标明各装配件或子系统之间的关系。

以上产品架构设计是一个反复的过程，每个步骤可以提供多个选择方案，通过对多个方案的比较，选择最优的设计方案。产品架构设计的主要目的是将客户需求转化为产品的功能设计，并明确这些功能系统之间的相互关系，为详细设计奠定基础。

在产品架构设计中，需要考虑产品是适合进行模块化设计还是适合一体化设计。如果产品结构非常复杂，并且可以由一款基型产品衍生出多款系列产品，最好采用模块化设计方法。模块化设计需要考虑多个零件或部件的组合，需要清晰定义每个模块实现的功能和模块之间的接口。多个模块可以组成产品平台，在产品平台基础上进行系列化的衍生产品设计与开发。因此，产品架构设计的过程也是考虑产品平台化、模块化设计的过程。

在进行产品架构设计时，产品经理和系统工程师要积极思考以下问题：

（1）我们的产品是否会有很多定制化需求？是否需要为不同细分市场的客户开发不同的产品版本？

（2）我们的产品是否适合进行模块化开发？

（3）我们的产品是否应该进行平台化设计？

（二）用户导向设计

企业存在的根本目的是持续地创造客户，而持续创造客户的手段是持续地开发和上市满足客户需求，甚至超出客户期望的创新产品。要开发出超出客户期望的创新产品，产品设计就必须以用户为导向。产品设计应该从用户需求出发，基于用户需求设计各项产品功能和各项功能的性能参数。我们在创新前端介绍了如何将客户需求转化为产品定义的 QFD 方法。在产品设计阶段，产品开发团队需要从客户需求角度思考"我们应该做什么"，而不是从自身技术能力角度思考"我们会做什么"。相对于为用户设计，与用户一起设计及由用户设计是更好的设计理念。新产品的设计最好有用户特别是领先用户参与。至少，产品开发团队应该反复多次地将设计概念、模型等呈现给用户，征求用户的意见和建议。

丰田公司之所以能够超越福特、通用等美国汽车巨头，成为世界上最大的汽车制造厂商，主要原因就是对汽车用户真正需求的洞察。丰田公司认识到用户需要的是"安全、舒适、节能、环保、价格适中"的汽车，于是根据这些客户最关注的需求要素设计和开发针对不同细分市场的汽车产品。在每个细分市场上，丰田汽车的市场份额几乎都是数一数二的。比如凯美瑞轿车已经在全球持续畅销了将近40年，累计销售数量超过1 000万台。

（三）差异化设计

差异化设计（Design for Difference）是从竞争视角来考虑产品设计的。在产能严重过剩、产品同质化竞争日趋激烈的今天，低成本战略已经很难取胜，差异化战略应该成为创新型企业获取竞争优势、实现可持续发展的必然选择。我们设计的产品不但要满足客户需求，而且要在一个或多个需求要素方面与主要竞争对手有明显的差异。我们可以采用创新战略管理章节中介绍的价值曲线方法对新产品进行差异化的价值定位。在差异化设计方面，产品开发团队应该奉行**"没有差异化，就没有一切"**的设计理念。差异化的产品更受客户青睐，能获得更大的市场份额。差异化越大的产品越具有定价权，越能获得更大的利润率。产品的差异化是企业创新能力最直接、最有效的体现！当然，产品的差异化必须是客户所看重的，不是客户所看重的所谓差异化其实只是"噱头"，不能引起客户共鸣。

苹果公司的iPod、iPhone及iPad等产品之所以畅销，最大的原因就是与同类产品相比具有巨大的差异化，甚至是对现有同类产品的颠覆。苹果公司创始人乔布斯的创新宣言是"不同凡想"。iPhone手机的宣传语："唯一的不同，是处处都不同。""除了iPhone，其他只能是其他。"

（四）成本设计

成本设计（Design for Cost，DFC）是指产品设计要符合目标成本，这样企业才有可能实现预期的利润目标。"**成本是设计出来的**"，产品成本结构在设计阶段就已经基本确定了，在批量生产阶段，从采购、制造到物流等环节降低成本的空间非常有限。

采用创新前端管理相关章节介绍的 QFD 方法，能够很好地进行成本设计。通过客户需求与产品设计规格的比较，能够去掉冗余功能，设计合理的性能指标，从源头控制产品成本结构。例如，如果某个电子产品的某个芯片设计是冗余的，该芯片的正常采购价格是 5 美元，如果在设计环节去掉该芯片，则可以降低 5 美元成本；相反，如果设计环节保留了该冗余的芯片，即使在批量生产环节采购部门将该芯片价格谈到了 4 美元，该产品还是增加了 4 美元的成本。由此可见，产品最有效的降成本措施体现在设计环节，"产品成本是设计出来的"。

（五）可靠性设计

可靠性是指产品在特定的条件下、特定的时间周期内实现设定的功能的概率。**可靠性设计**（Design for Reliability，DFR）聚焦于提高产品的寿命，并且使失效最小化。可靠性设计的方法是提高部件的可靠性，并且在设计中的关键点使用冗余的零件和部件。失效有以下两种类型：

（1）由于缺陷导致的较早的失效。

（2）在产品使用过程中的失效。

可靠性对于批量生产的产品非常重要。一个缺陷可能导致整批产品报废，或者已经卖出去的产品需要召回。汽车整车厂商或零部件厂商的产品如果由于发现质量缺陷而被召回，不仅意味着需要支付巨额的赔偿或维修费用，而且会对公司的品牌声誉造成重大不良影响，严重的情况下甚至会导致企业走向衰落或破产。军工、航空、航天等类企业都特别注重产品的可靠性设计,对产品的可靠性质量要求是 100%。

例如,1986 年 1 月 28 日,美国航空航天局的挑战者号在升空 73 秒后,爆炸解体坠毁,机上 7 名航天员全部在该次事故中丧生。导致此次航天飞机爆炸的直接原因是航天飞机右侧固体火箭推进器上面的一个 O 形密封圈失效,由此导致一连串的连锁反应。该项目 1972 年签约启动,耗时 14 年,耗费资金 12 亿美元。

(六)工业设计

工业设计(Industrial Design)通常包括产品外观设计和用户界面设计。产品外观设计主要是指实物产品的外观设计,用户界面设计主要是指软件产品人机交互的界面设计。现在,设计事务所层出不穷,工业设计已经成为一个很大的产业。有些设计事务所专门进行手机外观及用户界面设计,有些设计事务所专门进行家用医疗器械设计。IDEO 是全球非常知名的专业设计公司,很多创新性的产品都出自该公司。随着人们生活品质的提高,人们购买产品时不但追求好用,而且追求好看,消费者对体验价值越来越关注。消费者希望产品外观时尚、耐看。对于手机等人机交互界面,消费者希望界面友好、易用性好。用户对外观和感觉的关注度日益高涨。

例如,在 iPhone 手机的设计中,苹果公司 CEO 乔布斯亲自指导用户界面的设计。苹果公司的 iPhone 手机正是凭借超酷的外观和极其友好的使用界面风靡全球的。正像一些苹果粉所说的,"手机我已经用过很多了,但是 iPhone 我还想拥有一台!"

(七)品牌形象设计

品牌形象设计是指新产品的设计要与公司形象及同类产品品牌形象保

持一致。每款产品本身的设计及包装的设计都应该符合甚至强化公司及同类产品的品牌形象。相反，如果某款产品的设计与公司的品牌定位不一致，很可能会给消费者造成困扰，也会损害公司的品牌形象。

例如，宝马公司的每款汽车的设计都采用具有宝马风格的双肾形的前脸，每款汽车的设计都注重"豪华、操控性和安全"。此外，驾驶乐趣是宝马汽车始终强调的品牌形象。

（八）通用设计

通用设计（Universal Design）是指设计适合任何人使用的产品。这与针对不同细分市场设计不同的产品的设计思想正好相反。成功的通用设计产品具有极大的规模经济性。

创新案例

苹果公司的 iPod、iPhone 等产品采用的就是通用设计模式。例如，苹果公司在各个国家销售的 iPod 系列产品销量累计已经超过 2 亿台，这些产品除了所用语言不同之外，没有其他不同之处。无论什么种族、使用什么语言、拥有什么职业，无论男女老幼，都在使用 iPod 下载音乐，收听广播。苹果公司的 MacBook Air 笔记本电脑也是采用的通用设计，"人人早该拥有的先进笔记本电脑，现在人人都可享有。"

（九）模块化设计

如果需要针对不同的细分市场开发大同小异的系列化产品，或者企业的产品定制化占比比较高，企业有必要采用模块化设计方法。**模块化设计**（Modular Design）是将系列产品开发中多次使用的技术及零部件进行封装，形成标准化的模块。这些标准化的模块可以在多个新产品的开发中共用。模块是可组合成系统的、具有某种特定功能和接口结构的、典型的通用独立单元，模块化设计与小孩玩的积木游戏类似。每个积木其实就是一个模块，要快速地开发出汽车、坦克等不同的新产品，只需要对这些已经准备好了的"积木"进行适当的排列组合即可。模块化设计不但可以大大减少重复劳动的时间，加快新产品开发速度，而且可以提高新产品的稳定性和可靠性。此外，模块化设计可以让公司的技术人员从重复劳动中解脱出来，集中精力采取创新性的方法去满足客户的个性化需求。

详细的模块化设计方法请参见作者《首席产品官实务》一书相关章节。

（十）可测试性设计

只有可测试的才是可检验的。**可测试性设计**（Design for Testing）就是要在新产品设计时，考虑各个零部件、子系统及整个产品的测试指标、测试方法和测试设备。比如一个零部件如果无法测试其性能参数，就无法确保其可靠性。一个软件包如果无法测试其有效性，就无法确保在运行的过程中不会出错。软件产品要提前准备好测试用例，使测试工作有据可依，有效检验软件产品的各项功能是否满足客户需求。

（十一）制造与装配设计

制造与装配设计（Design for Manufacture and Assembly, DFMA）是指在新产品设计时，要考虑该产品能否顺利制造出来，能否顺利地装配好。DFMA将设计与生产有机地联系在一起。制造与装配设计需要考虑的内容包括原材料和元器件的可获得性、外协加工或制造合作伙伴的可获得性、开模的可行性、制造工艺的可行性、相关制造技能及人才的可获得性，以及零部件的可装配性等。标准化、简化和系统集成是 DFMA 的基本方法。

（十二）可服务性设计

可服务性设计（Design for Service）是指在新产品设计时，要考虑该产品能否顺利地提供技术服务及售后服务。可服务性设计需要考虑的内容主要有零部件的可拆换性、备品备件的可获得性、检测及维修设备和工具的可获得性、相关服务人员及技能的可获得性。

（十三）环保设计

现在，环保已经不再是一种概念，而是成为大多数国家的强制要求，已经成为很多企业和消费者的自觉行动。**环保设计**（Design for Environment，DFE）要考虑产品的制造、使用、维修及回收等过程中的节能、健康和环境保护等问题。DFE 的目标包括：

（1）保证质量。

（2）最小化健康和安全风险。

（3）减少对自然界的负面影响。

（4）减少废物排放。

（5）最小化原材料浪费。

（6）减少能源消耗。

产品制造过程中要考虑节能、减排及污染问题，要考虑噪声、粉尘、放射物、光污染等对工作人员人身健康的损害；产品使用过程中要考虑节能及噪声等问题；产品维修过程中要考虑更换的零部件的回收和再利用问题。产品生命周期结束时要考虑整个产品的回收和再利用问题。宝马汽车在设计时就系统地考虑了塑料、玻璃、人造橡胶及金属材料等的回收和再利用问题。

以上设计维度，需要产品开发团队在新产品设计时进行系统、全面的考虑。要认识到产品设计不只是客户需求设计，更不只是技术设计，而要考虑到多个利益相关者的不同设计需求。对于产品设计而言，往往"魔鬼在细节"！

某个方面考虑不周，都可能导致新产品开发的失败。比如关键原材料或关键零部件的可获得性、开模的可行性等小细节往往酿成大问题。

产品设计需要系统思维，产品设计需要集思广益，产品设计需要反复评审和验证。

产品经理行动

我们的新产品设计应该考虑哪些方面？哪些方面需要加强？有何具休改善措施？

二、产品开发项目管理

卓越的产品经理首先必须是卓越的项目经理。 很难想象项目经理都当不好的人能够胜任产品经理工作。在产品经理和项目经理角色分离的新产品开发项目中，产品经理需要选拔合适的人当项目经理，需要在项目的里程碑节点有效把关。卓越的产品经理会主动帮助项目经理成功。项目经理成功了，产品经理也就成功了。

以下简要介绍新产品开发项目管理的框架内容，详细的项目管理方法读者可以通过相关专业书籍学习。

（一）掌握项目管理的基本方法

从项目开展过程的角度，我们可以将项目分为有先后顺序的五大基本管理活动，如图 4-2 所示。

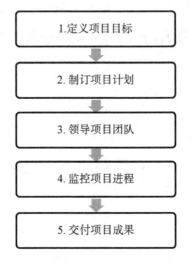

图 4-2　项目管理的五大基本管理活动

由图 4-2 可见，项目管理的五大基本管理活动包括定义项目目标、制订项目计划、领导项目团队、监控项目进程及交付项目成果。其中，项目目标定义与项目计划制订是相互影响的，项目计划制订与项目团队领导又是相互影响的。因此，这 3 项管理活动中有一项发生变化，都会引起其他两项的变化。项目计划制订会影响项目进程监控，而项目进程的变更可能需要修改项目计划。此外，项目结果交付与项目目标定义也是相互影响的。项目目标定义规定项目需要交付什么样的结果，而项目最终交付的结果与项目目标定义可能会有差异或变化。

项目管理就是对以上五大基本管理活动及其变化进行管理。

1．定义项目目标

项目不是在最后才失败的，项目可能从一开始就注定了失败的命运。项目经理需要为项目定义期望与边界。项目经理需要确定项目的产品性能需求与交付日期、成本的期望。好的项目目标要符合 SMART 原则。

2. 制订项目计划

项目计划制订包括预测资源需求、项目周期、预算等。项目团队成员也需要确定他们如何组织自身以满足客户的需求和内部的控制需求。

3. 领导项目团队

项目经理需要对核心团队成员、扩展团队成员及合作伙伴进行管理，以便他们及时、有效地做好工作。

4. 监控项目进程

项目经理需要及时评估项目绩效，以发现项目偏离计划的程度，并采取纠正措施。控制活动经常引致项目目标的调整。

5. 交付项目成果

项目经理需要确认项目范围符合产品需求，符合企业的需求（比如文档要求和经验教训分享等）。

详细的项目管理方法和工具可以参阅相关专业书籍，项目团队成员也可以通过参加项目管理认证考试（PMP）等提升项目管理水平。

（二）选拔合适的项目经理

选拔合适的项目经理对于新产品开发项目具有非常重要的作用，项目经理的责任心、专业水准及时间精力投入对项目成败至关重要。选拔了合适的项目经理，产品经理就能从日常的项目管理事务中抽身出来，专注于重要而又不紧急的客户需求洞察等产品管理工作。

以下选拔项目经理的条件，供产品经理参考。

（1）**有政治头脑**。项目是在一定的组织文化背景下进行的，项目经理必须明白项目的目的，对企业政治也应该比较敏感。项目经理要整合各种资源为我所用，确保达成项目目标。

（2）**能与客户及利益相关者进行有效的沟通。**不同的客户和不同的利益相关者对项目有不同的期望。项目经理必须能够与大家进行有效的沟通，并就大家的期望达成一致意见。

（3）**熟练掌握项目管理方法。**这是项目经理必须具备的基本知识。可以通过 PMP 认证等来学习项目管理知识。但是，实际的项目管理经验非常重要。

（4）**具有领导力。**领导力的含义有很多种，但最重要的领导力是有效的影响力，即不借助组织的正式授权而让别人做好工作的能力。项目经理的领导力主要来自人品、以身作则及过往所负责项目的绩效表现。

（三）管控项目风险

项目风险是在项目中可能会发生，也可能不会发生的事情。有发生概率，并且一旦发生后会对项目产生不利影响的事情称为"风险"。而一定会发生、正在发生或已经发生的事情是"问题"。"风险"是要考虑预防措施和应对策略的，而"问题"是必须解决的。**如果某个"风险"的发生概率是 100%，那么这就不是"风险"，而是必须解决的一个"问题"了。**

根据风险的性质不同，可以将风险分为战略性风险和运营性风险。战略性风险主要是指影响客户的满意度和公司的收入、利润等的风险。战略性风险如果不能有效应对和化解，很可能会导致项目失败。运营性风险主要是指项目中与技术相关的风险，这些风险一般都能化解，只是需要时间和投入。项目团队需要区分战略性风险和运营性风险。战略性风险应该由项目经理亲自负责跟踪和管理，而运营性风险主要交由项目团队中的专业人士负责跟踪和化解。纯粹与技术相关的风险，可以采用失效模型分析来应对。

项目风险管理可以分为三大步骤：

1. 识别项目风险

不同类型的项目有不同程度和概率的风险。突破性创新的项目在项目启动前其需求确定性往往只有 50%左右，因而出现风险的概率比较大，风险的破坏程度往往也比较高。而改进型的项目在项目启动前其需求确定性往往在 80%以上，因而出现风险的概率比较小，风险的破坏程度往往也比较低。对创新性高的项目，企业应该有较高的风险容忍度。当然，创新性项目对风险管理的能力也要求比较高。

项目风险的识别应该采取集思广益、群策群力的方式进行。可以从技术风险、运营风险、管理风险和商务风险这 4 个方面思考和分析项目风险的来源。识别出的风险可以按照风险发生的概率和风险的重要性进行排序。项目经理和项目团队应该重点关注发生概率高、重要性高的风险。

2. 制定风险管理策略

"不怕一万，就怕万一。"制定风险管理策略的目的就是以防万一。在计划阶段就对可能出现的风险制定规避措施与应对措施，能大大减少项目团队成员的焦虑，降低风险发生后给项目带来的不良后果。

3. 管理风险

项目风险管理不是一次性的工作，而是一个持续的流程。建议项目团队定期（比如每月）更新项目风险跟踪表。在项目的决策评审点，项目团队应该向公司决策评审团队汇报项目风险管理情况。**风险管理的关键在预防，最有效的风险管理就是从来没有真正发生过风险！**在风险发生的萌芽阶段就将风险转化为问题加以解决是最好的。一旦风险发生，要辨别风险发生的根本原因，注重从源头应对风险，而不要让风险演变成危机。**危机的产生往往是风险管理不当造成的。**

（四）加快新产品开发进度的主要方法

开发阶段是新产品开发流程中周期最长、问题最多、管理最复杂的阶段。产品开发团队应该在不牺牲质量的前提下，尽可能加快新产品的开发速度。更快的开发速度意味着更少的意外事件出现，意味着更佳的上市时机，意味着更好的投资回报。

加快新产品开发速度的方法主要有以下几种：

（1）**在进入新产品开发阶段之前，先解决关键的技术问题**。很多新产品开发项目的延期是由于一些关键的技术问题迟迟不能解决造成的。在一些公司，新产品开发项目最终演变成了技术开发项目。要将技术开发与新产品开发分开，如果关键技术问题没有解决，就不要进行新产品开发项目立项。

（2）**排列项目优先顺序，保证重点项目的资源需求**。对一个创新型企业而言，最影响新产品开发进度的就是同时开发太多的项目。同时开发太多的项目的结果就是每个项目的资源都严重不足，每个项目都严重延期，每个项目的质量都难以保证。"伤其十指不如断其一指。"采用项目组合管理方法对项目排列优先顺序，优先保证重点项目的资源需求，不但可以加快新产品项目的开发速度，而且可以保证开发质量。

（3）**做好坚实的前期准备工作和产品定义工作**。客户需求了解越充分，产品定义越清晰，新产品开发过程中的返工就会越少。"边了解需求，边开发技术，边开发产品"的"三边"开发模式其实是不敏捷的。

（4）**采取规范的流程进行新产品开发，保证项目执行的质量**。明确定义新产品开发阶段的步骤、任务和活动，确保**一次做对**。一次做对是减少返工、加快开发进度的最有效的方法。

（5）**采用获得充分授权的跨职能团队进行新产品开发**。跨职能团队可以打破"部门墙"，大大降低沟通成本，为并行工程的实施奠定基础。

（6）**采用并行工程方法加快新产品开发速度**。跨职能团队可以并行地完成很多开发任务，大大减少串行开发造成的时间浪费。

（7）**利用有效的项目管理方法加快开发速度**。画出项目的开发路线图，找出项目的关键路径，试图将关键路径上的每项任务的完成时间减少一半！

（8）**采用模块化设计方法提高复用率**。对于重复要做的技术工作进行模块化设计，将部分共用模块组合成共用技术平台。新产品项目在共用技术平台的基础上进行开发，能大大缩短新产品开发周期。

（9）**将复杂的项目分解为多个更为简单的项目**。将一个复杂的项目分拆为 3 个较为简单的项目，3 个简单项目的累计开发时间可能只有一个复杂项目的一半甚至 1/3。

（10）**将截止期限作为最重要的项目目标**。新产品项目的截止期限是雷打不动的，如果项目进度有可能延误，要么增加资源，要么适当简化项目功能。对于上市时机非常重要的新产品开发项目，这种做法是一种可行的平衡。为了在产品机会窗期间上市，可以考虑将产品的 1.0 版本设计为最小可用产品（Minimum Viable Product，MVP）版本，更多的功能、更高的性能参数可以在后续产品版本中考虑。

（五）过度强调开发速度可能带来的负面影响

过犹不及！过度强调新产品开发速度也会带来一些负面的影响。

（1）公司趋向于选择那些难度小、周期短的新产品项目，而放弃那些难度较大、周期较长的新产品项目。这样，最终导致公司开发出的主要是一些改进型的新产品，突破性的新产品非常缺乏，公司的战略目标很难实现。

（2）过于强调开发进度，产品开发团队可能会在很多关键任务的执行方面走捷径，项目执行的质量会得不到保证。比如，产品定义不深入，客户测试不严谨，开发过程中基本不允许进行客户需求变更，降低一些产品功能的性能指标等。这样做的结果是企业新产品开发失败率很高。

（3）过大的时间压力，会抑制产品开发团队的创造性。如果开发团队成员天天加班，周六、周日也在加班，则很难有时间和精力思考如何创造性地解决开发中的技术问题。

（4）过大的时间压力会影响开发团队成员的心情。如果项目没有按期完成，开发团队成员之间可能会相互指责，甚至相互推卸责任。过大的工作压力和经常处于焦虑状态，容易使产品开发团队身心疲惫。郁闷和不爽是知识工作者离职的主要原因。

 产品经理行动

我们的产品开发团队有效掌握了项目管理方法吗？我们如何在保证项目质量的前提下大幅加快新产品开发速度？

三、并行工程

新产品设计与开发阶段的主要任务不只是设计与开发，还包括很多并行的工作，比如持续了解客户需求和完善项目可行性分析报告等。新产品开发项目不是在多个部门之间传递的串行活动，而是由跨职能团队自始至终进行的并行工程。**采用跨职能团队组织模式的主要目的就是并行地完成多项开发任务。**采用并行工程方法不但可以加快开发进度，而且可以提高开发质量，降低开发成本。并行工程方法是新产品开发必须采取的开发模式，而不是可选模式。图 4-3 是一个新产品开发项目各阶段并行活动示例。

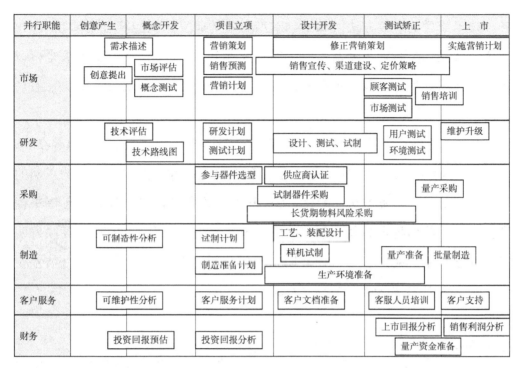

并行职能	创意产生	概念开发	项目立项	设计开发	测试矫正	上　市
市场	需求描述　创意提出	市场评估　概念测试	营销策划　销售预测　营销计划	修正营销策划　销售宣传、渠道建设、定价策略　顾客测试　市场测试	销售培训	实施营销计划
研发	技术评估	技术路线图	研发计划　测试计划	设计、测试、试制　用户测试　环境测试	维护升级	
采购			参与器件选型　试制器件采购　长货期物料风险采购	供应商认证	量产采购	
制造	可制造性分析	试制计划　制造准备计划	工艺、装配设计　样机试制　生产环境准备	量产准备	批量制造	
客户服务	可维护性分析	客户服务计划	客户文档准备	客服人员培训	客户支持	
财务		投资回报预估	投资回报分析	上市回报分析　量产资金准备	销售利润分析	

图 4-3　新产品开发项目各阶段并行活动示例

产品经理行动

我们的产品开发团队应该如何有效运用并行工程方法加快产品开发进度？

四、技术矛盾解决方法（TRIZ）

新产品的设计和开发过程就是不断地解决技术矛盾的过程。很多企业由于技术矛盾无法解决而导致新产品开发失败。TRIZ 方法就是系统化地解决各种技术矛盾的有效方法。如果创新型企业的研发团队能够有效掌握 TRIZ 方法，就能解决研发与创新工作中的绝大部分技术问题。TRIZ 方法也可以用于创新前端进行突破性新产品创意激发，通过创新的解决方案解决现有产品问题。

TRIZ 是俄语"发明问题解决理论"翻译成英文 Theory of Inventive Problem Solving 的缩略词。TRIZ 是一种解决问题和创造多种可选的正确的解决方案的一种系统方法。**TRIZ 通过让个人进行超出自己经验的思考来提升创造性，使用科学的其他领域的解决方案来解决问题。**TRIZ 是苏联发明家阿奇舒勒在研究了 250 万项发明专利后总结出来的，归纳出 39 种技术矛盾、40 种解决技术矛盾的方法（Gunter，2007）。

✦ 创新案例

2003 年，韩国三星电子在 67 个研究开发项目中使用了 **TRIZ** 方法，为三星电子节约了 1.5 亿美元，并产生了 52 项专利技术。2005 年，三星电子的美国发明专利授权数量在全球排名第 5，领先于索尼、日立等公司。

当我们想要改善技术系统中某一特性、某一变量时，会引起系统中另一特性或变量的恶化，此时矛盾产生了。比如，在手机设计中，如果要扩大显示屏的面积，往往会增加手机的重量。这时，手机的大小和重量之间就构成了一对需要解决的技术矛盾。

TRIZ 方法解决技术矛盾的步骤如下所述。

1. 分析技术系统

本步骤分为 3 个阶段，分别是：

（1）确定系统中各单独成分。

（2）找出最原始的问题。

（3）明确需要改善的那部分的特性。

2. 找出技术矛盾

如果技术系统中有一部分得到改善，指出哪个相应部分会因之恶化，从而明确技术矛盾。在手机开发的例子中，手机的面积变大，重量会增加。

3. 解决技术矛盾

从技术矛盾列表中，找出解决技术矛盾的多种方法，尝试将每种方法运用于技术系统。不要反对某种方法，不管看起来多么滑稽可笑都努力利用它。如果所有给出的方法都完全不能应用，则须重新确定技术矛盾，再做一遍，直到找出可操作的解决方案为止。

TRIZ 方法的价值在于归纳了常见的技术矛盾，并且找出了这些常见技术矛盾的多种有效的解决方法，使得研发人员解决技术矛盾就像做算术题一样简单。阿奇舒勒说：**"你可以等待 100 年获得顿悟，也可以利用 TRIZ 方法用 15 分钟解决问题。"**

> **建议**：可以通过参加科技部创新方法研究会等机构组织的 TRIZ 方法培训课程学习 TRIZ。不要迷信 TRIZ 软件，利用简单的 TRIZ 表格就能解决绝大多数技术矛盾。TRIZ 方法并不难，通过接受简单的培训甚至自学都能掌握。关于 TRIZ 方法的更多介绍，可以浏览网站：www.triz.org。

 产品经理行动

我们的产品开发团队掌握了 TRIZ 方法吗？我们如何有效运用 TRIZ 方法解决技术矛盾？

五、失效模式与影响分析（FMEA）

失效模式与影响分析（ Failure Mode and Effects Analysis，FMEA ）是一种用于确定产品和流程设计的可靠性及安全性并了解潜在风险的分析工具。失效模式与影响分析是一种定量的方法（Steven，2005），用来识别产品或流程可能失效的原因，确定潜在的问题或失效的严重程度和发生概率，并制定预防失效的措施。

FMEA 包括系统、设计和流程 3 种类型。设计失效模式与影响分析（ Design for FMEA，DFMEA ）重点放在设计流程中的部件方面，用于分析部件的功能并确定潜在的失效模式。DFMEA 能用于整个产品，能从技术和商业角度发现和解决影响新产品成败的潜在的缺陷或风险。

（一）确定失效的严重程度

该方法重在分析，通过以下分析确定失效的严重程度：

（1）**严重度**。如果失效发生，问题会有多大（财产损失、客户或工人受伤、人员死亡）？

（2）**发生概率**。该失效模式发生的概率有多大（发生的可能性）？

（3）**探测度**。发现问题的概率有多大（如果发生，探测原因或失效模式的能力）？

对以上 3 个方面采用 1~10 分打分，1 代表最好，10 代表最差。对于每个失效模式，可以计算出风险优先值（ Risk Priority Number, RPN ）：

$$风险优先值=严重度 \times 发生概率 \times 探测度$$

风险优先值越高，表示越要重点关注。表 4-1 是一个执行 DFMEA 的模板。

表 4-1　设计失效模式与影响分析模板

设计负责人：										核心团队：	行动结果				
	功能项	潜在失效模式	潜在失效影响	严重度	潜在时效原因	发生概率	当前设计控制	探测度	风险优先值	建议行动	责任人\目标完成时限	实际行动	严重度	发生概率	探测度	风险优先值
步骤	1	2	3&4		5&6		7&8		9			10				

（二）进行设计失效模式与影响分析

产品开发团队可以通过以下 10 个步骤进行设计失效模式与影响分析：

（1）**识别和描述产品的功能**。列出所有设计功能，以确定潜在的失效模式。

（2）**确定潜在的失效模式**。列出所有子系统、部件、零件及流程的失效模式。

（3）**描述失效模式的影响**。

（4）**确定失效模式的严重度**。采用 1~10 分对各个失效模式进行评分，严重度越高，得分越高。

（5）**识别每个失效模式潜在的原因**。原因通常与设计或制造流程相关，要找到失效的根本原因，以发现所有潜在的缺陷。

（6）**确定每种失效模式的发生概率**。发生概率越高，得分越高。

（7）**确定探测潜在问题的能力**。这包括设计矫正活动以防止探测失效及减小影响。

（8）**确定探测度**。对探测的概率进行评分，探测概率越低，得分越高。

（9）**确定风险优先值**。采用上述公式计算每个失效模式的风险优先值。

（10）**识别和行动以降低失效**。明确要采取的行动，指定行动责任人，确定要实现的目标及完成时限。最后要记录实际采取的行动，并且重新计算风险优先值。

DFMEA 方法能帮助产品开发团队尽早发现潜在的或隐藏的缺陷，减少对产品成本、质量和性能的负面影响。当设计的不确定性很高或项目风险很高时，采用 DFMEA 方法能取得很好的效果。参与 DFMEA 工作的产品开发团队成员不但能够改进有缺陷的设计，还能提升自身的能力，有利于新产品开发流程的规范和完善。

 产品经理行动

在设计开发阶段，我们应该如何有效管控产品的失效？我们应该如何有效应用 DFMEA 方法降低产品的可靠性风险？

六、客户需求变更管理

产品的新颖程度不同，在进入产品开发前客户需求的确定度也不同。一般而言，产品新颖度越高，在开发过程中需求变更的比例会越高。

表 4-2 是新颖程度不同的产品大致的需求确定度。

表 4-2 不同新颖程度产品的需求确定度

	立项分析阶段	产品开发阶段
全新产品	50%	50%
重大改进产品	70%	30%
微小改进产品	90%	10%

对于全新产品而言，在立项分析阶段应该有 50%以上的需求确定度才能进入产品开发阶段。相反，如果 50%以上的需求需要在产品开发过程中进一步调研和明确，产品的不确定性会非常高，产品开发的周期也会不可控，产品的失败率将会非常高。

总的来说，**产品开发团队要视开发过程中的需求变更为常态，不能为了赶进度而拒绝产品需求变更**。但是，需求变更需要严肃管理，要在产品开发的里程碑节点批量变更需求。需求变更需要经过严肃评审，不能随时给开发团队提供需求变更输入。

（一）导致客户需求变更的主要原因

导致产品开发过程中客户需求变更的主要原因如下：

（1）由于产品新颖度高，在立项分析阶段了解的客户需求信息可能不系统、不完整、不深入，甚至不正确，需要在产品开发阶段持续洞察客户需求。

（2）直接或间接竞争对手可能在企业产品开发过程中推出同类新产品，产品开发团队需要借鉴竞品的功能和性能，推出差异化的新产品。

（3）技术问题不能解决，或者解决周期太长、解决成本太高，要求变更需求以确保产品开发和上市周期。

（4）关键元器件、原材料难以批量获取，或者成本远超预期，需要变更客户需求进行应对。

（5）政策法规变化，需要变更客户需求进行应对。比如在涂料行业，国家强制要求将油性漆改为水性漆，以降低产品生产过程中的污染和降低对消费者身体健康的损害。

（6）同类竞品上市时间早于预期，为了抢占上市机会窗，需要缩短产品开发和上市周期，从而需要变更部分客户需求，去掉部分产品功能，降低部分产品性能指标。

客户需求变更意味着产品设计的变更，产品设计和开发过程实际上是一个持续迭代的过程。在产品开发阶段，产品经理的核心职责是持续洞察客户需求，适时进行有效的客户需求变更管理。

（二）通过多次面向客户测试，洞察客户需求

关于客户需求洞察，有一种比较经典的看法：**"客户只有在看到产品时，才知道自己真正需要什么**"。当客户看到产品时，客户往往会更加明确自己到底要的是什么样的新产品，所谓"耳听为虚，眼见为实"。在新产品开发过程中，产品开发团队需要尽可能早地将各种可视化的产品呈现给客户，以获取客户的反馈意见。而且，这样的测试活动需要在新产品开发过程中持续地、反复多次地进行。

内部产品测试（In-house Product Testing）或实验室测试、阿尔法（Alpha Tests）是必要的，但是内部测试只能在可控的实验环境测试产品是否能正常运转。而客户是否能接受该产品必须由客户自己说了算。越早获得客户的反馈信息，就能越早发现产品设计中的错误或缺陷，产品的成功就越有保证。新产品开发过程就是"开发—测试—反馈"持续循环的过程。产品开发团队可以通过制作产品部件或整个产品的**速制原型**（Rapid Prototype）、实验样品（Lab Samples）、工作模型（Working Models）、软件测试版等，将产品以可

视化的方式呈现给客户，尽早获取客户的反馈信息。

在产品开发阶段，可以通过以下方式获取客户的反馈信息：

（1）邀请客户到开发现场或其他方便的地方试用产品的关键部件，及时记录客户的反应和评价。

（2）采用焦点小组方法征求一组或多组客户对产品关键部件的看法。多个客户在一起讨论可以相互激发出很多好的改进意见或建议。

（3）可能的话，邀请合适的客户作为开发团队成员，随时与产品开发团队成员交换对产品的看法。产品开发团队不应以可能会泄露开发机密为借口，拒绝在开发过程中将产品部件或原型呈现给客户。当然，产品开发团队应该认真挑选参与调研的客户。

（三）客户需求变更管理要点

在产品开发过程中，对于需求变更管理，产品经理要重点思考以下问题：

（1）我们会在开发过程中及时将原型产品呈现给客户征求意见吗？

（2）我们会及时将最新了解到的客户需求信息融入开发中的产品吗？

（3）我们的产品开发团队对客户需求信息的变化持有从善如流的态度吗？

▶ **咨询实例**

某家具涂料企业在客户现场与客户、关键原材料供应商一起协同开发新产品，进行开放式创新。该涂料企业在开发新一代家具油漆时，选择与规模大、有代表性的家具企业进行合作，将跨职能产品开发团队直接部署在客户现场开发新产品。开发出的新油漆直接通过客户的生产设备喷涂在家具上，现场观察家具喷涂效果，听取客户对喷涂工艺、喷涂效果的改进意见。通过反复多次"开发—试用—反馈"，与关键原材料供应商一起开发出了满足客户需求的新产品，并将此产品进行定型，作为基型产品向更多客户推广。这种与关键原材料厂商、领先客户三方协同的创新产品开发模式，大大提高了新产品开发的成功率，缩短了新产品开发周期，提升了企业的市场竞争力。

产品经理行动

在产品开发过程中，我们应该如何有效进行客户需求变更管理？

七、制订产品测试矫正计划

产品测试与矫正阶段需要增加市场、生产等人员，部分研发人员可以根据项目的实际情况逐步退出，但是核心团队成员始终在负责相应职能的项目工作。产品测试与矫正阶段需要进行详细计划的事项主要包括产品使用测试、客户测试、市场测试、产品矫正、试生产等。

产品测试矫正阶段的详细介绍请见本章第二节。

八、更新项目可行性分析报告

设计开发阶段可能需要持续 12~36 个月。在此阶段，客户需求、竞争环境、市场环境、技术、政策法规等都会发生变化。产品开发团队要在立项分析报告的基础上，基于最新获取的市场信息及产品样机信息更新项目可行性分析报告，向公司产品审批委员会（PAC）提交项目可行性分析报告 2.0 版本，作为走向测试评审的输入信息。

随着产品样机的推出，原先在立项分析阶段比较模糊的产品成本、产品定价、销量预测、关键原材料/元器件的可获得性、产品的可制造性、可测试性、可销售性、可服务性等内容会进一步明晰，项目可行性分析报告的可信度会大大增强。

九、走向测试评审

在对新产品设计与开发阶段提交的交付件的完整性与可信度检查的基础上，企业产品决策评审团队需要对项目进行严格的生/杀决策。决策评审准则包括必须满足的准则与应该满足的准则，与立项评审时的决策准则一致。

以下因素可能导致新产品项目在走向测试决策评审时或在开发中途终止：

（1）市场规模不如预期，难以实现预期的投资回报。

（2）产品成本远超预期，新产品上市无利可图。

（3）竞争对手在我们产品开发期间上市的新产品功能和性能远超我们正在开发中的产品，新产品上市后将没有竞争力，或者错失机会窗，无法实现预期销量。

（4）关键技术问题无法解决，或者解决周期太长，或者解决成本太高。

（5）开发团队关键人员离职，项目无法有效开展下去。

（6）关键元器件、原材料无法获取，或者获取成本远超预期。

（7）不具备产品量产能力。

（8）政策法规变化，禁止生产该类产品；或者环保成本太高，生产该类产品将无利可图。

（9）遭遇破坏性技术的非线性打击，原先设计的产品技术路线图变得毫无意义。

（10）资金匮乏，无法支持后续投入，只能终止该项目。

（11）有更多比该项目优先级更高的项目需要开发，创新资源有限，只能终止或搁置该项目。

一些企业的研发人员以"忙"为借口拒绝撰写技术文档或应付了事。我们建议：**如果技术文档的完整性与可信度检查不能通过的话，企业产品决策评审团队应该拒绝对项目进行评审**。技术文档不但对产品的后续生产、服务、更新及改进非常重要，而且应该作为企业的重要资产得到传承和重用。

如果通过分析，发现项目的投资回报不理想或产品的市场接受度不高，应该在样机评审时做出中止该项目的决策。在此阶段中止项目，虽然已经付出了较大的代价，但相对上市后再中止项目，付出的代价还是较小的。**不要因为已经付出了一定的代价就舍不得中止没有前景的项目！**这样做的结果是在付出更大的代价的情况下，项目还是失败了。"不撞南墙不回头"在投资决策方面不是理性的行为。

本节小结

（1）新产品设计与开发阶段任务复杂、周期长、投入大，需要采用规范的方法进行管理。新产品开发应该采用跨职能团队的组织模式，遵循规范的创新流程，运用项目管理方法进行有效管理。

（2）新产品设计与开发阶段的主要工作不只是设计与开发，还要通过跨职能团队并行进行客户需求研究、原型产品测试及可行性分析报告更新等工作。

（3）新产品设计不只是设计产品本身的功能，还要考虑各种利益相关者的需求，从多个维度对新产品进行设计。产品架构设计是进行新产品设计的系统方法，能够帮助产品设计团队不遗漏地明确新产品的子系统、部件、零件及原材料需求。

（4）有多种方法可以加快新产品开发速度，但是加快新产品开发速度不能以牺牲项目质量为代价。

（5）TRIZ 方法是有效的技术矛盾解决方法。研发人员应该花费一定的时间和精力学习和掌握该方法。

（6）设计失效模式与影响分析能帮助产品开发团队在设计阶段发现很多潜在的设计缺陷，帮助产品开发团队在开发过程中减少返工，提高新产品的质量和可靠性。

（7）产品开发团队应该在开发过程中持续了解客户需求，并且及时将客户需求信息融入开发中的新产品。对开发过程中的客户需求变化，产品开发团队应采取拥抱变化的心态，以开发出满足客户需求、甚至超出客户期望的新产品。

（8）在对新产品设计与开发阶段提交的交付件的完整性与可信度检查的基础上，企业产品决策评审团队需要对项目进行严格的生/杀决策。要及时终止没有"钱景"的新产品项目，减少直接损失，降低机会成本。

第二节　产品测试矫正

测试是手段，矫正才是目的！
客户测试、市场测试与产品测试同样重要。

? 产品经理思考

（1）我们的产品是否需要进行使用测试？
（2）我们的产品是否需要进行客户测试？
（3）我们的产品是否需要进行市场测试？

　　经过漫长而又艰苦的努力，产品开发团队终于开发出了一款可以在实验室环境下正常运转的新产品。这个新产品是否可以马上投入批量生产并推向市场呢？至此，产品开发团队的工作是否已经"接近尾声"了呢？

　　答案是否定的！在新产品正式上市之前，还必须经历一个重要的阶段——测试与矫正阶段（Testing and Validation Stage）。**测试与矫正阶段是决定是否应该在上市阶段进行重大投入的最后一个阶段。**新产品一旦通过上市评审，就意味着公司要对新产品进行大量的投入。上市阶段的投入主要包括批量生产、广告宣传及人员推广等。对于很多消费类产品而言，上市阶段的成本可能占整个产品开发成本的 80%~90%。因此，测试与矫正阶段的工作对于能否交付一个满足客户与市场需求的新产品是至关重要的。

　　测试与矫正阶段的目的是对整个项目进行最终的、全面的矫正，包括可以商业化的产品、产品的生产及产品的营销等。此阶段的主要活动包括更广泛的产品使用测试、客户测试、市场测试，以及试生产等。测试与矫正阶段要进一步验证立项分析报告中的相关内容，确保新产品满足客户和利益相关者的期望。

不管在设计与开发阶段进行过哪些测试，都要在测试与矫正阶段对产品及整个项目进行更为系统、全面的测试与矫正，以减少产品的缺陷，降低项目的不确定性和风险。测试与矫正阶段的工作要为新产品的上市评审决策提供输入信息。

一、产品使用测试

产品使用测试（Product-Use Testing）是通过产品的更多使用找出产品的优点和不足。根据测试环境的不同，产品使用测试可分为阿尔法测试、贝塔测试和伽马测试3类。

（一）阿尔法测试

阿尔法测试（Alpha Testing）一般在设计与开发阶段进行，是由产品开发团队在实验室环境下对产品进行使用测试。阿尔法测试的目的是评价产品的设计特性并分析产品的质量、性能和可靠性。阿尔法测试可以加快新产品开发进度，缩短开发周期。比如一台机器可以在实验室环境下测试其连续运转无故障时间，而不必在客户环境下进行该测试。

（二）贝塔测试

贝塔测试（Beta Testing）是在客户实际使用产品的环境下进行的产品使用测试。贝塔测试是在阿尔法测试的基础上进行的，目的是评价新产品在客

户环境下能否正常使用。比如，可以邀请一些客户对一款软件进行为期 1~2
个月的测试。客户可能会发现软件的很多缺陷和问题。产品开发团队在收集
客户使用测试反馈信息的基础上，对产品进行修改和完善，可以避免在产品
上市后再出现类似问题。客户常常能发现很多产品开发团队视而不见或自己
发现不了的问题。

（三）伽马测试

伽马测试（Gamma Testing）是在较长的周期内测试产品在满足客户需
求方面的适合性。这类测试更为复杂，需要较长的周期、较大的投入。伽马
测试一般用于全新产品和高风险产品的测试。比如对于药品和医疗器械一般
会要求半年以上的测试，以检验这类产品的安全性和功效。

（四）不同创新程度产品测试方法的选择

产品使用何种测试类型取决于产品的类型、不确定性与风险。一般来说，
如果产品不太复杂，不确定性和风险不高，产品使用测试也可以比较简单。
相反，如果产品比较复杂，并且是全新的产品，不确定性和风险都很高，那
么需要进行所有上述 3 种测试。企业要在上市周期与上市风险之间进行适当
的平衡。表 4-3 列出了不同类型的新产品建议采用的产品使用测试方法，供
创新型企业参考。

表 4-3　不同新产品类型适用的产品使用测试方法

测试方法	简单改进	重新定位	衍生产品	新产品线	新一代产品	全新产品
阿尔法测试	✓	✓	✓	✓	✓	✓
贝塔测试		✓	✓	✓	✓	✓
伽马测试				✓	✓	✓

（五）可以少做一些产品使用测试的情境

在以下情境，可以少做一些产品使用测试：

（1）竞争对手已经上市了一款类似产品，而且卖得不错。

（2）新产品是从现有产品衍生而来的，是为了应对竞争压力而对现有产品进行的改进。

（3）客户对该产品已经很熟悉，不怎么关注如何使用。

（4）该新产品的生命周期非常短，上市时机对新产品的成功非常关键，延期上市意味着减少销售额和利润，增加了财务风险。

（六）需要多做一些产品使用测试的情境

在以下情境，应该多做一些产品使用测试：

（1）如果该产品上市失败，对公司的声誉及形象将带来重大影响，也会影响其他产品的销售。

（2）该产品使用了一些新的技术，这些技术可能会带来隐藏的缺陷和不确定性。这些隐藏的缺陷和不确定性会影响客户对新产品的接受度。

（3）在产品上市后再修补缺陷很困难，并且代价很大。产品的缺陷和问题不但会影响财务回报，而且会影响后续产品的上市。

（4）新产品的生命周期比较长，任何缺陷的存在都会增加产品的单位成本，并且会降低产品潜在的市场份额。如果客户有多种产品可供选择的话，对公司的不利影响会更大。

（5）产品责任问题对公司有重大影响，任何产品缺陷都可能对公司造成致命的打击。比如食品的安全和健康、航空产品的可靠性等。

 产品经理行动

我们的产品应该如何进行产品使用测试？有哪些注意要点？

二、客户测试

客户测试（Customer Testing）是通过在客户的工作或生活环境由客户使用（误用或滥用）新产品，发现新产品存在的缺陷或问题，并加以改进或矫正。

（一）客户测试的主要目的

客户测试的主要目的包括：

（1）确定产品在实际使用环境下能否正常运转。（如果不能正常运转，需要进行哪些改进？）

（2）判断客户是否会接受该产品。（为什么接受？为什么不接受？）

（3）评估客户对该产品的兴趣、喜好和偏好程度，评估客户的购买意愿以及原因。

（4）判断价格敏感性。（价格的变化对客户的购买偏好或购买意图有多大的影响？）

（5）确定客户对产品的哪些功能、利益反响最强烈（这是设计沟通战略的有用信息）。

（二）如何有效地进行客户测试

以下是进行客户测试的一些建议：

（1）**仔细挑选测试客户**。不能图方便，只挑选比较近的或关系比较好的客户进行现场测试。关系好的客户可能只会说一些你爱听的话，这会影响你对产品的正确判断。测试客户的挑选应该具有代表性。

（2）**事先与客户签订测试协议**。首先，要告知客户这是一个测试产品，而不是正式销售的产品；其次，要告知客户测试时间、测试周期、测试条件、测试方法及要提供的数据等。

（3）**要到现场去**。产品开发团队成员要在产品使用现场指导客户使用产品，观察客户使用产品的过程，了解客户的反馈信息。

（4）**获得书面的测试结果**。请客户提供书面的测试结果，特别要获得测试结果的解释。

（三）如何有效地进行客户偏好测试

在进行客户测试时，测试产品在客户使用环境下能否正常工作只是最基本的测试内容。产品能够正常工作并不证明客户会购买该产品，因而，要在使用测试的基础上进一步测试客户对该产品的偏好程度，即进行客户偏好测试。客户偏好测试（Customer Preference Tests）是测试客户对产品的兴趣、喜爱和偏好程度，从而了解客户对产品的购买意愿。客户偏好测试的价值如下：

（1）**更准确地了解产品的市场接受度**。开发前的概念测试及开发过程中的客户测试都难以准确了解产品的市场接受度，因为那时候客户还没有真正看到产品，更没有机会亲自使用产品。

（2）**为产品的改进提供建议**。如果通过测试发现产品存在重大缺陷，那么需要返回到开发阶段进行重新设计和开发。

（3）**了解客户对产品的评价及其原因**。客户看重的功能、特性或利益可以作为在上市阶段与客户进行沟通的重点设计内容。

（四）客户偏好测试注意事项

为了实现客户偏好测试的价值最大化，在概念测试中提到的指导原则也可以用于客户偏好测试。

（1）**不要向客户过分推销产品**。要知道，现在是测试阶段，而不是销售阶段。过分地向客户推销产品的优点和好处，可能会误导客户，或者客户会投你所好，说些言不由衷的看法。

（2）**确保客户对产品有充分的理解和认识**。如果客户对产品的功能、特点等没有深入理解和认识，那他表达的观点也是不可信的。

（3）**正确理解和应用偏好测试数据**。客户偏好测试选择的样本数量毕竟有限，不应该对测试结果做过于乐观的估计。比如说，测试结果表明有 60% 的客户愿意购买我们的产品，这并不代表我们有可能获得 60% 的市场份额；再比如，测试结果表明大多数客户愿意以某一价格购买我们的产品，但客户实际购买时能接受的价格可能会比该价格低。

 产品经理行动

我们的产品应该如何进行客户测试？如何进行客户偏好测试？有哪些注意事项？

三、市场测试

通过产品使用测试，我们在听取客户反馈意见的基础上对产品进行了修改和完善。通过客户测试，我们对产品的卖点及产品的市场接受度也有了深入的了解。同时，我们也更新和完善了产品的上市计划。我们可能认为这是一个不错的新产品，应该尽快上市！且慢！为了慎重起见，我们还必须对上市方案进行测试。

我们需要将营销组合的所有要素集中在一起，测试上市方案各要素的协同效果。需要集中测试的营销要素包括产品、定价、广告、促销、销售及渠道等。上市方案的主要内容我们将在下一节中详细介绍，但实际上在测试与矫正阶段应该已经并行地制订了完整的上市方案与计划。市场测试的目的是确定我们制订的营销方案与上市计划能否实现预期的销售收入和利润目标。如果回答是否定的，那么我们需要修改营销方案和上市计划，或者终止该项目；如果确实不能实现预期的收入和利润目标，那么此时终止该项目还不是太晚，因为此时公司还没有在批量生产和广告促销等方面进行大规模的投入。

市场测试的主要目的是测试市场对产品的接受度及上市方案的可行性。有两种市场测试方法：一种是模拟市场测试方法，另一种是试销方法。模拟市场测试方法在消费品产品中普遍采用，试销方法各种产品都可以采用。与规模上市相比，这两种方法的投入都非常低。通过上市前测试，产品开发团队可以有时间修正产品上市方案与上市计划。通过这两种方法也可以更好地预测最终的销售收入或市场份额。

（一）模拟市场测试

模拟市场测试（Simulated Test Market）是一种投入不大但是非常有用的预测销售收入和市场份额的方法，该方法在消费类产品使用测试中比较常用。比如，消费类产品制造商可以搭建一个模拟的购物场所，在该场所的货架上摆放将要上市的新产品及其他同类产品。模拟商场中通过电视等方式播放该新产品的广告，相应的促销手段也会同时采用。公司给潜在客户一定额度的消费券，让他们选择购买一些该商场中的商品。如果消费者购买了该公司的测试产品，公司的市场人员会在几周后拜访该客户，了解该产品的使用情况。

1. 模拟市场测试的作用

模拟市场测试方法能产生很多重要的信息：

（1）模拟商场能测试广告、包装和促销等对刺激销售的有效性。

（2）通过产品使用，能获取消费者喜好及重复购买意愿信息。企业能根据第一次购买率及重复购买率预测销售量或市场份额。

（3）根据参与模拟购物的潜在客户的个人信息，能更好地定义目标市场。

2. 模拟市场测试的好处

模拟市场测试在消费类产品上市前普遍采用，模拟市场测试主要有如下好处：

（1）**投入少**。模拟测试的投入通常只需试销投入的 1/10。

（2）**预测准**。有研究表明，有效的模拟市场测试预测的市场份额与实际份额的偏差通常在 2%左右。也就是说，如果模拟市场测试预测的某产品的市场份额是 15%，那么实际的市场份额通常在 13%~17%。

（3）**见效快**。准备时间和实施时间比试销要短得多。

（4）**数据细**。能根据第一次购买的客户和重复购买的客户确定细分市场。

（5）**保密性好**。模拟测试一般不会让竞争对手知晓。

（6）**可控**。试销时，竞争对手可能会采取降价、加大促销力度等手段应对，这样会影响测试的准确性。

创新案例

宝洁公司在辛辛那提的郊外有一个创新中心,在那里开了一个有五条过道的小型超市,超市里有结账台,还有用于观察客户行为的摄像头和话筒。研究团队会请客户寻找某些指定的物品,或者像平常一样选购商品,或者从几条指定的过道上买几样商品,然后对他们的行为进行仔细观察。

模拟市场测试的问题在于适用范围比较有限。模拟市场测试比较适合在超市的货架上进行销售的不太贵的消费品,而昂贵的消费品及工业品更适合采用试销的方式进行测试。

(二)试销方法

试销(Trial Sells)方法是对新产品规模上市前的最后测试。试销也可以理解为"迷你"上市或"软"上市。所有的营销组合要素应该尽可能与规模上市时一致,这样才能尽可能完整地测试上市计划的有效性。试销有两个主要目的:

(1)**预测新产品的销售额**。可信的销售额预测是新产品上市生/杀决策的关键。如果预测的销售额不理想,该新产品可能会被枪毙,或者返回到前面的阶段,改善产品或调整上市计划。

(2)**比较多个不同上市方案的优劣**。比如可以在不同的城市采用不同的产品定位宣传,看看哪种定位更受客户的欢迎。

试销可以选择几个典型的城市进行。除了不推出全国性的广告及促销措施外,试销时要遵照拟制的上市方案与上市计划进行,以检验上市方案的有效性。消费品试销区域的选择主要看城市的消费水平,而工业品试销区域的选择主要看行业、客户公司规模的大小等。

（三）拜访终端用户

以上两种市场测试方法的主要目的是预测新产品的销售量和市场份额。在以上测试的基础上，进一步拜访试用新产品的终端用户，可以获得更多有价值的信息。这些信息对于上市方案的修正和调整非常重要。拜访终端用户的目的是要回答以下问题：

（1）**是谁在买我们的产品**（获取地理位置及其他市场细分数据）？这些数据有助于验证或修正原有的目标市场定义。

（2）**他为什么买该新产品？** 通过问"为什么"了解客户购买该新产品的动机和偏好。这些信息有助于验证或修正沟通和定位战略。

（3）**在试用该新产品后，客户喜欢该产品吗？** 为什么喜欢？为什么不喜欢？这些信息对于确认产品的设计、特性、功能和利益非常重要。

（4）**客户会重复购买该新产品吗？** 该问题的回答有助于确定该新产品未来的市场份额目标。

（四）什么情况下需要进行市场测试

虽然市场测试能够给企业带来价值，但是市场测试也需要花费时间和资金。企业可根据以下维度判断新产品是否需要市场测试。

（1）**市场接受度的不确定程度**。如果对上市后新产品的市场接受度非常不确定，那么有必要进行市场测试。相反，如果前期的市场研究工作做得非常扎实，企业可以肯定新产品的市场接受度非常高，那么可以不做市场测试工作。

（2）**上市阶段资金投入的大小**。如果上市阶段的投入非常大，那么需要市场测试。上市阶段的投入包括生产设备的购买、新生产线的建设、新工厂的建设、全国性的广告投入、大规模的销售人员招聘和培训、大规模的渠道建设等。如果上市后投入非常小，比如一些电子商务产品，那么可以不做市场测试工作。

（3）**产品本身的特点**。如果产品本身是可以批量生产的，单位产品的生产成本不高，那么可以进行市场测试的工作；如果产品本身非常复杂，比如是大型的机器设备，那么不适合进行市场测试工作。

 产品经理行动

我们的产品是否需要进行市场测试？应该进行哪种类型的市场测试？有哪些注意事项？

四、试生产

通过产品使用测试我们矫正了产品本身的缺陷和问题，通过客户测试我们进一步明确了客户对产品的偏好，通过市场测试我们检验了上市方案与上市计划的可行性。接下来，我们需要通过试生产（Trial Production）检验产品的生产系统。

试生产的目的是检验产品的生产系统是否能够满足规模生产的需要。

试生产需要测试的主要内容包括：

（1）**生产流程的可行性**。需要测试生产工艺、生产设备能否满足规模生产的需要。

（2）**原材料和零部件的可获得性**。需要评估原材料和零部件能否按时、按质、按量交付，评估原材料和零部件的价格是否在可接受的范围之内。

（3）**外协厂商的可获得性**。需要评估外协加工的零部件能否按时、按质、按量交付。

（4）**生产技能及人员的可获得性**。需要评估能否及时招聘到足够的生产工人，这些人员的技能是否能满足规模生产的需要，考虑如何培训生产人员。

（5）**产能的满足性**。需要评估最大的天、月或季度产能需求，评估如何满足可能不规律的产能需求。

（6）**产品成本的满足性**。要评估产品成本能否满足要求，考虑如何优化产品成本结构。

可以通过小批量试产对以上方面的需求进行测试和评估，及时发现并解决相应的生产问题。需要注意的是，对于需要规模生产的新产品，小批量试产可能不足以发现规模生产时可能会遇到的问题。也就是说，生产 100 件新产品与生产 10 000 件新产品可能是完全不同的概念。企业可以结合较大规模的试销对规模生产能力进行测试。一般而言，试生产需要经过小试、中试和大试 3 个阶段，不同类型的产品，各类试生产的生产批量不同。

试生产的必要性可根据新产品的性质进行决策。如果新产品与以前生产过的产品非常类似，主要是利用现有的生产系统进行生产的，那么可以只做简单的试产测试。如果某类新产品公司以前从来没有生产过，或者需要建立新的生产线并采用全新的生产工艺和流程，那么需要对规模生产能力进行测试。

⬛ 创新案例

特斯拉是创新性很强的新能源汽车品牌，由于长期无法实现规模量产，极大地影响了该公司的盈利和用户的满意度。2016 年 4 月 1 日，特斯拉在美国发布了备受业界瞩目的新款新能源汽车 Model3，订单数量很快就超过了 11.5 万辆。但是直到 2017 年第三季度，特斯拉仅生产了 260 辆 Model3，实际交付用户的只有 222 辆，远低于原先每月生产 15 000 辆的预期。为了解决 Model3

的量产问题，特斯拉创始人马斯克经常深入生产一线解决问题，甚至经常睡在工厂，但产品交付仍然极不乐观。特斯拉解释影响 Model3 交付的主要原因是设计电池组、开发相关生产工艺并将其生产出来的复杂程度较高，因而拖慢了整体的生产进程。2017 年第三季度特斯拉营收 29.85 亿美元，但是净亏损却高达 6.71 亿美元，这与新车型 Model3 迟迟无法量产，无法及时交付客户订单密切相关。

需要注意的是，在新产品导入（New Product Introduction，NPI）过程中，可能会由于生产工艺或流程的需要，对产品设计进行适当更改。因此，在试生产过程中，产品开发团队应该与生产部门紧密配合，及时发现和解决产品设计中存在的可制造性和可装配性问题。

产品经理行动

我们的产品是否需要进行试生产？试生产需要验证哪些方面？

五、财务测试

如果说开发和测试阶段的管理主要与"人"相关的话，那么上市阶段的管理就主要与"钱"相关了。在测试与矫正阶段，我们不但要对产品设计和生产体系等进行测试和矫正，也要对财务数据进行测试和矫正。财务数据是新产品上市评审决策的关键信息。

财务测试的主要目的是保证新产品在上市过程中能获得所需的资金支持，在上市后能获得预期的投资回报。

财务测试内容主要包括以下 3 个方面：

（1）**产品成本测算**。在产品已经定型并经过试生产测试后，产品成本的测算应该比较准确。对于利润率非常低的家电等产品，成本测算的准确性非常重要。如果成本测算不准，很可能原本认为赚钱的产品其实是亏损的，并且卖得越多，亏损越大。

（2）**销售额与利润测算**。在客户测试和市场测试的基础上，产品的销售价格、销售数量和市场份额等预测数据应具有相当的准确性，企业可以在此基础上测算销售额和利润是否符合预期。

（3）**现金流测算**。新产品进入上市阶段后，企业的资金投入可能是开发与测试阶段资金投入总和的 10 倍甚至 100 倍。现金流短缺可能会使有前景的新产品在上市阶段夭折。产品开发团队需要认真计算规模生产所需的资金投入、广告和促销等所需的资金投入，计算实现正现金流的时间点，需要计算实现盈亏平衡的时间点。

产品经理行动

我们的产品是否需要进行财务数据测算？需要测算哪些数据？这些数据如何获取？如何保证这些数据的有效性？

六、利益相关者测试

以上产品、生产及财务等测试是从内部视角进行的，客户和市场测试是从外部视角进行的。但是，除了以上方面外，还有一些外部因素可能会对新产品的上市造成重大影响，甚至会影响到新产品上市的成败。由于时间和投入的原因，这些外部因素产品开发团队可能很少考虑。随着商业环境的日益复杂化，在新产品上市之前对一些重要的外部因素进行测试将会成为很多创新型企业必要的投资。

影响新产品上市成功的外部利益相关者主要有供应商、互补者、竞争者、管理者和影响者。利益相关者测试的主要目的是评估这些因素对新产品上市的影响，及时采取有效的措施解决问题，规避风险，提高新产品上市成功率。

（一）供应商测试

企业的供应商主要包括原材料、零部件供应商及物流服务商等。

供应商测试时主要考虑以下问题：

（1）供应链有否断点。

（2）战略性原材料的可获得性。

（3）关键原材料与零部件的价格波动。

（4）采购的原材料对产品质量是否有重大影响。

（5）供应商和物流服务商的重大变化。

（6）汇率波动对产品成本的影响。

对供应商的测试和评估不是一次性的工作，而是一个持续的、动态的流程。

（二）互补者测试

互补品是指客户在使用本公司的产品时还需要用到的其他企业的产品。互补者就是提供这些互补产品的企业。如果互补的产品或服务不能同步提供，新产品的销售将受到重大影响。比如一些企业正在推出新能源电动汽车，但是配套的充电站很少，这将直接影响电动汽车的销售。互补者测试的目的是要确认互补产品是否能与新产品同步上市，能否满足新产品上市的必备条件。

互补者测试主要需要考虑以下问题：

（1）识别所需的互补品的可获得性。

（2）评估互补品受限的可能性。

（3）互补品受限时的潜在的风险评估。

（4）明确减少或消除互补品受限带来的风险的方法。

（三）竞争者测试

在新产品上市前需要对竞争者对新产品上市的可能反应进行测试。竞争者测试也可以成为市场测试的一部分。竞争者测试的目的是要了解主要的竞争者对新产品上市会有哪些反应，以做好应对准备。

进行竞争者测试时需要考虑以下问题：

（1）哪些竞争者最有可能对新产品做出负面反应？

（2）他们会如何做出反应？比如说，是否会推出类似的新产品？是否会对现有的类似产品进行降价？是否会增加对产品的广告和促销投入？是否会限制分销商销售我们的产品？是否会限制供应商卖原材料或零部件给我们？

（3）他们将会如何改变营销战略？

（4）即使竞争者会有这些反应，我们的新产品能保持多久的竞争优势？要考虑新产品的独特性、新颖性、价格和形象等。

不怕一万，就怕万一！企业应通过竞争者测试，制定各种可能的竞争者反应的应对预案。这样，就不至于在遭受到竞争者猛烈攻击时手足无措。

（四）管理者和影响者测试

管理者和影响者主要包括政府、行业协会、媒体和社区等。管理者和影响者测试的主要目的是了解这些利益相关者对新产品上市有何影响，以及影响程度，从而采取有效的应对措施。

管理者和影响者测试步骤如下：

（1）列出关键的管理者和影响者，并且指出这些利益相关者对新产品有何影响。

（2）筛选出对新产品上市和生命周期有重大潜在影响的管理者和影响者问题，制订测试方案。

（3）制订并执行测试方案。

创新案例

2010年发生在美国墨西哥湾的漏油事件就是一个对管理者和影响者的影响考虑不周的典型案例。英国石油公司在墨西哥湾开采石油时，可能考虑了石油用户的需要，也考虑了供应商和竞争者的影响，但是显然对环境问题带来的影响考虑不足。英国石油公司如果能在石油开采前对原油泄漏可能给周边地区造成的生态影响有过周密的测试和评估，那么就不会在出现原油泄漏事故时表现得那么手足无措了。如果一个企业能对新产品上市给利益相关者带来的影响进行系统考虑，那么无论对利益相关者、对公司还是对股东都会带来很大的好处。

 产品经理行动

我们的新产品主要有哪些利益相关者？这些利益相关者对于我们的新产品上市可能带来哪些主要的负面影响？我们如何有效应对这些负面影响？

七、制订产品上市计划

上市工作牵涉的人员多、投入大、任务复杂，需要制订周密的计划。上市计划还要通过市场测试方法进行验证。上市计划的制订方法将在下节详细介绍，但实际上上市计划应该在产品测试与矫正阶段制订。

八、制订产品批量生产计划

批量上市意味着需要批量生产。因此在产品测试与矫正阶段需要制订周密的批量生产计划，而且批量生产计划要通过试生产方式进行验证。

九、更新项目可行性分析报告

项目可行性分析报告是公司产品决策评审团队进行项目上市评审的主要依据。在测试矫正阶段，产品开发团队要向公司产品审批委员会提交项目可行性分析报告 3.0 版本，这也是项目可行性分析报告的最后一次更新。通过市场测试和试生产，产品开发团队应该能够获得一些更为准确的关键数据。这些关键数据包括产品成本、销售价格、销售数量和上市阶段所需资金投入等。基于这些数据，产品开发团队需要重新测算盈亏平衡点、现金流、销售额、利润率和投资回报率等财务数据。

十、产品上市评审

上市评审是在重大投入之前的最后一个生/杀决策点。上市评审通过，意味着公司需要投入大量的人力、物力和财力在新产品项目上。换句话说，**上市评审也是枪毙一个新产品项目的最后一次机会**。因此，公司产品决策评审团队需要谨记股市投资的告诫语："**投资有风险，入市须谨慎。**"对于新产品而言，入市就是进行新产品的规模上市和销售。上市评审准则与在立项评审时的决策准则一样，也包括必须满足的准则和应该满足的准则。如果上市评审通过，公司产品决策评审团队需要审批产品上市计划和批量生产计划，并承诺项目上市所需资源。

在上市决策评审时，有以下决策误区希望能引起公司管理者的注意：

（1）**为了赶上市进度，跳过测试与矫正阶段直接上市**。结果是新产品上市后问题层出不穷，上市阶段成了市场测试阶段。这样做的结果，轻则影响新产品的投资回报，重则导致新产品上市失败，公司声誉也因此受损。

（2）**明明知道上市后很可能会失败，还是不忍心枪毙该项目**。客户测试和市场测试结果表明，该产品上市后很难实现预期的投资回报，但是受感情因素影响还是做出了同意上市的决策。有的项目是开发团队不甘心前期付出没有回报，一再游说公司管理者同意上市的。有的项目是公司管理者自己不甘心，想通过批准上市看看自己的运气到底怎么样。

（3）**忽视外界出现的中止因素，强行上市新产品**。有的新产品上市时，已经错过了最好的上市机会窗，主要竞争对手的同类产品已经占据了相当大的市场份额。强行上市很可能实现不了预期的投资回报。此外，有些类型的新产品在上市时可能会遭遇破坏性打击，立项分析时假设的市场环境已经发生了本质性的变化。这时候再强行上市，只会凶多吉少。

创新案例

摩托罗拉的铱星手机在立项时确实是一个有吸引力的好项目，但是在该项目经过漫长的开发周期准备上市时，无线数字手机已经成为市场主流。但摩托罗拉公司依然坚持上市铱星卫星产品，结果在投入了巨大资金之后，铱星还是成为一个"流星"。该项目公司不但未能获得收益，还被迫宣布破产。

通过了上市评审之后，产品开发团队对新产品上市充满了信心。但是更大的挑战正在等待着我们。因为只有通过成功的上市，我们才能收回项目投资，才能获得回报，产品开发团队才能真正实现自己的价值。

本节小结

（1）测试与矫正阶段是新产品上市前对新产品是否值得上市的最后一个论证阶段。测试只是手段，矫正才是目的。测试与矫正阶段要为新产品上市决策评审提供正确的输入信息。

（2）产品使用测试主要是验证产品本身在客户实际使用环境下能否正常工作。客户测试主要是了解客户对产品的意见、看法和偏好。市场测试主要是预测可能的市场规模，验证上市计划的有效性。

（3）试生产主要是验证公司是否具有满足新产品上市后量产的能力。财务测试主要是计算投资回报及现金流。其他利益相关者的测试主要是了解新产品上市后这些利益相关者对新产品会带来哪些影响，以提前做好应对准备。

第三节　产品上市管理

对于产品开发团队而言，新产品上市发布并不意味着战斗已近尾声。
相反，战斗才刚刚打响，前面所做的一切都只是战斗准备！

？产品经理思考

（1）我们有规范的产品上市管理流程吗？

（2）我们能够制订有效的产品上市方案与上市计划吗？

（3）我们能高效执行上市计划并实现预期的产品上市目标吗？

新产品上市的主要目的就是实现预期的投资回报。为了实现预期的投资回报，在上市阶段公司还要进行大量的投资。为了保证上市阶段的投资能够充分发挥作用，尽快实现预期的投资回报，产品开发团队需要精心制定产品上市战略与上市计划，并且周密地组织上市计划的执行。

新产品上市阶段是指从上市启动到实现盈亏平衡的时间段。上市阶段又可以分为预上市（Pre-Launch）和规模上市（Scale Launch）两个子阶段。预上市阶段是指上市准备阶段，规模上市阶段是指上市计划全面启动阶段。根据项目的不同，上市阶段持续的时间可能为 6~12 个月。新产品上市成功一般以实现盈亏平衡为标志，即项目收回了前期的全部投资，从这个时点开始赚钱了。这时，项目进入生命周期管理阶段，新产品也就变成常规产品了。

图 4-4 是产品上市管理流程框架。

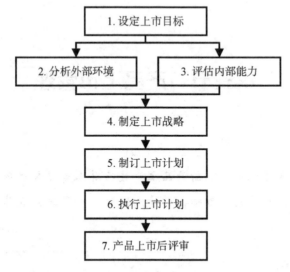

图 4-4　产品上市管理流程框架

一、设定产品上市目标

没有目标就无需战略与计划！制定产品上市战略和上市计划应该从设定产品上市目标开始。制定和执行上市战略与上市计划的目的是实现预设的上市目标。

（一）设定产品上市目标的目的

（1）**上市目标设定为上市战略制定提供了依据**。产品开发团队应该依据上市目标制定上市战略，并在此基础上制订上市计划。

（2）**上市目标设定为产品开发团队明确了奋斗目标**。明确的、书面的上市目标方便上市团队成员进行有效的沟通，大家都知道努力的方向，行动都聚焦于上市目标的实现。

（3）**上市目标设定为项目绩效评价提供了依据**。产品上市管理团队根据设定的上市里程碑目标，可以判断上市工作是否偏离了预期，以便及时调整上市战略和上市计划，确保上市目标的实现。

（二）产品上市目标需要符合的条件

好的新产品上市目标应该符合 SMART 原则，以下 3 个条件最为重要：

（1）能够指导产品上市战略制定和上市行动。

（2）是定量的、可评估的。

（3）是有时间期限的。

（三）主要的产品上市目标

典型的新产品上市目标应该包括以下部分或全部内容：

（1）按年度实现的销售额（销售量）。

（2）按年度实现的利润（或者毛利）。

（3）投资回收期。

（4）按年度实现的市场份额（要明确是整个市场还是某些细分市场，市场份额的衡量指标是销售额还是销售量）。

（四）设定产品上市里程碑目标

创新型企业可以设定新产品上市的里程碑目标。

1. 运营性收支平衡点

这是新产品上市后产生正现金流的时间点。从这个时间点开始，公司不再需要为该项目投入资金了，项目可以靠产品的销售收入实现滚动运转。公司决策评审团队可以在此时进行上市后第一次评审。

2. 盈亏平衡点

这是新产品上市后全部收回前期投资的时间点。从这个时间点开始，公司开始真正赚钱了！公司决策评审团队可以在此时进行上市后第二次评审，产品进入上市后的生命周期管理阶段。

3. 盈利目标实现点

这是产品实现预期的绩效目标的时间点。在这个时间点以后赚的钱是额外的利润。

例如，公司可以设定这样的上市目标："新产品上市后 6 个月内，实现运营性收支平衡；新产品上市后 12 个月实现盈亏平衡；新产品上市 3 年内实现盈利 1 亿元，在整个市场的份额达到 30%，成为同行业领先者。"

 产品经理行动

我们有明确的产品上市目标吗？我们应该设定哪些产品上市目标？

二、分析外部环境

企业要通过外部环节分析评估是否具有实现产品上市目标的可能性。企业外部环境主要包括宏观环境、利益相关者环境和客户环境 3 部分。外部环境分析是制定上市战略的基础。其实，从创意到上市的新产品开发过程是需要持续了解外部环境的。从项目立项分析到产品上市，时间跨度一般为 1~2 年。这期间，外部环境一直在发生变化。因此，在新产品上市前，还必须再次审视外部环境，依据外部环境的变化制定上市战略。在分析外部环境时，需要思考这些外部环境要素对新产品上市有何影响，我们应该采取什么策略和行动来利用外部环境中的机会或规避外部环境中的威胁。

以下，我们对外部环境分析中的要点进行简要介绍。

（一）分析宏观环境

宏观环境因素主要包括政治、经济、社会、技术、环保和法律法规等方面。我们需要重点分析哪些环境因素对新产品上市的影响最大，从而制定应对策略。可以通过思考和回答以下问题对宏观环境要素进行分析：

（1）这些因素的现状和趋势如何？

（2）这些因素何时会发生？发生的概率有多大？

（3）这些因素对我们的新产品上市是机会还是威胁？

（4）我们应该采取哪些措施来抓住这些机会，应对这些威胁？

（二）分析利益相关者环境

利益相关者对新产品上市的影响比宏观环境因素更为直接。利益相关者主要包括竞争者、供应商、互补者、管理者和影响者等。其中直接和间接的竞争者对新产品上市的影响最大。利益相关者分析主要需要思考和回答以下问题：

（1）主要的利益相关者有哪些？

（2）他们都有哪些优势和不足？

（3）他们对我们的新产品上市有哪些影响？

（4）我们应该采取哪些措施来应对这些影响？

（三）分析客户环境

客户环境分析要考虑经销商、零售商、终端客户及客户的客户，即要考虑整个市场环境对新产品的影响。客户环境是外部环境分析的重点，上市战略的制定很大程度上取决于通过客户环境分析所获得的信息。客户环境分析主要包括以下内容：

（1）**市场整体情况分析**。整个市场有多大？市场增长有多快？主要的市场趋势是什么样的？市场增长的主要驱动力是什么？

（2）**细分市场分析**。在该市场上有多少个细分市场？每个细分市场有何特点？各个细分市场的规模有多大？各个细分市场的增长趋势是什么样的？各个细分市场增长的主要驱动力是什么？

（3）**购买者行为分析**。在每个细分市场上，谁是购买者？谁是影响者？谁是决策者？购买者购买的是什么产品？他们何时购买？他们在哪里购买？他们为什么会购买这些产品？他们选择这些产品的准则是什么？他们喜欢什么？他们期望满足的需要是什么？

 产品经理行动

外部环境对我们制定产品上市战略有何影响？哪些是关键因素？应该如何进行有效分析？

三、评估内部能力

企业要通过内部能力分析评估实现产品上市目标必须具备的内部条件。对于企业内部具有的优势，在新产品上市时要充分利用和发挥；对于对新产品上市的成功有重大影响的不足，企业要采取措施弥补不足，以降低新产品上市的风险，提高新产品上市的成功率。与新产品上市成功密切相关的内部能力除了研发与创新能力外，主要包括生产与运营能力、营销与销售能力、财务能力等。研发与创新能力已在产品开发与测试阶段得到验证，以下主要分析其他 3 个方面的能力。

（一）评估生产与运营能力

生产与运营能力评估的主要目的是考察公司是否具有批量生产新产品的能力及新产品上市后能否有效提供服务的能力。生产与运营能力方面主要需要评估以下内容：

（1）生产能力是否满足规模上市的要求？

（2）供应商能否按时、按质、按量地供应所需原材料和零部件？

（3）外协厂商能否按时、按质、按量地交付外协零部件？

（4）质量保证体系能否保证新产品的质量？

（5）生产所需人员能否满足数量和技能要求？

（6）物流和仓储系统能否满足在各个细分市场交付产品的要求？

（7）现场安装调试人员及技能能否满足要求？

（8）售后服务体系能否满足要求？

（9）备品备件能否满足需要？

（二）评估营销与销售能力

营销与销售能力评估的目的是考察公司是否具有按照上市要求达成销售目标的能力。建议从对以往上市新产品的绩效评审开始评估公司的营销与销售能力。通过对以往上市新产品的绩效评审，可以了解公司在哪些方面做得好，以便继续发扬；也可以了解公司在哪些方面做得不够好，以便在该新产品上市时注意改善。可谓"前事不忘，后事之师"。营销与销售能力评估需要考虑以下主要方面：

（1）公司的形象和品牌声誉有利于该新产品的上市吗？

（2）公司现有的客户关系有利于该新产品的上市吗？

（3）公司的广告宣传能力如何？

（4）公司的促销能力如何？

（5）公司的销售分支机构数量与能力如何？

（6）公司的分销渠道是否足够和有效？

（7）公司与经销商的关系如何？

（8）公司的销售队伍的数量与技能如何？

（9）公司的定价政策有效性如何？

（三）评估财务能力

财务能力评估主要是考察公司是否具有支持新产品上市所需资金的能力。财务能力评估需要思考和回答以下问题：

（1）公司有足够的资金支持新产品的规模生产吗？

（2）公司有足够的资金支持新产品的营销和上市吗？

（3）如果实现运营性收支平衡的时间点比预计的要晚，公司能承受所需的现金流需求吗？

产品经理行动

制定产品上市战略需要重点考虑哪些内部能力？哪些能力需要充分发挥？哪些能力需要及时弥补？

四、制定产品上市战略

产品上市战略是实现产品上市目标的策略和措施。产品上市战略指导产品上市计划的制订。产品上市战略包含经典的营销组合 4P（产品、定价、渠道、促销）等主要内容。

（1）目标市场定位：回答"卖给谁（Who）"的问题。

（2）产品价值定位：回答"卖什么（What）"的问题。

（3）产品定价：回答"什么样的定价（Pricing）才能获得最大的市场份额和利润"的问题。

（4）销售方式选择：回答"如何卖（Place）"的问题。

（5）营销沟通：回答"在哪儿卖（Where）"的问题。

（一）目标市场定位

目标市场定位是确定企业新产品的主要销售对象。只有确定了销售对象，才能明确产品价值定位，才能制定营销组合战略。目标市场定位是上市战略制定的前提和基础。

　　首先，我们要将市场分为多个细分市场，然后选择与我们的产品最匹配的目标市场，最后要制订进入这些目标市场的"抢滩登陆计划"。

1. 进行市场细分

　　简单地预测市场规模有多大是没有意义的，我们必须对市场进行细分，也就是说要将一个整体市场细分为多个细分市场，再在多个细分市场中寻找与我们的产品最匹配的目标客户群。

　　对于手机等消费品而言，细分市场的维度可能包括性别、地域（城乡）、年龄、职业及收入水平等。对于工业机器人等 BtoB 的产品而言，细分市场的维度可能包括地域、行业、年营业规模、盈利水平、发展前景等。

　　在创新战略管理的相关章节，我们详细讨论了细分市场的方法。细分市场的方法包括地理人口定位、行为特征定位和价值需要定位这 3 种循序渐进的方法。这 3 种方法对细分市场都有价值，但是最有效的细分市场方法是价值需要定位。只有价值需要定位才能指导企业明确产品价值定位，指导企业制定有效的营销组合战略。

✚ 创新案例

　　某高端智能手机生产企业可以有以下两种细分市场方法：

　　（1）细分市场方法 A：年龄在 30~55 岁的城市高收入人士。

　　（2）细分市场方法 B：追求品位与时尚，方便移动办公的商务人士。

　　从以上细分市场方法可以看出，细分市场方法 A 主要是从地理人口定位角度进行市场细分的，细分的标准有年龄、地域和收入水平等。细分市场方法 B 主要是从价值需要定位角度进行市场细分的，购买这类手机的受众主要是追求品位与时尚，并且需要移动办公的商务人士。比较而言，细分市场方法 B 能指导企业进行产品价值定位和营销组合战略制定，而细分市场方法 A 则缺乏真正有价值的信息。

2. 选择目标市场

对于多个细分市场，企业可以从市场规模、细分市场与产品价值定位的匹配性及销售的难易程度等多个方面进行吸引力评分，选择评分靠前的细分市场作为优先进入的细分市场。

通过价值需要定位等方法，企业可以将整个市场分为几个有不同价值需要的细分市场。但企业不太可能同时服务所有细分市场，企业必须从这些细分市场中选择少数几个作为目标市场。企业选择目标市场的决策准则主要有：

（1）**细分市场的吸引力**。企业应该优先选择那些市场规模大、增长快速的细分市场作为目标市场。

（2）**竞争地位**。企业应该优先选择那些竞争对手很少，或者竞争对手很弱的细分市场。

（3）**匹配性**。企业应该优先选择那些客户需求与产品的功能和性能最一致的细分市场作为目标市场。

（4）**获利能力**。企业应该优先选择那些最能实现新产品收入和利润目标的细分市场作为目标市场。

（5）**易达性**。企业应该选择那些分销渠道、销售人员、产品与服务交付容易到达的细分市场作为目标市场。

（6）**相对优势**。企业应该选择那些相对于竞争对手而言更有优势的细分市场作为目标市场。优势主要包括产品本身的优势及企业内部能力等方面的优势。

企业可以根据以上决策准则，对各个候选细分市场进行吸引力评分，选择几个排名靠前的细分市场作为目标市场。能够完全符合以上 6 个方面的决策准则的细分市场可能非常少，因此企业需要在适当权衡的基础上做出选择。例如，对于某工业机器人制造企业而言，优先选择的细分市场可能是位于珠三角、长三角年营业收入在 5 亿元以上的电子制造企业。

3. 制定"抢滩战略"

"**抢滩战略（Beachhead Strategy**）"是指决定企业产品进入市场的先后顺序的策略。企业需要首先确定一个比较容易进入的"**攻击点（Point of Attack**）"，在夺取此"攻击点"的基础上，沿着地域或客户类型进行步步为营的市场拓展。

例如，上面提到的工业机器人企业，首先选择珠三角的电子企业作为"攻击点"，进行"抢滩登陆"。在取得成功的基础上，在长三角进行地域扩展，进入长三角的电子企业市场。在珠三角进行客户类型扩展，进入医疗器械制造企业。

（二）产品价值定位

产品价值定位实际上回答的是"卖什么（What）"的问题。"**客户购买的是价值，而不是产品！**"

在考虑产品价值定位的同时，要考虑哪些客户与产品价值定位最匹配。只有与产品价值定位最匹配的客户才最有可能购买我们的产品。因为只有这些客户才会真正被我们的产品的卖点打动。定位了目标市场后，需要根据目标细分市场的客户的价值需要进行产品价值定位，即产品提供的价值要能满足细分市场客户的真正需要。简单而言，产品价值定位要明确"**客户购买我们的产品而不买竞争者的产品的理由**"。如果企业不能简单、清晰地提炼出产品的价值定位，就很难与目标客户进行有效的沟通。产品价值定位应该满足以下几个条件。

（1）**定位的价值是产品确实能够提供的，而不是忽悠出来的。**如果某汽车厂商的价值定位为"安全、可靠"，但该汽车经常大批量地被召回，那产品的价值定位与产品的实际品质就是自相矛盾的。有些企业将品牌策划理解为讲故事、造概念，硬将与产品本身毫不相干的一些价值要素强加给产品，其实质是"盛名之下，其实难副"。

（2）**定位的价值是目标市场的客户真正看重的，而不是自以为是的**。即使是产品本身具有的价值要素，但如果这些价值要素客户不看重，那么再怎么宣传也价值不大。比如某售价不到 5 万元的微型小汽车，却一再强调驾乘环境的舒适性和豪华性，这很可能错误地定位了细分市场，将经济型轿车的目标客户定位成追求豪华和舒适的高收入人群。

（3）**定位的价值是与主要竞争对手有明显差异的，而不是同质化的。同质化的定位等于没有定位**。定位的主要目的就是将自己的产品与主要竞争对手的同类产品区别开来，给客户选择自己的产品的理由。如果是同质化的定位，客户选择的产品的理由就只有一个：自己的产品的价格比竞争对手的同类产品更便宜。因此，同质化定位的结果就是价格战。啤酒、家电等行业竞争异常激烈的根本原因就是这些产品之间缺乏差异，只能拼价格，甚至"拼命"——发生"巷战"或"流血冲突"！多家智能手机厂商的广告宣传都宣称自己的手机像素高、拍照好看。这其实表明这些智能手机厂商进入了同质化竞争阶段，打价格战成为不能不面对的必然选项。

企业产品的价值定位分为保健价值、期望价值和惊喜价值。很多同类产品在保健价值方面已经很难找到差异化了，企业应该将价值定位的重点放在期望价值和惊喜价值方面。

在进行产品价值定位前，先要分析客户的**整体解决方案**"及自己的产品在客户整体解决方案中的位置。在此基础上，要描述产品带给客户的好处和利益，并且要描述这些好处和利益与主要竞品之间的差异。

1. 描述客户的整体解决方案

产品要打动客户，首先要看到客户的"**大画面（Big Pictures）**"，分析自己的产品在客户整体解决方案中的作用与位置。如果自己的产品在客户的整体解决方案中处于核心地位，那么就可能具备较强的讨价还价能力。如果自己的产品在客户整体解决方案中处于次要的或无关紧要的位置，那么处境就很可能比较被动。企业要通过客户整体解决方案分析，争取成为目标客户的关键供应商。同时，企业要通过对客户整体解决方案的分析，深入了解各个互补者的情况，进行产品宣传与销售。

例如，对于台式电脑整机厂商而言，芯片和操作系统提供商是关键供应商，这些供应商的获利能力也比较强，如英特尔和微软。键盘、鼠标、机箱和电源等电脑外设供应商是次要供应商，这些供应商之间同质化竞争激烈，在与电脑整机厂商的讨价还价中通常处于劣势。

2. 定位差异化的产品价值

在创新战略管理的相关章节中，我们深入分析了如何进行产品差异化价值定位。在产品上市前，产品开发团队要找到 1~3 条与主要竞争对手区别开来的差异化卖点，否则就会"输在起跑线上"，陷入同质化竞争的泥潭。同质化竞争的结果是打价格战，打价格战的结果是两败俱伤，没有赢家。卖点应该是产品带给客户的好处、利益和价值，而不是功能和性能指标。只有利益才能打动客户，功能是打动不了客户的。**客户购买的是价值，而不是产品功能。**

> **创新案例**
>
> 苹果公司 2016 年 9 月 8 日发布的无线耳机 Air Pods 的广告语是"无线，无烦琐，只有妙不可言"。在这 11 个字的广告语中，"无线"是产品功能的区别，"无烦琐"解决客户的痛点，而"妙不可言"则是给客户带来的好处、利益和价值。电子市场的耳机价格从十几元到几十元不等，而苹果公司无线耳机的定价则为 1 288 元。很多消费者为了"妙不可言"的体验，愿意花比一般耳机贵上百倍的价格去购买苹果无线耳机。因此，价格不是问题，价值才是问题！

（三）产品定价

产品定价是上市战略制定中最重要，也最有挑战性的决策之一。定价过高，销售量很少，难以实现预期的利润目标；定价过低，很可能"赚了吆喝赔了钱"，虽然销售量很大，但是利润很少，甚至无利可图。

以下介绍几种典型的定价方法，供不同类型产品定价选择。

1. 成本加成法

成本加成法（Cost-Plus）的逻辑是产品成本是 A，希望获取的单位产品利润是 B，产品定价就是 A+B，这是一种最简单，也是最落后的定价方法。成本加成法是从企业视角而不是从客户视角进行定价的，适合竞争不充分、需求不饱和的理想市场的定价。事实上，这是一种缺乏战略思维的计划经济定价模式。在当今竞争异常激烈、产能严重过剩的市场环境下，采用成本加成定价法是很难取得新产品上市成功的。

2. 低价战略法

低价战略法（Low-Price Strategy）采用比主要竞争对手更低的价格进入市场，以期快速扩大市场份额，通过规模生产降低成本，最终获得较大利润。低价战略意味着牺牲近期利润以"购买"未来的市场份额。这种定价方法在参与厂商众多、市场竞争非常激烈的家电、消费电子产品等行业使用得非常频繁。最为典型的案例就是有"价格屠夫"之称的某微波炉生产企业通过持续运用低价战略成为微波炉生产的世界冠军，世界上每两台微波炉就有一台是该公司生产的。但是，低价战略是一种非常危险、胜出难度非常高的定价方法。低价战略的商业逻辑是薄利多销：产品价格越低，购买的人就越多；购买的人越多，销售的数量就越大；销售数量越大，产品的单位成本就越低；产品单位成本越低，企业就可以获利。但是，家电等行业长期低价竞争的结果表明，**低价竞争没有赢家**！

低价战略不是一种可取的定价战略的主要原因如下：

（1）**并不是价格越低，销量就会越大。**在基本需求满足以后，客户购买产品的原因甚至主要原因不是基于价格，而是基于产品能带给客户的价值。也就是说，客户不会因为某产品便宜就购买它。索尼 42 英寸（1 英寸=254 厘米）液晶电视的价格是中国同尺寸液晶电视价格的一倍，但是索尼彩电的销售数量远远超过中国某些品牌厂商的销量。同样，苹果公司的 iPhone 手机的价格超过了市场上绝大部分手机的价格，但是其销售数量是任何一款手机都无法比拟的。

（2）**并不是销量越大，成本就会越低。**任何产品的成本曲线总是有底线的。也就是说，成本与销量并不是线性反比关系。在一定规模下，生产规模越大，产品成本会越低。但是超过了一定的规模，产品成本反而可能会上升，出现"大而不当"的现象。有一定的生产规模，能一定程度上摊薄固定资产投资成本，但是原材料和零部件等的成本则是刚性的，很难有过大的下降空间。对于很多企业而言，产能不但不是竞争优势，反而是负担！富士康的产能很大，但是赚钱很难。耐克等知名鞋类企业基本上没有自己的工厂，但是产品销售量很大，利润率很高。

（3）**很难通过低价策略打败竞争对手，获取市场份额。**一些企业认为，只要通过低价策略占领了市场，获取了较大的市场份额，就会有定价权，就可以"为所欲为"了。事实上，这种情况很难出现。前面提到的某微波炉生产企业即使占据了全球微波炉市场 50%的市场份额，仍然没有微波炉产品的定价权，微波炉产品的利润仍然很微薄。在自由竞争的市场环境下，一款产品的生命周期非常有限，你可能还没有获得理想的市场份额，新一代产品就出来了。例如，在彩电市场，从黑白电视到彩电，到等离子彩电，到液晶彩电，再到激光电视，不过 10 多年的时间，几乎从来没有哪家电视机厂商在哪一代电视机产品上占据过足够大的市场份额。通过占据足够的市场份额以期获取垄断利润，对于绝大部分企业而言永远是可望不可即的梦想。

总之，低价战略不能真正成为一种有价值的战略，低价战略经常是很多企业想当然的选择。低价战略可能在短期内能获得一些市场份额，赚到一些钱。但是，从长远来看，采取低价战略既不太可能成为市场领导者，也很难实现企业的可持续成长。此外，低价战略也容易给消费者形成低端的品牌形象，难以获得品牌溢价。

3. 竞争优势定价法

竞争优势定价法（Price-competitive）是在面临多个同类产品竞争时采用高性价比的定价方法。竞争优势定价法不同于低价定价法。低价定价法主要通过比竞争对手同类产品更低的价格获取市场份额。而竞争优势定价法首先考虑的是客户以某一价格购买某产品是否值得，其次考虑该定价与其他同类产品相比是否具有竞争优势。也就是说，竞争优势定价法既考虑了客户的接受度，也考虑了竞争优势。竞争优势定价法是一种理性的战略性定价方法，可以普遍用于竞争比较激烈、产品差异化不是特别明显的产品。

4. 战略性定价法

战略性定价法（Strategic Pricing）是将大多数目标客户能够接受的价格作为定价基准。如果某一产品的定价大多数目标客户都能接受，那么该产品通常能取得较大的市场份额。战略性定价法不是从成本视角出发的，也不是从竞争视角出发的，而是从目标客户能否接受的视角出发的，是一种真正具有战略意义的定价方法。战略性定价水平可以通过客户测试和市场测试确定。采用战略性定价法可能会遇到以下 3 种情形：

（1）**单位产品成本与战略性定价相当，按照战略性定价公司将无利可图。**这时候要做的不是提高价格，而是考虑如何降低成本。比如某产品的战略性定价为 100 元，企业希望实现的目标利润为 20 元，产品的成本为 95 元。这时要考虑的不是将产品售价提高到 115 元，而是考虑如何将产品单位成本从 95 元降低到 80 元！这是一种战略性的**成本倒逼**机制。如果成本做不到 80 元，企业就要考虑是否值得推出这款新产品。实现目标成本的方法主要有：通过去掉冗余功能从源头降成本（QFD 产品定义方法），在采购及生产环节降低产品直接成本，通过优化管理流程与制度降低管理成本，通过商业模式创新降低成本等。

（2）**采用战略性定价能够实现目标利润**。这是一种比较理想的情形，企业可以采用战略性定价获取尽可能大的市场份额，并实现预期的利润目标。当然，企业最好还是采取措施持续降低成本，以实现更好的投资回报，同时也为可能的价格下降预留空间。

（3）**实际产品成本远低于战略性定价**。不要不好意思采取战略性定价方法！这类产品主要包括差异化很大的创新性产品及品牌价值非常高的产品。从某种意义上说，这些产品的定价与产品实际成本无关，或者产品实际成本与售价相比几乎可以忽略不计。

♣ 创新案例

　　苹果公司的 iPhone 手机就属于差异化很大的创新性产品，正如其宣传语所说的"有了 iPhone,其他只能是其他。" iPhone 手机的直接成本不到 200 美元，其售价却超过 500 美元。但这并不影响该手机的热销，因为大多数购买该手机的客户都认为这个价格不贵。那些"山寨"手机，即使 500 元很多人也都会认为很贵！

　　此外，一些品牌价值非常高的奢侈品，"贵"本身就是产品价值的一部分。消费者买的就是"贵"，甚至不"贵"不买！比如，路易威登的手袋 10 000 多元一个，应该很贵了，但是经常可以在其专卖店门口看到很多时尚女性排队抢购的场面。

　　由以上分析可知，客户购买的是价值，而不是产品本身！对于客户认为不值的产品，即使价格再低，也不会有好的销量。相反，对于客户认为超值

的产品，即使价格很贵，也会顾客盈门。因此，产品销量或盈利的关键不在于价格，而在于产品本身给客户带来的差异化的价值。价格本身不是新产品上市成功的决定性因素，甚至新产品上市的成败与价格高低没有必然的关联。

（四）销售方式选择

销售方式选择回答的是"如何卖（How）"的问题。销售方式主要分为人员销售、网上销售和渠道销售3类。自身销售能力强的企业，可以主要依靠内部销售人员进行产品销售；自身销售能力有限的企业，或者适合采取渠道方式销售的产品，可以借助外部力量进行销售。一般而言，大多数企业会综合利用内部和外部的销售力量，只是内外销售力量的销售对象可能各有侧重。比如某食品生产企业，对于沃尔玛等大型商超，主要依靠内部销售力量直接建立和维护客户关系；对于中小型超市和零售店，则通过发展省市级经销商拓展市场。复杂产品，比如大型设备、解决方案类产品、管理咨询服务等，主要适合依靠内部专业人员销售。而标准化程度高、客户广泛、产品单值低的产品，比如日用百货、电子产品、家电产品等，主要适合通过经销商、零售商进行销售。

1. 人员销售

销售人员可能直接推销产品，也可能主要发展渠道客户。

对于目标客户数量较少、销售对象很明确、产品需求量大的产品，通常采用人员销售的方式进行销售。人员销售方式可以更好地贴近客户，了解客户的真实需求，建立起与客户的长期关系。

在销售队伍准备方面，企业需要结合对以下问题的思考和回答进行决策：

（1）新产品的销售需要多少？需要具备什么技能的销售人员？

（2）现有的销售队伍能用于新产品销售吗？

（3）如果现有销售队伍不能用于新产品销售，如何获取所需的销售人员？

（4）应该如何对销售人员进行培训？

（5）应该为销售人员准备哪些必要的资料？

（6）应该为销售人员提供哪些必要的支持？

（7）应该如何有效地激励和管理销售队伍？

2. 网上销售

网上销售是随着互联网的发展而发展起来的。网上销售的好处是企业可以绕开中间环节，直接与广大目标客户接触，营造企业与客户双赢的局面。企业可以通过网上销售降低成本，而客户可以通过企业的让利以更优惠的价格购买产品。阿里巴巴就是通过为网商搭建网上交易桥梁而成为世界上最大的电子商务公司。

现在，几乎绝大部分产品都可以通过网上销售。在很多领域，网上销售正在部分取代传统的线下销售方式，比如网上办理银行业务、网上订机票、网上订酒店、网上租车、网上订餐等。即使在一些传统产业，也可以通过网络进行销售，比如网上卖鸡蛋、网上卖水果等。在移动互联网逐渐普及的今天，各类企业都应该认真思考网络带来的机会和威胁，思考如何有效地利用网络。

3. 渠道销售

渠道销售主要有3种：一是发展零售商直接向最终客户销售产品，比如食品企业通过沃尔玛直接向最终客户销售产品；二是发展经销商，再由经销商通过销售人员向最终客户销售产品，比如某些医疗器械产品；三是贴牌销售，自己的产品通过贴别人的牌子在别人的渠道进行销售，比如某些家电产品、服装等。

通过经销商和零售商销售产品，要考虑产品是否有足够的利润空间能够让利给中间商，要考虑消费者能否接受最终售价。

在选择销售渠道时，企业需要回答以下问题：

（1）有哪些可选的销售渠道？

（2）通过哪些销售渠道能够快速地将产品交付给客户？

（3）哪些销售渠道的成本最低？

（4）各种销售渠道的忠诚度和可靠性如何？

（5）每种销售渠道除了销售产品外，能否在市场信息搜集、客户关系维护及售后服务等方面发挥作用？

（五）营销沟通

营销沟通（Marketing Communications）就是在企业与目标客户之间建立起有效的联系，让目标客户在尽可能短的时间内对产品有系统、全面的了解和认识，进而尝试产品和购买产品。营销沟通的主要目的是促进产品销售和树立公司或产品品牌。

一个公司可能有世界上最好的产品，也有极具竞争力的价格，但是如果没有人知道这款产品，那么该公司就不可能实现预期的上市目标。正所谓"酒香也怕巷子深"。

营销沟通战略制定与执行的步骤如下。

1. 设定沟通目标

战略制定从目标开始。营销沟通战略制定需要首先明确沟通目标。沟通目标可以描述如下：

（1）"在新产品上市后多长时间内，有百分之几的目标客户知晓我们的新产品。"

（2）"在新产品上市后多长时间内，有百分之几的目标客户了解我们的新产品的主要功能和好处。"

（3）"在新产品上市后多长时间内，有百分之几的目标客户选择购买我们的产品。"

2. 确定沟通对象

明确沟通对象是选择沟通方式和制订沟通计划的前提。如果连需要与谁沟通都不清楚，又怎么有可能实现沟通目标呢？比如，你在某高速公路旁花费很大代价树立了一个广告牌，但是你的目标客户却是很少外出的家庭主妇，那么你的广告费可能就白花了。目标客户定位为我们明确了沟通对象。当然，产品上市管理团队可以选择一些细分市场或一些区域作为第一步沟通的重点，然后再逐步向其他细分市场和区域扩展。

在创新前端管理相关章节中，我们提到客户通常包括决策者、购买者、使用者、维护者和影响者等角色。沟通对象应该重点面向客户决策者，因为决策者是决定是否花钱购买某产品的角色。决策者没有意愿购买某产品，不审批购买经费，其他角色再怎么想买也只能干着急。因此，选择沟通方式要考虑客户决策者经常在哪些场所出现，沟通信息要能够打动客户决策者做出购买决策。

还是以前面工业机器人为案。工业机器人产品的沟通对象应该是电子产品等生产厂的老板，因为只有他们才会从根本上关心工厂的投入产出。对于能够大幅提升工厂投入产出的设备，工厂老板一般会很快做出投资决策。

3. 明确沟通内容

明确了沟通对象之后，沟通内容就是关键。我们首先需要明确"对谁说"，然后明确"说什么"。如果沟通的内容不能打动客户，不能吸引客户关注你的产品，不能激发客户对你的产品的购买意愿，那么即使沟通对象正确，这样的沟通也是无效的沟通。现实中确实有很多广告内容是"鸡跟鸭讲",甚至广告策划者自己也不知道自己在说些什么。沟通内容应该基于产品价值定位来确定,应该让目标客户知道你是干什么的,你的产品能够给他们带来什么利益和价值。

创新案例

宝洁公司的飘柔品牌洗发水的广告语是"柔顺的秀发最美丽"。从这句非常简短的广告语中,目标客户知道飘柔能使我们的头发"柔"、"顺",头发"柔顺"带给我们的好处是"美丽"。还有一句广告语是:"飘柔,就是这么自信!"这句广告语告诉我们,"柔顺的秀发"能带给我们"自信"。

我们可以观察高速公路两侧的广告牌,看看这些企业的广告宣传做得怎么样。有些企业的广告牌只有公司名称,不知道做什么产品。有些企业的广告牌上有产品介绍,但是没有宣示产品的卖点,无法打动客户。很多企业的广告费大部分都"打水漂"了。

有效的产品沟通信息陈述应包括 4 个方面的内容:卖的是什么、卖给谁、产品带给客户的主要利益、产品与主要竞争者的区别。表 4-4 是以上述工业机器人产品为例进行的产品沟通信息陈述。

表 4-4　产品沟通信息陈述举例

卖的是什么	一套"机器换人"的生产解决方案
卖给谁	希望通过机器替代人提升投资回报的中大规模制造企业
产品带给客户的主要利益	• 大幅提升企业投资回报率 • 大幅提升产品良品率 • 大幅缓解企业招工难、管理难的困扰
与竞争者产品的区别	• 设备交付周期短,部署速度快 • 换线灵活性好、时间短 • 设备出故障容易判断,维修难度低,维修时间短

企业可以将以上产品沟通信息陈述内容设计进产品广告中，提升广告宣传的针对性和有效性。企业也可以进一步在产品沟通信息陈述的基础上，提炼广告语，将客户痛点转化为产品卖点。比如某手机产品的广告语"充电5分钟，使用2小时"就是很好的例子。产品卖得好不好先不说，至少广告语提炼、促销信息沟通是非常成功的。

4. 选择沟通方式

明确了沟通目标、沟通对象和沟通内容后，就需要选择合适的沟通方式了。沟通方式的选择一方面要考虑能否实现沟通目标，另一方面也要考虑营销预算，需要在效果与预算之间进行合理的平衡。不同的沟通方式面向的对象不同，沟通的形式不同，沟通的投入不同，沟通的效果也有很大的差异。现在比较流行的整合营销概念，实际上核心要点是综合采用多种营销沟通方式，以最小的投入实现最好的沟通效果。

主要的沟通方式有以下几种。

（1）**广告沟通**。广告沟通一般具有传播速度快、传播范围广等好处，适用于目标受众分散、目标受众多的沟通。消费品普遍采用广告方式进行沟通。广告媒体有电视、报纸、网站、广播、期刊杂志、路牌、公共交通工具（市内公交、火车、航空座椅等）等。各种广告媒体的表现方式不同，针对的受众不同，广告价格也有非常大的差异，企业需要根据自己的产品上市战略进行比较和选择。

（2）**人员沟通**。人员沟通主要包括客户现场拜访、商场促销和电话沟通等方式。比较复杂的工业产品和服务产品比较适合采用客户现场拜访方式进行沟通。家电、食品等适合在商场销售的产品普遍采用现场人员促销方式进行沟通。电话沟通成本低，速度快，但是有效性一般不是太好。

（3）**网站沟通**。随着互联网的日益普及，网站沟通正在成为一种非常重要的沟通工具。几乎任何产品都适合采用网站沟通方式与目标客户进行有效沟通。通过网站，企业可以收集目标客户的意见和建议，目标客户可以深入了解产品的性能和特点。企业可以通过广告和人员沟通方式吸引目标客户浏览公司的网站，以便目标客户更深入地了解公司的产品和服务。

苹果公司的产品主要是消费类电子产品，主要面向有较高消费能力的职场人士（白领、管理者等）。我们可以观察到，苹果公司的广告宣传主要在一线城市进行，宣传途径主要包括在人流密集的城市中心商圈设立户外大型广告牌，在城市主干道两侧做公交站牌广告，在大城市的高端商业广场内设立专卖店，在主流视频网站内做广告等。

5. 制订沟通计划

在明确了沟通方式之后，就可以制订沟通计划了。沟通计划可以公司内部制订，也可以在广告代理商的配合下一起制订。表 4-5 是一个沟通计划模板。

表 4-5　沟通计划模板

沟通方式	沟通目标	主要沟通内容	起止时间	执行责任人	沟通效果评价

6. 执行沟通计划

沟通计划的执行应该遵循"PDCA"循环进行，即在计划的基础上采取行动，在行动的过程中及时进行检查，对比沟通目标，发现实际沟通执行中的偏差，采取偏差纠正行动，确保沟通目标的实现。

7. 评估沟通效果

在完整地执行完一个阶段的沟通计划后，要对沟通效果进行评价。沟通效果评价主要结合对以下问题的回答进行：

（1）我们的沟通计划实现了预期的沟通目标吗？

（2）如果实现了预期的沟通目标，有哪些值得总结的成功做法？

（3）如果没有实现预期的沟通目标，主要差距在哪些方面？造成这些差距的主要原因是什么？在以后的营销沟通中，应该如何提高沟通的有效性？

> **建议：** 不要将营销沟通战略制定工作外包给广告代理商。广告代理商或许在媒体选择方面是专业的，但是其对产品本身的理解却并不专业。明确沟通目标、确定沟通对象、定位沟通内容等工作必须由产品上市管理团队进行分析和决策。广告代理商应该是合作伙伴，而不是主导者，更不是决策者。

 产品经理行动

我们的产品上市战略制定需要重点考虑哪些方面？哪些方面考虑得不够？应该如何改善？

五、制订产品上市计划

在制定了产品上市战略之后，产品上市管理团队就需要在产品上市战略的指引下制订明确的产品上市计划，以保证新产品上市工作的有序开展。产品上市阶段也是一个典型的并行工程阶段，各个职能团队需要在产品上市管理团队的统一指挥下各司其职、协同作战。表 4-6 是一个跨职能团队并行开展新产品上市工作计划模板。

表4-6　新产品上市计划模板

	1月	2月	3月	4月	5月	6月
产品上市团队	新产品上市计划制订与组织执行					
营销团队		营销沟通计划组织执行，客户意见收集与反馈				
生产团队		新产品的规模生产与交付				
销售团队		渠道建设与推广，新产品销售				
研发团队			基于客户反馈意见修改和完善产品			
服务团队			产品安装、调试，用户培训，售后服务			

六、执行产品上市计划

产品上市管理团队应该遵循严格的项目管理方法，以周、月、季为单位通过会议方式评估上市计划执行效果，及时发现和解决问题，确保新产品上市"一鼓作气 、大获全胜"！

（一）团队协同作战

产品上市阶段是产品由开发团队向运营团队移交的"接力"阶段。产品开发团队与公司运营团队之间的协同配合对产品的成功上市极为重要。此时，产品经理要成为"抢滩登陆"的先锋，前几个订单的获取可能需要产品经理亲力亲为。如果产品经理自己都不能把产品卖出去，销售团队和经销商对产品是不会有信心的。项目经理要制订严密的项目计划，要采取有效的并行工程方法，协同各个职能部门高效运转，及时交付产品订单、解决产品问题、化解项目风险。

图 4-5 是一个产品上市管理实施计划示例，供参考。

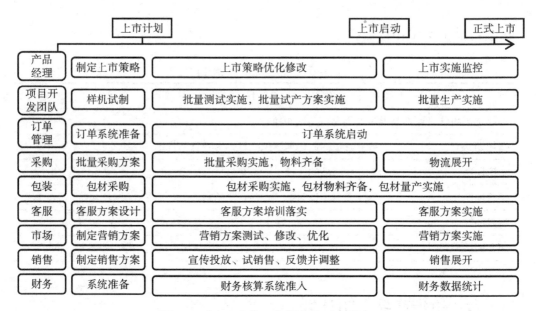

图 4-5　产品上市管理实施计划（示例）

（二）尽快跨越产品上市的"死亡之谷"

新产品在上市的早期是最容易"夭折"的。产品要从少量"早期采用尽快走向"大多数采用"，跨越产品上市的"死亡之谷"（见图 4-6）。

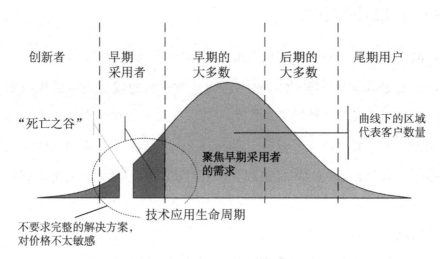

图 4-6　跨越产品上市的"死亡之谷"

也就是说，新产品上市要尽快走向"规模销售"，以免夜长梦多，中途夭折。导致新产品上市夭折的常见情形如下：

（1）产品上市过早，市场时机不成熟，教育客户的时间太长，结果客户没有教育过来，自己倒先倒下了，成了"先烈"。比如家用新能源汽车，早期由于充电桩太少、充电时间太长、行驶里程太短等原因而很难形成规模销售。

（2）企业的宣传和销售跟不上，产品在上市早期获取的订单太少，被其他竞争者后来居上，企业失去了先发优势。

（3）企业的产能跟不上，迟迟不能交付订单，客户退订转买其他产品。比如特斯拉电动汽车由于产能问题损失了很多订单。

（4）产品本身质量有问题，或者生产批次质量不稳定，而又不能快速解决，导致客户退货，形成负面口碑。

企业要未雨绸缪，避免出现以上情形。企业要采取各种有效措施，一鼓作气，确保新产品上市成功。

（三）监控上市数据

在新产品上市过程中，产品经理要适时监控多方面的上市数据，对照上市目标发现偏差，分析偏差或问题原因，快速解决问题。

需要重点监控的上市数据主要包括销售数据、财务数据、质量数据和市场数据 4 个方面，如图 4-7 所示。

（四）及时解决上市问题

为了在设定的时间点实现预期的上市目标，产品经理和项目经理要通过监控上市数据等方式，及时发现和解决上市过程中出现的问题。

产品上市过程中常见的主要问题如下：

（1）销量偏离预期。

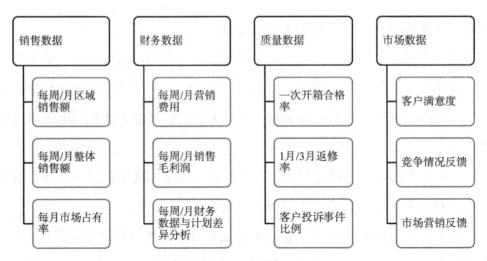

图4-7 需要监控的主要产品上市数据

（2）利润偏离预期。

（3）销量增长偏离预期。

（4）客户满意度低。

（5）产品质量投诉多。

（6）供货不及时。

（7）部分市场脱销。

（8）上市费用偏离预算。

（9）促销效果偏离预期。

（10）法律纠纷。

 产品经理行动

我们的产品上市过程中常见问题有哪些？如何避免或解决这些问题？我们应该如何尽快穿越产品上市的"死亡之谷"？

七、产品上市后评审

德鲁克说："有关人员需要汇报和分析项目的结果，包括成功、接近成功、接近失败和失败。要提高组织的绩效，最好的办法是对比资本投资的效果与承诺和期望取得的效果，而组织就是根据承诺和期望取得的效果批准投资项目的。"新产品上市也需要对照立项分析时承诺的目标和实际实现的目标，评估新产品上市是成功、接近成功、接近失败还是失败。

新产品上市后评审（Post-Launch Review，PLR）是被很多企业忽略的评审点。新产品上市成功了，项目很自然地进入了产品生命周期管理阶段；新产品上市失败了，大家唯恐避之不及，谁也不再愿意提及过去的伤心事。其实，新产品上市无论成败，都应该进行正式的上市后评审。上市成功了要总结，上市失败了更要总结！**从失败中学到的东西要远远多于从成功中学到的东西！**

新产品上市后评审可能会进行 1~2 次。第一次上市后评审一般在新产品上市后 1~3 个月内进行，主要目的是评估上市战略的有效性和上市计划执行的质量，判断项目实现预期的上市目标的可能性；第二次上市后评审一般在新产品上市后半年到一年的时间内进行，最好在项目实现盈亏平衡时进行。因为这时才能比较有效地检验新产品上市的成败。

（一）产品上市后评审的主要内容

新产品上市后评审的主要目的和内容包括：

（1）评审项目的投入和产出，为评价产品开发团队的绩效提供依据。

（2）提交完整的项目文档，实现有效的项目知识管理，做到项目资料有据可查。

（3）总结项目的经验和教训，改进新产品开发流程和项目管理方法，实现公司的持续学习和改进。

（4）拟定产品生命周期管理计划，实现项目的顺利交接。

（5）正式宣布解散产品开发团队，释放创新资源。

（6）考核产品开发团队绩效，如果产品成功上市，公司产品决策评审团队要兑现在项目任务书中承诺给产品开发团队的奖励。

（二）产品上市后评审结论

新产品上市后评审仍然由公司产品决策评审团队负责。评审准则主要为上市目标的达成率、上市战略的有效性及上市计划的执行质量等。产品上市后评审的结论有以下 3 种：

（1）**项目通过评审**。公司决策评审团队宣布解散产品开发团队，项目进入产品生命周期管理阶段。公司产品决策评审团队审批产品生命周期管理计划，承诺产品生命周期管理所需资源。

（2）**延长上市阶段**。产品开发团队继续负责上市管理，待实现相关上市目标后再转入产品生命周期管理阶段。

（3）**项目终止上市**。项目不能实现预期的上市目标，终止一切上市活动，做好善后工作，解散产品开发团队。

新产品通过上市后评审，就成为常规产品，进入产品生命周期管理阶段。至此，产品开发团队的任务才真正结束，可以宣布解散产品开发团队了。但是，产品开发团队的核心成员，特别是产品经理及营销、技术与财务代表等，还应该继续留在产品生命周期管理团队中，为实现产品预期的投资回报而持续努力。

本节小结

（1）新产品上市管理是产品开发团队的重要职责。只有通过新产品成功上市，才能证明新产品是真正成功的，产品开发团队所付出的努力是有价值的。

（2）产品开发团队应该在测试与矫正阶段制订完整的产品上市战略与产品上市计划，并通过试销等方式验证产品上市战略与产品上市计划的有效性。产品上市战略和产品上市计划不能在产品上市阶段才考虑和制订。

（3）新产品上市后一定要进行正式的上市后评审，对照产品开发任务书中承诺的绩效目标评价新产品的绩效。上市后评审是总结项目经验与教训，实施持续改进的契机。

知行信 4D 创新流程

在知行信 4D 创新流程中，产品交付管理是第四阶段，回答"做成什么"的问题。产品交付管理阶段包括产品生命周期管理阶段和产品退市管理阶段两个子阶段。产品交付管理阶段的核心目标是交付能够持续盈利的产品，实现公司预期的投资回报目标。产品交付管理阶段才开始赚钱，产品生命周期管理团队要通过产品的持续改进、升级或系列化，尽可能实现产品投资回报最大化。

产品交付管理阶段包括产品生命周期管理、产品退市管理两个子阶段。

产品交付管理准则：卖久赢多！

第五章
产品交付管理

慎始而敬终，终以不困。

——《左传》

产品交付管理阶段包括产品生命周期管理和产品退市管理两个子阶段。在产品生命周期结束时需要进行产品退市评审，在产品退市后需要进行产品退市后评审。

产品退市评审　　　　　产品退市后评审

产品交付管理流程

本章分为 2 节，内容包括产品生命周期管理和产品退市管理。

第一节，产品生命周期管理。主要内容包括产品持续销售管理、产品生命周期各阶段的营销策略、产品改进升级与系列化、产品召回管理及产品退市评审等。

第二节，产品退市管理。主要内容包括产品退市管理等主要步骤及产品退市后评审。

请企业首席产品官组织企业产品管理团队对照下表，评估企业在产品交付管理方面是否存在以下常见问题，并从本章后续章节的介绍中寻求相关问题的解决方法。

产品交付管理常见问题描述

产品交付管理常见问题描述	公司现状描述
（1）一些企业对产品生命周期阶段的管理不够重视，没有专人或者专门的团队负责产品的生命周期阶段管理。产品的运营由各个职能部门共同负责，共同负责的结果是无人负责	
（2）未持续关注客户需求及竞争情况的变化，未能适时对产品进行改进或升级	
（3）未能及时对产品进行终止生命周期阶段的艰难的决策，未能及时退市"蟑螂"产品	
（4）一些企业对产品退市管理重视不够，缺乏正式的产品退市管理团队和产品退市管理流程，产品退市管理处于无序和放任自流的状态	
（5）没有进行产品文档归档整理，没有撰写产品总结报告	

第一节　产品生命周期管理

产品进入生命周期管理阶段，才刚刚开始赚钱。
有效的产品生命周期管理能大幅提升企业的投资回报。

产品经理思考

（1）我们有专门的团队进行产品生命周期管理吗？

（2）在产品的不同生命周期，是否要有不同的营销策略？

（3）如何有效延续产品生命周期，实现投资回报最大化？

首先恭喜你取得了新产品上市的成功！这时候，产品开发工作正式完成了，产品开发团队（产品上市管理团队）也已经正式解散了。产品已经不再是新产品了，而成为常规产品，由产品生命周期管理团队全面接管运营。如果将实现盈亏平衡点作为新产品上市阶段的结束，那么产品生命周期管理阶段就是公司真正赚钱的开始！

产品生命周期管理（Product Life-Cycle Management，PLCM）是指产品从通过上市后评审到产品做出退市决策之前的时间段内的管理。产品生命周期管理的主要目的是服务好客户，获取尽可能多的利润，实现公司预期的产品绩效目标。产品生命周期管理阶段也称为持续销售阶段。

一、产品持续销售管理

一个公司的成功其实就是多款产品的成功。管理一款上市后的产品就像管理一家小型的公司。产品生命周期管理团队需要在新产品上市管理的基础上继续做好各项工作，实现预期的产品绩效目标。图 5-1 列出了产品生命周期管理团队需要管理的主要内容。

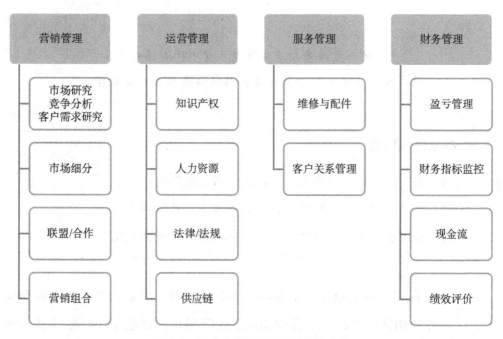

图 5-1　产品生命周期管理的主要内容

（一）营销管理

与新产品上市管理阶段一样，在产品生命周期管理阶段企业需要继续制订和执行营销计划。需要注意的是，在产品生命周期的不同阶段，营销费用投入的力度和重点都是有所不同的。在市场成长期，需要较多的营销投入，以进一步扩大市场份额；在市场成熟期，需要维持一定规模的营销投入，以保持市场份额；而在市场衰退期，基本上不要再投入营销费用。

定价策略也会随着产品生命周期的阶段变化而有所调整，总体而言价格是一种下降趋势。在市场成长期，维持比较高的定价；在市场成熟期，考虑到市场竞争的加剧，以及产品成本的下降，可以分次下调产品价格；到市场衰退期，可以采取多种促销方式，以成本价消化库存。

（二）运营管理

运营管理首先要做好产品需求预测和计划工作，保证市场所需产品按时、足额交付。其次，运营管理中要做好的是持续的成本降低工作（Cost Down）。成本就像"海绵里的水"，只要你愿意挤，它总是有下降空间的！当然，降低成本不能以牺牲质量为代价。牺牲质量最后反而会导致成本更高。与运营管理相关的降低成本的方法主要有以下几种。

（1）**通过优化产品设计降低成本。产品成本设计**（Design for Cost，DFC）是设计实践中非常重要的一部分。**很大程度上成本是设计出来的，而不是节省出来的。**在创新前端管理中介绍的 QFD 方法是很好的产品成本设计方法，通过采用该方法能够去掉冗余功能，从源头降低产品成本。产品采用哪些原材料和零部件，采用什么样的生产工艺，主要的直接成本在设计时就已经确定下来了。在产品生命周期管理过程中，还应该对产品设计进行持续优化，以进一步降低产品成本。产品设计优化包括选择性价比更好的原材料和零部件，去除冗余的功能，优化生产工艺等。

（2）**通过有效的供应链管理降低成本。**"货比三家"是最基本的供应商管理方法。同时，战略性的供应链管理非常重要。企业不能再将供应商看作讨价还价的对象，而要看成是战略性的合作伙伴，主动考虑供应商的利益，帮助供应商降低成本。此外，还可以考虑引进供应链外包服务商，将采购、报关、仓储、物流、结算甚至生产等环节外包出去。深圳某手机制造商，将以上环节全部外包给专业的供应链管理公司，企业只负责营销、销售和产品设计开发工作。该公司不到 20 个员工，每年的营业收入超过 10 亿元。对于很多企业而言，采购和生产并不是核心竞争力，将这些职能外包给专业公司，不但可以降低成本，而且产品的按时、按质、按量交付更有保证。

（3）**通过优化生产工艺降低成本**。除了在设计环节考虑整体工艺安排外，在制造环节还可以对生产工艺进行进一步优化。比如，可以考虑生产流程中机器生产环节与人员生产环节的平衡等。"机器换人"已经成为很多制造企业降低产品成本、保证产品质量、准时交付订单的重要做法。

（三）服务管理

服务管理的关键是**客户体验管理**（Customer Experience Management，CEM）。企业要考虑客户在整个产品体验周期中对各个接触点的满意度。满意的客户能带来重复购买、交叉购买或引荐购买。从投资回报的角度看，维护好一个现有客户的收益远高于开发一个新客户。宝洁公司非常注意两个关键时刻的管理：一个是客户购买产品时刻，另一个是客户使用产品时刻。客户体验周期管理内容详见创新前端管理相关章节。

（四）财务管理

财务管理中非常重要的工作就是持续实施**成本降低计划**（Cost Reduction Program，CRP）。随着市场竞争的加剧，保持成本与价格优势是必须的。成本降低的重点在运营环节，但是总体的成本与营销和服务等环节也密切相关。

另外，还需要动态监控财务数据，及时发现实际收入、利润等与目标值之间的差距，找出差距发生的原因，制定改善措施，保证产品生命周期阶段绩效目标的实现。财务绩效管理可采用表 5-1 所示的**看板管理**。

表 5-1 财务绩效看板管理模板

财务指标	第X年			第一季度			第二季度			第三季度			第四季度		
	计划	实际	差距	计划	实际	差距	计划	实际	差距	计划	实际	差距	计划	实际	差距
销售数量															
单价															
总收入															
原材料成本															
人员成本															
制造开销															
成本合计															
毛利															
毛利率（%）															
营销费用															
销售费用															
客户服务费用															
产品开发费用															
部门摊销															
直接费用合计															
间接费用															
费用合计															
净营业利润															

通过看板管理可以动态地比较每个季度（每月）的收入、费用、毛利等计划数据、实际数据和差异数据。财务看板反映的信息是产品生命周期管理团队进行各种运营决策的基础。

产品经理行动

我们的产品生命周期管理主要应该做好哪些方面的工作？哪些方面需要重点改善？如何改善？

二、产品生命周期各阶段的营销策略

在产品生命周期的不同阶段（见图 5-2），需要采取不同的营销策略，以实现产品全生命周期的投资回报最大化。基于营销管理 4P（产品、定价、渠道、促销）理论，以下简要介绍产品生命周期不同阶段的营销策略。

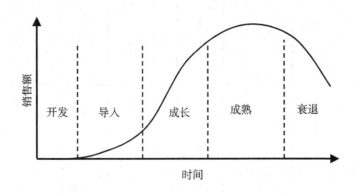

图 5-2　产品生命周期管理的 4 个阶段

（一）产品导入期的营销策略

导入期是指产品首次投入市场后的最初销售阶段，产品导入期的主要特点如下：

（1）消费者对产品不了解。

（2）产量和销量都较小，单位产品成本高。

（3）尚未建立起稳定的分销渠道。

（4）分销和促销费用高，企业处于非盈利的投资状态。

在导入期，产品要尽快跨越"死亡之谷"，要尽快实现盈亏平衡。产品导入期就是产品的上市管理阶段，导入期要通过较大的营销投入一鼓作气实现产品成功上市。

产品导入期的营销策略要点如下：

（1）**产品**：建立品牌与质量标准，进行专利和商标等知识产权保护。

（2）**定价**：如果是创新性不够高的产品，应该采用低价位的**穿透定价法**以尽快获取较大的市场份额，实现预期的投资回报。如果是创新性很高的产品，可以考虑采取高价位的**撇脂定价法**尽快收回前期投入的巨大的开发成本。

（3）**分销**：由于产品还没得到市场认可，早期的产品销售应该以自己团队为主。到消费者已经接受该产品时开始考虑发展渠道销售产品。

（4）**促销**：各种促销活动应该瞄准早期有兴趣购买该产品的消费者。企业应通过有效沟通让客户知晓产品，以教育早期的潜在客户。

（二）产品成长期的营销策略

成长期是指产品通过导入期后购买者逐渐接受该产品，产品在市场上销量逐步增长的阶段。产品成长期的主要特点如下：

（1）消费者对新产品已经熟悉，消费习惯已形成，销量增加，利润迅速提高并达到高峰。

（2）老客户重复购买，并且带来新客户。

（3）随着销量的增大，企业生产规模也逐步扩大，产品成本逐渐降低。

（4）有利可图的市场前景吸引了大批竞争者加入，市场竞争开始加剧。

在成长期，企业要继续加大营销投入，拉开与主要竞争对手的差距，实现"一骑绝尘"的领先地位。

产品成长期的营销要点如下：

（1）**产品**：产品品质需要保证，可能需要增加功能和辅助服务。

（2）**定价**：随着需求增加，会有一些轻微的竞争，可以适当考虑产品价格下调。

（3）**分销**：随着需求的增长及更多客户接受产品，需要快速发展渠道客户，争取更大的市场份额。

（4）**促销**：广告宣传及促销活动要加大投入，瞄准更宽泛的客户群、更广的地域。

（三）产品成熟期的营销策略

成熟期是指产品进入大批量生产并稳定进入市场销售的阶段。产品成熟期的主要特点如下：

（1）市场上竞争者增多，竞争非常激烈，各种品牌、各种款式的同类产品不断出现。

（2）为了对抗竞争、维持产品的地位，营销费用日益增加。

（3）产品销售增长缓慢，逐步达到最高峰，然后缓慢下降。

（4）销售利润开始缓慢下降。

产品成熟期是产品的收获期，需要尽可能地扩大销量，增长利润。

产品成熟期的营销策略要点如下：

（1）**产品**：产品功能需要增加，性能指标需要提升，以与竞争对手拉开差距，维持较高的价格水平。通过持续改进升级和系列化延续产品生命周期，实现投资回报最大化。

（2）**定价**：由于竞争加剧，适时适当降价。

（3）**分销**：可能主要通过分销渠道销售产品，适当加大给分销商的佣金以扩大客户购买产品的机会。

（4）**促销**：广告宣传和促销活动强调产品差异化和增加的新功能。

（四）产品衰退期的营销策略

衰退期是指产品逐渐被新产品取代而退出市场的阶段。产品衰退期的主要特点如下：

（1）产品销量由成熟期的缓慢下降变为迅速下降。

（2）销售利润大幅度下降，降到微利甚至无利可图。

（3）消费者的兴趣和消费习惯完全发生转变或持币待购。

（4）经过成熟期的激烈市场竞争，价格已下降到最低水平。

在产品衰退期，企业要适时做出产品退市决策，启动产品退市管理流程。

产品衰退期的营销策略要点如下：

（1）**产品**：通过重新定位目标客户、降低产品成本等方式维持一定时间段的销售，适当延续产品生命周期。也可以考虑将产品卖给别的公司，以实现尽可能大的投资回报。比如 IBM 将自己不看好的电脑业务整体卖给联想公司。

（2）**定价**：产品价格持续下降，可能需要通过非常低的折扣价格处理尾货。比如服装企业换季打折时，有的换季服装能打 1 折。

（3）**分销**：不再考虑拓展分销渠道，应考虑将分销渠道用于新的产品销售。

（4）**促销**：基本上不再进行广告等促销投入。

产品经理行动

我们的产品在不同生命周期阶段分别应该采取什么样的营销策略？

三、产品改进升级与系列化

延续产品生命周期，实现投资回报最大化的方法包括产品持续改进升级和针对不同细分市场进行产品系列化开发 。

（一）产品改进升级

最经济的新产品开发模式就是开发一款产品，然后持续改进升级，像苹果 iPhone 手机那样，一款产品卖 10 年。通过一款产品的持续改进升级，延续产品生命周期（见图 5-3）。

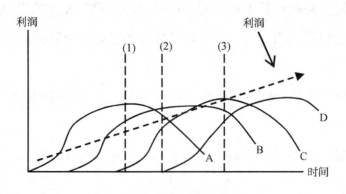

图 5-3　产品持续改进升级示意

任何一款产品的生命周期都是有限的，因为客户总有"审美疲劳"的一天，竞争对手也在不断地推陈出新。后续新产品一般在前一款产品开始进入成熟期的后期时推出。这样，既保证了产品的连续性，又保护了前一款产品的获利机会。在图 5-3 中，当第一代产品 A 进入衰退期时，第二代产品 B 开始进入成长期；当第二代产品 B 进入衰退期时，第三代产品 C 开始进入成长期。通过多代产品的持续更新升级，企业实现持续的利润增长。

■ 创新案例

苹果公司 iPhone 智能手机 2007 年发布第一代，到 2017 年发布 iPhone8 和 iPhoneX，10 年时间更新了 8 代。在两代产品更新中间，都会发布中期改款版，如图 5-4 所示。

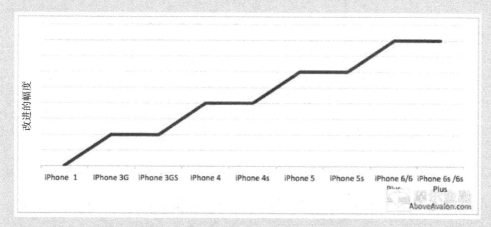

图 5-4　苹果公司 iPhone 智能手机的持续改进升级

比如 iPhone4 发布 1 年左右会发布中期改款版 iPhone4S，在 4S 之后发布升级版本 iPhone5。中期改款功能和性能小幅更新，版本代际更新功能和性能大幅更新。这样，苹果公司实现了"一款手机卖 10 年"。苹果公司一款手机占据全球智能手机销量的 20% 左右，但是利润占了全球智能手机整体利润的 80% 以上。

（二）产品系列化

为了实现规模经济性，获取尽可能大的市场份额，企业可以在第一款基型产品的基础上，采用平台开发模式，针对不同细分市场开发系列新产品。基于共用平台系列化地开发新产品，不但可以大幅降低单款新产品的开发成本，大幅缩短新产品的开发和上市周期，而且可以大大延续产品的整体生命周期。

企业可以从产品的更新幅度和进入的细分市场的不同，定义不同的系列产品，如图 5-5 所示。

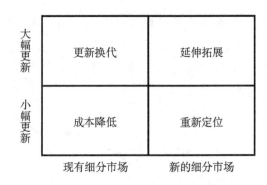

图 5-5　系列产品开发的可能方向选择

（1）**成本降低类产品开发**。这类产品根据客户的反馈，对产品进行小幅的改进和优化，优化的重点在降低成本。成本降低类产品一般在产品生命周期的成熟期推出。根据产品生命周期的长短，成本降低类产品可以推出多个版本。

（2）**重新定位类产品开发**。重新定位类产品是指产品本身的功能基本上没有变化，但是使用的对象和使用的目的发生了变化。这通常意味着一个新的细分市场的开辟。这类产品相对于原有产品功能基本没有变化，只是基于新的细分市场，结合客户的需要，对产品做了小幅的改变。比如，吉列公司将男用剃须刀重新定位于女性用"剃毛器"，很受市场欢迎。

（3）**更新换代类产品开发**。这类产品相比原有产品，功能变化不大，但是产品性能的变化比较大，还是定位于现有细分市场。比如，电脑的功能和外观基本上没有变化，但是芯片、内存、硬盘的性能有提升，或者显示器尺寸增大，相应价格也会变化。

（4）**延伸拓展类产品开发。**延伸拓展类产品的功能及性能一般都有比较大的变化，不同功能及性能的产品分别定位于不同的细分市场。

🧩 创新案例

iPod 是由苹果公司开发的系列便携式音乐播放器，第一款产品于 2001 年 10 月 23 日上市。截至 2009 年 6 月底，苹果公司在 7 年的时间内累计销售各种款式的 iPod 产品共计 2.18 亿只。苹果公司 iPod 系列产品一度占美国音乐播放器市场 70% 以上的市场份额。苹果公司 iPod 产品的持续热销，除了 iPod 产品本身对消费者的吸引力之外，苹果公司采用系列化的开发方法，也大大延续了该产品的生命周期。

苹果公司 2001 年 10 月 23 日推出第一款 iPod classic 音乐播放器，至 2007 年该系列产品已经推出了 6 代，基本上每年推出一代产品。产品容量从最初的 5GB 扩展到 2007 年的 160GB，但是颜色只有白色和灰色两种。iPod classic 的功能包括音乐、视频和照片等。容量为 160GB 的 iPod classic 音乐播放器售价为 1 998 元。

在 iPod classic 的基础上，苹果公司于 2005 年 1 月 11 日推出低端系列产品 iPod shuffle，最初推出时的容量只有 512MB。该系列产品非常小巧，只有音乐播放功能，是 iPod 系列产品中售价最低的入门级产品。该系列产品至 2010 年已推出了 4 代，售价为 398 元起。

2005 年 9 月 7 日，苹果公司推出带有照片浏览和 FM 广播功能的 iPod nano 系列产品。该系列产品至 2010 年已上市了 6 代，容量为 8GB 的产品售价为 1 248 元，16GB 的为 1 498 元。

2007 年 9 月 5 日，苹果公司推出了带有高清摄像和上网功能的 iPod touch 系列，这一系列至 2010 年也已经推出了 4 代产品。这是 iPod 系列中功能最多、售价最贵的一个系列。容量为 8GB、32GB、64GB 产品的售价分别为 1 798 元、2 398 元、3 198 元。

从以上分析可以看出，苹果公司推出各个系列产品是经过精心规划的。首先从中间开始开发和上市第一个系列产品 iPod classic（音乐播放和视频播放功能）。3 年后相继推出低端产品 iPod shuffle（音乐播放功能）和 iPod nano（音乐播放和照片浏览功能）。5 年后再推出高端产品 iPod touch（全功能）。而且，每个系列都持续更新换代，以满足不同细分市场消费者的需求。

产品经理行动

我们的产品应该如何持续改进升级？应该如何系列化开发？

四、产品召回管理

产品召回是指由于产品存在质量缺陷而从市场上返回制造商的过程。产品的质量缺陷可能会对消费者的生命、财产及环境安全造成危害。很多国家已经进行了产品召回立法。产品召回的领域主要包括食品、化妆品、农产品、玩具、家用电器、医疗器械、汽车等。比如，2008 年三鹿等乳业公司召回大量受三聚氰胺污染的奶粉。2010 年，丰田公司由于油门踏板存在安全隐患而在全球大量召回其所生产的多款汽车。

（一）主动召回与被动召回

产品召回包括主动召回和被动召回两种。**主动召回**是厂商自己发现了某

批次产品存在安全隐患而主动从市场上召回该批次产品。**被动召回**是消费者
或相关政府部门发现了产品的安全隐患而强制要求厂商召回相关产品。

产品召回的处理方式也包括两类：一类是维修好后返回消费者，比如丰
田汽车在帮助消费者更换油门踏板后将汽车返回消费者；另一类是退货，比
如某批次有问题的食品。

产品召回无疑会对制造厂商造成经济损失和声誉损失。当制造厂商发现
产品存在质量缺陷时，对是否决定主动召回产品需要进行以下考虑：

（1）如果主动召回产品，我们的直接经济损失会有多大？我们的声誉损
失会有多大？

（2）如果不主动召回产品，一旦出现安全问题，我们需要支付的经济赔
偿会有多大？我们的声誉损失会有多大？

（3）如果产品被强制召回，我们的经济损失会有多大？我们的声誉损失
会有多大？

> **建议**：当确实发现产品存在重大安全隐患时，企业最好选择主动召
> 回。首先，这表明企业是对消费者负责任的；其次，这样做的经济损失
> 是最小的；再次，这样做的声誉损害也是最小的。相反，如果存在侥幸
> 心理，很可能"躲得过初一，躲不过十五"。强制召回无论是对消费者
> 的损害，还是对企业自身的经济损失和声誉损害都可能是巨大的。比如，
> 有着50年悠久历史，曾经是中国奶粉产销量最大的企业三鹿集团，由
> 于三聚氰胺事件被迫于2008年宣布破产。

（二）产品召回管理步骤

产品召回管理的主要步骤如下：

（1）评估质量缺陷对消费者的影响，做出产品召回决策，制定产品召回
方案。

（2）通过各种途径发布产品召回通告，明确告知消费者产品召回的原因及召回的产品批次。

（3）召回产品，维修产品，更换零部件或退货，赔偿消费者损失。

（4）总结教训，反思和整改新产品开发管理流程。

（5）消除影响，恢复市场声誉。

（三）产品召回反思

产品召回事件是任何企业都不愿发生但是又不得不面对的现实。通过启动危机管理程序处理好召回事件固然重要，但是最重要的是反思出现质量缺陷的根本原因，杜绝或避免再次发生类似事件。

企业可以从以下方面反思出现产品质量缺陷问题的根本原因。

（1）**反思企业经营者的质量观念。**一些企业领导者不以客户利益最大化为经营宗旨，而以企业、股东或职业经理团队利益最大化为经营宗旨。这样的企业迟早会出现重大的产品质量问题。比如在牛奶中添加三聚氰胺已经成为了乳制品行业的潜规则，这让我们不得不反思企业的经营伦理，反思企业家的经营道德！让我们牢记这么一句古训："天作孽，犹可恕；人作孽，不可活！" "道"的问题不解决，在经营管理方法等"术"的层面下功夫，是没有多少意义的。

❖ 创新案例

日本神户制钢所是世界 500 强企业之一，是日本第三大钢铁联合企业，创建于 1905 年。

2017 年 10 月 8 日，日本神户制钢所承认篡改部分铜、铝产品的检验数据，将未满足客户要求的产品充做合格产品供应给客户。2017 年 10 月 13 日，神户制钢所承认，它将篡改了技术数据的产品交付给了总共大约 500 家国内外客户，这一数字是它之前公布数字的大约两倍。神户问题产品波及丰田汽车、三菱重工等约200家日本企业，日本新干线部分车辆也有使用。

神户制钢所副社长梅原尚人承认，部分产品从10年前开始就一直沿用篡改后的数据，篡改数据并非个别人所为，而是获得管理层默许的，是公司整体性问题。

（2）**反思新产品开发管理流程**。我们一再强调，"产品质量是设计出来的"。很多产品的重大质量缺陷其实是设计缺陷造成的。比如丰田汽车的油门踏板质量问题，不是踏板本身质量有问题，而是油门踏板存在设计隐患。在极端情况下，加速踏板松开时会发生卡滞，车辆不能及时减速，影响行车安全。我们需要反思在新产品开发管理的每个阶段，我们的所有做法是否符合最佳实践，是否能保证产品质量；我们也需要反思，在每个里程碑评审点和每个阶段评审点，我们的决策评审是否严肃，质量是否高。

（3）**反思供应链管理流程**。控制产品质量要从源头抓起。企业要反思原材料、零部件的采购流程，反思外协件的加工流程，帮助供应商做好质量管理工作。

（4）**反思生产管理流程**。生产管理方面要反思生产工艺、加工设备、装配流程、人员技能等对产品质量的影响。

总之，"消除质量隐患，保证产品安全"是任何企业生产任何产品都必须坚守的底线。"防患于未然"是企业应该坚持的管理准则。

产品经理行动

我们有产品召回管理流程吗？我们应该如何避免产品召回？

五、产品退市评审

对于创新型企业而言，**产品上市要积极，产品退市也要主动**，新陈代谢是产品生命周期的自然规律。在产品生命周期的衰退期，企业要适时做出产品退市决策，以实现最大化的产品投资回报。

（一）产品退市管理不当可能带来的损害

很多企业对产品退市管理重视不够，缺乏正式的产品退市管理团队和产品退市管理流程，产品退市管理处于无序和放任自流的状态。这样的做法往往会给客户、企业及其他合作伙伴带来损害。

（1）**客户权益得不到保护**。由于缺乏专门的团队处理善后事宜，已经购买了企业产品的客户可能无法得到及时、周到的服务，无法获取必需的维修配件。由此，可能引起客户的抱怨和投诉，影响客户的满意度，最终还会影响企业的形象。

（2）**相关合作伙伴的利益得不到保护**。可能一些经销商还有一些库存商品没有销售完毕，有一些特约维修点还有一些多余的维修配件需要处理。如果企业不能帮助他们妥善处理好这些库存商品或配件，会招致这些经销商或服务商的不满，影响企业与这些合作伙伴的长期合作。

（3）**企业利益受损**。如果缺乏有效的产品退市管理，企业各个职能部门很可能各自为政，给企业造成很多不必要的浪费和损失。比如，企业营销部门可能还在继续投放广告，销售部门还在继续给客户推销产品，生产部门还在正常生产。结果很可能造成很多不必要的原材料、零部件甚至成品积压。

总之，随意地、粗放地对待产品退市，会给客户、合作伙伴及企业本身带来很多不必要的损失。产品退市也是产品生命周期管理中非常重要的一环，必须进行有效管理。

（二）产品种类太多的不利影响

很多企业的产品只有上市，没有退市，上市后的产品一直留在产品目录中。应该及时退市而又未能及时退市的产品会给企业带来很多不利影响。

（1）产品种类太多，导致销售人员无所适从，很难给客户介绍清楚各种产品，影响销售订单的获取。

（2）保留一个产品型号，就要保留该型号的原材料、零部件库存、生产工艺、设备与人员、备品备件。产品型号多就会大幅增加直接成本和管理成本，降低了企业的规模经济性。

（3）太多的产品种类容易导致采购、生产、发货等环节出错，增加了企业成本，影响了客户满意度和企业品牌形象。

（三）产品退市评审准则

产品退市决策会受到多种因素影响。企业可结合对以下问题的回答来决定某个产品是否需要做出退市决策。

（1）**该产品已经不符合企业发展战略了吗？** 在产品生命周期中，企业的发展战略可能会发生调整。如果某产品已经不符合企业未来的发展方向，即使该产品还能赚钱，企业为了调整创新资源配置，也可能会做出产品退市决策。

（2）**该产品不能再为企业创造利润了吗？** 很显然，如果产品不能再为企业创造利润，那基本上就没有再存在下去的必要了。需要注意的是，如果一些重要的客户非常看重该产品，不希望该产品退市，那企业需要权衡是否立即做出退市决策。

（3）**该产品已经过时了吗？** 该产品还能给企业创造利润，但是技术已经落后，可以明显看出"好景不长"了。这时企业可能需要考虑快速采用新技术开发新产品，替代现有产品。

创新案例

当智能手机开始推出时，功能手机已经落后了。虽然功能手机产品还有一段生命周期，但是已经是"强弩之末"。手机制造企业要考虑及时退出功能手机市场。诺基亚就是由于没有及时由功能手机市场进入智能手机市场，而由辉煌走向衰落。

（4）**有新的产品已经准备好替代该产品了吗？**产品退市的最好原因就是被自己的新一代产品替代。这是一种主动出击的战略。企业不断推陈出新，不但可以巩固自己的市场地位，而且可以获得更好的投资回报。更新换代的产品不但会带来更大的市场份额，而且一般可以维持较高的销售价格，保证企业的获利水平。

以上4个方面的问题，如果有一个或多个问题的回答是肯定的，那么企业就应该考虑对该产品做出退市决策。当然，还有一种情况是新产品上市失败，这也同样需要做出退市决策，也同样需要进行产品退市管理。

（四）产品退市决策结论

基于产品生命周期管理团队提交的产品退市决策建议报告，公司产品审批委员会可以分别做出两种产品退市决策结论。

（1）**立即退市**。产品符合退市决策评审准备，批准产品退市方案，批准产品退市计划，承诺产品退市资源，立即执行产品退市方案与计划。

（2）**延期退市**。公司产品审批委员会认为产品退市时机还不成熟，产品审批委员会做出产品延期退市决策。公司产品审批委员会明确预计产品退市时间，产品生命周期管理团队继续进行产品持续销售管理。

公司产品审批委员会做出产品延期退市决策的可能的主要原因如下：

（1）产品还可以再销售一段时间，还可以再获取部分利润。

（2）新一代产品或者替代产品未能如期推出，此时退市产品会影响客户解决方案的有效运行。

 产品经理行动

我们的产品能及时退市吗？为什么要及时退市产品？

本节小结

（1）产品生命周期管理阶段是企业投入最大、参与人员最多的阶段，需要由明确任命的产品生命周期管理团队进行有效管理。产品生命周期阶段管理的主要目的是实现产品投资回报的最大化。

（2）延长产品生命周期的最有效的方法是产品持续改进及进行系列产品开发。

（3）产品召回是很多企业必须面对的挑战。企业不但要有产品召回管理预案，更重要的是要有"防患于未然"的产品质量管理制度和措施。

（4）企业要及时做出坚定的产品退市决策，不要让没有"钱景"的产品长期保留在产品货架上。

第二节　产品退市管理

产品退市管理是产品全生命周期管理中的最后一个阶段，
产品经理需要慎始敬终！

> **产品经理思考**
>
> （1）在什么情况下产品应该退市？
> （2）我们有正式的产品退市管理流程吗？
> （3）我们有跨职能的产品退市管理团队吗？

与任何生命体一样，产品也有生命周期，也有离开这个社会的那一天。产品退市是产品生命周期管理的最后一个阶段。很多企业在项目立项分析时根本没有考虑产品退市问题，认为那一天还非常遥远！产品管理的相关书籍也很少提到产品退市管理。总之，产品退市管理无论在理论界还是实践界都普遍重视不够。

产品退市管理（Product Discontinuation Management）是指从决定产品不再销售起到产品完全退出市场这一时间段内的产品管理。产品退市管理的目的是做好产品退市过程中的各项工作，保证客户、利益相关者及企业利益不受损害。不同的产品类型退市管理的时间周期不同。一些食品等快速消费品可能退市周期只需要几天，而一些大型的机器设备退市周期可能需要1~2年。

一、产品退市管理的主要步骤

遵循规范的流程和步骤能更有效地做好产品退市管理工作。我们以一个机械设备产品为例，介绍产品退市管理的主要步骤，如图 5-6 所示。

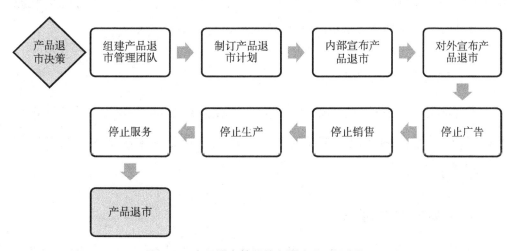

图 5-6　产品退市管理的主要步骤（示例）

1. 做出产品退市决策

基于预先设定的决策准则对产品做出是否退市的决策。产品退市建议一般由产品经理提出，企业产品评审决策团队负责审批。产品做出退市决策后，企业决策评审团队要审批产品退市管理计划，任命产品退市管理团队，承诺产品退市所需资源。

2. 组建产品退市管理团队

由前所述，产品退市管理团队应该由与产品退市相关的各职能部门代表组成跨职能核心团队，各职能部门相关人员组成扩展团队，共同做好产品退市阶段的各项工作。

3. 制订产品退市计划

产品退市阶段涉及的职能部门很多，产品退市所需的周期一般也比较长，只有周密细致的计划才能保证各项产品退市管理工作有序展开。产品退市阶段也是一个典型的并行工程阶段，需要各职能团队并行地完成很多工作。比如，在对外宣布产品退市的同时，营销部门要通过各种可行的方式通知客户和合作伙伴，销售部门要通知所负责的客户，生产部门要合理控制原材料和零部件的采购，服务部门也要开始考虑各项善后事宜。

4. 内部宣布产品退市

产品退市计划先要在企业内部宣布，以便各职能部门相关人员做好各项准备工作。应该在内部退市准备工作完成得比较充分的情况下才正式对外发布产品退市公告。

5. 对外宣布产品退市

通过媒体、经销商及销售团队等向客户和合作伙伴发布产品退市公告。对不同的对象要告知不同的产品退市内容与时间点。对潜在客户要告知停止接受订单的时间，对供应商要告知停止生产的时间，对现有客户要告知停止服务的时间。在告知客户及合作伙伴产品退市消息的同时，也要告知产品退市的原因，征求他们对产品退市的意见和问题。如果有新一代产品发布，也要积极引导现有客户和潜在客户关注新一代产品。

6. 停止广告宣传

停止广告宣传的工作在企业内部宣布产品退市时就已经开始了。越快停止各项广告宣传，企业就越能降低费用支出。营销团队要处理好与各广告代理商之间的关系，防止发生商务纠纷。结余的广告款项也可以考虑用于其他产品的宣传。一些企业的产品已经退市了，但户外广告牌、公交车、电视等广告还在做，这实际上就是缺乏有效的产品退市管理造成的。

7. 停止销售

销售团队需要按计划停止接受客户订单，以方便运营团队安排最后批次的产品生产。销售团队应做好客户迁移工作，引导客户购买企业的新一代产品。

8. 停止生产

运营团队从内部宣布产品退市时就应该考虑和准备生产安排事宜。运营团队应该及时盘查库存的原材料、零部件及库存商品，结合最后批次的订单预测，结合可能的经销商及服务商退货，做好最后批次产品的生产计划。运营团队要及时决定何时终止采购原材料和零部件。运营团队也要注意处理好与供应商之间的关系。运营团队还需要考虑最后批次生产结束后，生产厂房、生产设备、生产线的用途，以及生产人员的安排等。

9. 停止服务

从停止生产到停止服务可能需要相当一段时间，因为很多产品都有保质期。服务团队既要考虑保质期内如何为客户做好服务工作，也要考虑保质期外如何满足客户的服务需求。

10. 产品退市

最后，产品退市管理团队要对照退市工作检查清单，逐一检查各项工作的完成情况。此外，还要做好产品所有资料的存档工作。

产品顺利退市！

产品经理实现了对产品从**"从摇篮到坟墓"**的端到端的有效管理！

一个产品的退市，可能意味着更多创新产品的上市。产品经理又开始踏上新的征程！

"洞察客户需求，开发精品产品"，产品经理始终在路上！

产品经理行动

我们是否有规范的产品退市管理流程？哪些方面需要重点改善？如何有效改善？

二、产品退市后评审

产品退市后评审是产品全生命周期最后一个评审点，企业产品审批委员会也应该慎始敬终，"站好最后一班岗"，做好产品退市后评审工作。

产品退市后评审要点如下：

（1）产品退市过程中发生了哪些问题？产生这些问题的根本原因是什么？如何从流程和制度上解决这些问题？

（2）客户、供应商、合作伙伴的利益是否得到了保护？客户的后续服务是否进行了妥当安排？

（3）产品文档是否全部整理清楚，是否进行了正确存档？

产品经理行动

我们是否有规范的产品退市后评审流程？哪些方面需要改善？如何改善？

本节小结

（1）产品退市管理是产品全生命周期管理的最后一个阶段，应该慎始敬终，应该采取规范的流程对产品进行有效的退市管理。

（2）产品退市管理不当，对客户、合作伙伴和企业本身都会带来损害。

（3）企业要基于一些既定的决策准则对产品做出退市决策。过早或过迟做出产品退市决策都会对企业带来不利影响。

知行信 4D 创新流程框架

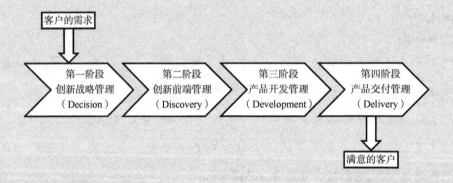

在知行信 4D 创新流程中，产品经理需要重点掌握创新前端管理、产品开发管理和产品交付管理阶段的主要创新方法。创新战略管理是企业首席产品官（CPO）的核心职责，产品经理要配合首席产品官做好创新战略管理阶段的战略机会识别、战略分析和战略执行工作。

成长为一个卓越的产品经理需要树立正确创新观念、掌握有效创新方法、践行关键创新行动。

产品经理修炼准则：专注（Focus）、坚持（Persevere）、突破（Breakthrough）。

第六章
产品经理行动

知而不行，不是真知；行而无信，不是真行。

本章分为 3 节，内容包括创新观念、创新方法和创新行动 3 个方面。

第一节，树立正确的创新观念。本节介绍了企业首席产品官、产品经理等产品管理人员需要树立的 10 大正确创新观念。

第二节，掌握有效的创新方法。本节简要介绍了产品经理需要重点掌握的 15 种创新方法。

第三节，践行关键的创新行动。本节介绍了产品经理需要践行的 10 大关键创新行动，这也是产品经理的成长路线图。

第一节　树立正确的创新观念

观念决定决策，决策决定行动，行动决定结果。

> **❓ 产品经理思考**
>
> （1）公司高层领导是如何看待产品经理职位的？
>
> （2）产品经理自己是如何看待自己的角色与职责的？
>
> （3）对产品经理角色是否有一些认识误区，这些认识误区对公司的产品创新管理工作是否会带来不利影响？

观念决定决策，决策决定行动，行动决定结果。企业高管及产品经理自身创新观念正确与否，将很大程度上影响产品经理潜能的发挥和企业的产品创新绩效。

本节列出常见的对产品创新管理及产品经理角色认识的误区，供大家对照，大家有则改之，无则加勉。

一、老板不应是企业唯一的产品经理

一些企业老板是唯一的产品经理，新产品都来源于老板的点子，企业能否开发出好的产品主要取决于老板的"英明"程度。一些企业新产品开发流程图的第一个步骤就是老板提出新产品创意。换言之，如果老板没有提出新产品创意，或者老板提出的新产品创意不够好，企业新产品开发的成功率将大打折扣。在企业创业期，老板作为创业者是唯一的产品经理情有可原。但当企业发展到年营业收入几十亿元、产品种类发展到几十种、上百种，老板如果还是唯一的产品经理，公司开发什么新产品都是老板说了算，那老板很可能就会成为公司发展的瓶颈，企业很可能会出现"成也老板，败也老板"的局面。

原则上讲，当企业有两个以上的产品大类，或者进入两个以上的业务领域时，老板就不适合担当多个产品大类的产品经理，主要原因如下：

（1）**企业规模大了，老板要管理的事情多了，在产品管理上花费的时间和精力通常会越来越少。**一类产品都不一定有精力管好，更何况多类产品了。

（2）**即使老板精力旺盛，也不一定具备多个业务领域的实践经验。**老板对一个业务领域有感觉，对一个新的业务领域就不一定有感觉了。

（3）**如果老板强行担当多个产品大类事实上的产品经理，一方面很可能会影响多类新产品开发的成功率和效率，另一方面也不利于新人培养，不利于产品管理人才梯队建设。**由老板管控公司所有产品的结果往往是"公司老板最牛，其他人都不行"，最后导致的结果是"国不可一日无君"，公司一天也离不开老板。一个企业的发展过度依赖老板或某一个人，这样的企业往往是不健康的，也是不安全的。

最佳实践的做法是：老板逐步由产品经理成长为首席产品官（Chief Product Officer，CPO），由关注每款产品的细节走向关注各个产品大类的战略性的组合管理，关注企业发展的主航道，关注创新投资回报，关注产品管理人才梯队的建设和培养。企业要由只有老板一个"孙悟空"，变成有大大小小多个"孙悟空"。公司的每个产品大类、每条产品线、每款产品都有专业的产品经理、专业的产品管理团队进行有效管理。这样，企业才会由在一个业务领域的成功，走向在多个业务领域的成功，走向企业持续创新成功。

二、不应由销售人员告诉研发部门开发什么样的新产品

很多企业认为销售人员与客户接触最多，因此对客户需求最了解，企业开发什么新产品主要应该听取销售人员的意见。一些企业销售部门要求开发什么新产品，研发部门就无条件地、被动地、机械地执行。如果研发部门不执行，销售部门就会向老板告状，说研发部门不支持销售工作，不以客户需求为导向，销售部门如果完不成年度销售任务，则把主要责任推给研发部门。还有一些企业的研发部门每到年底就主动征求销售部门的意见，要销售部门提出明年需要开发哪些新产品，以便研发部门制订年度新产品开发计划。

以上这些做法，导致的结果往往是企业开发出的产品绝大多数是平庸的新产品，很少有具备市场竞争力的、新颖的精品创新产品。最佳实践的做法是：销售部门只是客户需求的来源之一，不应该成为客户需求的主要来源，企业应该有专业的产品管理部门负责系统搜集和管理客户需求。源于销售部门的客户需求往往具有"四不"特点：不系统、不完整、不深入、不正确，主要原因如下。

（1）**销售人员洞察客户需求不专业**。销售人员的核心职责是卖产品，而不是洞察客户需要什么样的产品。如果与客户交流 60 分钟，销售人员往往说的时间占了 45 分钟，而倾听客户心声的时间往往不到 15 分钟。销售人员的工作职责决定了其对倾听客户心声往往是缺乏耐心和诚意的，因而了解到的客户需求也容易浮于表面，缺乏深度和真实性。

（2）**销售人员容易杜撰客户需求**。迫于销售任务压力，一些销售人员倾向于夸大客户需求的急迫性与重要性。一些公司的销售人员反馈的客户需求往往主要就是 3 个方面：产品功能太少、产品性能指标太低、产品价格太高。销售人员往往是很多企业个性化定制产品太多的源头。销售人员总是希望企业的产品品类越齐全越好，对客户推销时可以说"总有一款适合你"。一款产品能卖多少、什么时候能够卖出去，销售人员往往就管不了。

（3）**销售人员在向研发人员传递客户需求信息时容易失真。**销售人员往往采取发邮件、口头陈述等方式向研发人员传递客户需求信息。这些客户需求信息往往没有经过系统整理和分类，更没有排列优先顺序，信息质量非常粗糙。而研发人员又没有去过客户现场，研发人员在收到销售人员的客户信息后，只能凭自己的直觉判断这些需求信息的真实性、重要性和急迫性。

最佳实践的做法是：企业应该在销售部门和研发部门之间设立一个产品管理部门，专门负责公司客户需求洞察、搜集和管理工作，销售部门和销售人员只是客户需求信息的来源之一，并且往往不是最重要的、最主要的来源。销售人员的话要听，但是不可轻信，产品管理部门的产品经理要与骨干研发人员一起走向客户，亲自洞察客户需求，共同定义产品。产品经理要成为客户代言人，要比客户自己更了解他的需求。这样，企业才能将产品创新的命运真正掌握在自己手里。

三、产品经理不是打杂的，不是产品的"保姆"

一些企业认为产品经理既然要对产品全生命周期负责，那么有关产品，事无巨细都应该由产品经理负责，产品经理就是产品的"保姆"。一些产品经理也感叹自己在企业中没有地位，甚至没有尊严，被不同的部门呼来喝去，就是一个打杂的。产品经理如果过度沉湎于企业内部的日常事务，是很难开发出创新的精品产品的，主要原因如下：

（1）如果产品经理绝大部分的时间和精力用于企业内部各部门之间的沟通和协调，那么该产品经理实质上不再是一个真正的产品经理，而是一个项目经理。产品经理如果干了大部分项目经理的工作，那么就很少有时间和精力走向客户、走向市场，就很难做好客户的代言人。如果客户需求信息不真实、不完整，那么其他工作做得再好也开发不出精品产品。

（2）如果产品经理过于沉湎于日常的细碎的工作，就会逐步失去全局观，逐步迷失方向。

（3）产品经理如果太忙，就很难沉下心来思考重要而又不紧急的事情，思考问题的质量就会大幅下降，就会成为一个平庸的人，做出的产品也会越来越平庸。

最佳实践的做法是：产品经理不能成为企业内部打杂的人，也不是产品的"保姆"，更不是产品的"奴隶"，而应该成为产品的"主人"。产品经理要主导产品的规划、定义和管理。企业应该通过建立规范的端到端的新产品开发管理流程，以及合理的分工，将产品经理从日常的协调沟通事务中解脱出来，专注于做好重要而又不紧急的事。产品经理应该是企业中看起来最不忙的人，经常熬夜加班的产品经理是没有前途的。

四、产品经理原则上不应兼任项目经理

一些企业认为，产品经理负责产品开发，项目经理也负责产品开发，应该将两个角色合而为一，以降低管理成本，提升新产品开发效率。这种看法在以下情境下是成立的：

（1）在创业型企业，企业没有条件进行专业分工，企业创始人很可能要身兼产品经理、项目经理、流程经理、系统工程师和研发工程师等职。这样，产品开发的周期可能很长，产品失败的风险可能很高，这也是创业型企业大都"九死一生"的重要原因。由此可见，创业型企业对创始人的要求很高，创始人要具备多方面的综合技能、极强的快速学习能力，都是"特殊材料制成的"。当然，由多个方面的专业人才合伙创业，会适当降低对企业创始人的能力要求。

（2）项目周期短、复杂度低的项目，比如一些微小的改进型项目，没有必要专门任命项目经理负责产品开发管理工作，产品经理可以兼任项目经理。当然，这种做法也不宜常态化，毕竟产品经理的核心职责是开发出具有

重大创新性的精品产品，而不是开发出一堆没有什么差异化的微小改进型产品。

最佳实践的做法是：对于具有较大规模的企业，产品经理职位与项目经理职位分离设置应该是常态化的。产品经理专注于产品规划和客户需求管理等核心工作，项目经理专注于新产品项目的开发、测试和上市阶段的管理。产品经理将新产品开发项目管理的日常工作"让渡"给项目经理，不但有利于缩短新产品项目开发周期、提升新产品质量，而且有利于企业开发出更多高附加值的精品产品，实现更好的创新投资回报。越优秀的产品经理，越不应该将精力用于日常的项目管理工作。

五、产品经理不是天生的，是可以培养的

很多人一提起卓越的产品经理，就马上想到了乔布斯，并且认为乔布斯是天才，只有天才才能开发出卓越的创新产品。因此，他们认为，产品经理是天生的，是很难培养的。我们的看法如下：

（1）**产品经理的天赋很重要**。产品经理最重要的胜任力素质是具有企业家精神，企业家精神就是将一件事情做到极致的精神。产品经理的动力机制主要源于企业家精神，而不是金钱。没有企业家精神的产品经理是不可能有长久驱动力的，也是很难开发出精品产品的。同时，产品经理的学习能力也非常重要。产品经理会不断面临很多不确定的、新的挑战，需要快速理解问题情境，高效分析和解决问题。

（2）**产品经理的后天培养同等重要**。在具备企业家精神和快速学习能力等核心胜任力素质的前提下，产品经理的实践经验和专业技能需要通过实际工作的历练习得。

（3）**产品经理需要选拔与赋能并重**。企业需要选拔具有企业家精神和快速学习能力的人担任产品经理，同时也要在实际工作中为产品经理赋能，帮

助产品经理快速掌握各种重要的创新方法，使之在创新之路上做到"四少一多"少走不必要的弯路，少交不必要的学费，少冒必要的风险，少犯不必要的错误，多开发精品产品。

六、规范的流程有助于提高创新效率和效益

一些企业的产品创新团队对流程、管理等词存在天然的抵制态度，普遍认为流程和管理就意味着僵化、官僚、内耗和"低效"，普遍认为流程和管理会抑制团队的创新，延长新产品开发周期，降低新产品开发成功率。这些认识误区的可能原因如下：

（1）企业产品创新团队技术导向性很强，认为搞创新就是搞技术，技术好产品就会好，看不起管理，甚至认为流程和管理就是来监控大家的工作的，会限制大家的自由，会抑制大家的创新思维。

（2）企业的流程规范性、有效性不够，或者流程本身确实过于烦琐、过于官僚，按照流程走确实影响了新产品开发的效率和质量，产品开发团队对流程和制度普遍失望和沮丧，经常会采取阳奉阴违的方式对待公司的流程和管理。

（3）由于流程与制度的有效性不足，公司主要领导对新产品开发项目不放心，频繁微观参与新产品开发项目，导致产品创新团队汇报多、会议多、邮件多，陷入日常事务性细节不能自拔，确实很大程度上影响了团队的创新质量和创新效率。

最佳实践的做法是：规范、有效和高效的创新流程要能够帮助产品创新团队更加有效和高效地创新，而不是给创新拖后腿。高效的创新流程能够将产品经理等主要创新人员从日常沟通协调事项中解脱出来，大幅减少低增值的汇报和会议，让他们将主要精力聚焦于少数重要的事情上，大幅提升创新质量和效率。

七、搞创新不等于搞技术

一些技术导向型的科技企业将技术看得高于一切，认为搞创新就是搞技术，技术好产品就会好。有这种认识的企业的创始人往往是技术出身，具有技术情结。这些企业往往以技术水平先进、具有某些"黑科技"、拥有发明专利等作为产品的卖点。我们的看法是：技术是做出满足客户需求的产品的手段，技术好产品不一定好。技术是做好产品的必要条件，而非充分条件。具体看法如下：

（1）客户购买产品的目的是满足需求，客户购买的是价值，而非产品与技术。满足客户需求的产品可能需要高技术，也可能只需要低技术，甚至可能没什么技术含量。

（2）对于技术含量高的科技产品而言，企业掌握核心技术非常关键。核心技术是满足客户核心需求的技术，如果这些技术企业没有掌握，要么不能满足客户的核心需求，要么容易受制于人。比如，如果做电动汽车的企业不掌握电池、电机和电控等核心技术，是很难做出难以模仿的、有竞争力的电动汽车的。

（3）过度的技术导向容易增加产品冗余功能，不必要地提高产品性能指标，从而增加产品的成本，降低产品的稳定性和可靠性，延长产品开发周期。

八、简单模仿风险往往更高

一些企业认为，创新特别是突破性创新风险巨大，不如模仿来得快捷，投入更小、获利更快。对于处于创业期或比较弱小的企业而言，模仿往往是比较可行的选择。但是对于创新型企业或过了生存期的企业，简单模仿往往对公司是不利的，甚至是有害的。我们的看法是：大赌大赢，小赌小赢，不赌不赢。创新程度往往与企业发展规模与前景成正比。苹果、谷歌、华为、腾讯等能持续快速增长正是持续成功创新的结果。有如下观点与大家分享：

（1）**模仿是很多企业进入一个行业开始时的选择**。由于对一个行业不熟悉，一些企业通过解构该行业领先者的产品，实施逆向工程，以期快速开发出产品投放市场，参与市场竞争，获取行业经验。这种做法的关键是不能侵犯其他企业的知识产权，产品要在模仿对象的基础上有适当的创新和差异化。

（2）**简单模仿不再是有效的市场竞争策略**。通过简单模仿，快速推出低成本的同质化产品，以低价冲击市场不再是有效的市场竞争策略。一方面，这种企业很可能会侵犯其他企业的知识产权，招致其他企业的起诉；另一方面，这种企业的市场美誉度也不高，其产品不会成为主流客户的选择，很难持续盈利和发展。创新型企业要谨记，模仿是手段，超越是目标。要在模仿的基础上实现追赶与超越，不可停留在模仿阶段不能自拔。

（3）**创新型企业通过颠覆性创新进入一个行业**。有越来越多的创新型企业正在通过颠覆性创新进入一个行业，甚至创造出一个新的行业。比如苹果通过开发出创新性的智能手机进入手机行业，特斯拉通过推出创新性的纯电动汽车进入汽车产业，谷歌通过推出搜索引擎开创出全新的互联网业态。

九、产品创新比商业模式创新更重要

一些企业不在产品创新上下功夫，而期望通过所谓的商业模式创新一夜暴富。一些企业直接将商业模式创新与资本运作关联起来，期待通过商业模式创新快速融资，短期内成长为"独角兽"企业。现实情况是，标榜商业模式创新的企业往往昙花一现，而在产品创新上下功夫的企业往往能够长久。最近几年，每年有大批以互联网+、共享经济、OtoO及生态圈为卖点的创业企业在烧光了融资之后纷纷倒下。我们的观点是：产品创新是目标，商业模式创新是补充，商业模式创新应当服从和服务于产品创新，不能本末倒置。相对而言，商业模式创新的准入门槛较低，难以保护知识产权，容易被模仿。

具体有如下看法：

（1）产品创新回答"做什么"的问题，即产品应当具有哪些功能和性能以满足客户的需求，甚至超出客户的期望。只有产品本身能够满足客户需求，在此基础上的商业模式创新才有意义。比如某餐厅可以采取网上下单订餐、送餐上门的商业模式，但是其前提是餐食要符合订餐者的口味。

（2）商业模式创新回答"如何做"的问题，即如何高效、低成本地将产品交付给客户。企业通过有效的商业模式创新，可以增加产品销量，降低运营成本，提升企业利润率。比如沃尔玛采取仓储式购物模式，大大降低了仓储成本，通过对供应商的高效管理，实现"天天平价"。

（3）有些创新看似商业模式创新，其实是产品创新。一些企业容易混淆商业模式创新与产品创新，将实际上是产品创新的行为看成商业模式创新。比如滴滴专车很多人认为是商业模式创新，认为滴滴通过建立一个平台，将社会车辆（包括出租车）与乘车人之间建立联系，改变了人们原先叫出租车的模式。其实，滴滴专车最重要的是产品创新，与传统出租车相比，其主要产品创新体现为预约叫车、车况好、车内干净、服务礼貌、车内提供充电器、瓶装水和纸巾等。专车虽然比传统出租车更贵，但是有很多人愿意坐，其主要原因就是客人觉得专车的产品和服务更值。

十、NPDP（国际产品经理认证）学习是产品经理的入门课

2016 年下半年，国家外国专家局从美国产品开发与管理协会（Product Development and Management Association，PDMA）引入国际产品经理认证（New Product Development Professional，NPDP）证书考试，全国各地已经有不少产品经理、准产品经理或对产品管理感兴趣的人士参加了学习和考试。这是一个非常好的现象，说明产品经理职位得到了越来越多的了解和认可。但是，大家不要认为通过了 NPDP 认证考试就能当好产品经理，这与通过了

PMP（项目经理认证）不一定能做好项目管理一样。我们认为，NPDP是一个产品经理应学习的入门和基础内容，是产品经理应知应会的基本技能。在学习NPDP知识的基础上，产品经理还必须知行合一，在实践中成长。具体而言，对产品经理的成长有如下建议：

（1）通过NPDP知识体系的系统学习，产品经理对产品管理的知识体系、主要方法和工具有比较系统的了解，在观念上、知识体系上实现与国际接轨，了解国际优秀企业是如何有效和高效地进行产品创新管理的。

（2）参与或主责实际的新产品开发项目，将所学知识用于产品创新管理实践，加深对所学知识的理解和认识，并发现自己在产品管理知识方面的短板与不足。

（3）对照产品创新管理实践需要，进一步深入学习主要的产品创新管理方法，并应用于产品管理实践，改善产品绩效，提升创新能力。产品经理创新能力提升是一个知行合一的螺旋式上升的"学—习—学—习"循环。

第二节　掌握有效的创新方法

工欲善其事，必先利其器。

——《论语·卫灵公》

❓ 产品经理思考

（1）产品经理应该掌握哪些创新方法？

（2）作为产品经理，我已经掌握了哪些创新方法？

（3）为了成为卓越的产品经理，我还应当学习和掌握哪些创新方法？如何才能掌握这些创新方法？

对于产品经理而言，掌握相应的创新方法的重要性就像吃饭必须学会使用筷子一样。我们每天都要吃三顿饭，如果不会使用筷子，或者筷子用得不好，每顿饭吃起来都会比较痛苦或低效。同样，如果不能有效掌握产品全生命周期管理各个阶段的主要创新方法，产品经理是很难开发出卓越的创新产品，很难创造卓越的创新业绩的。

本节总结了在知行信 4D 创新流程中产品经理必须掌握的 15 个创新方法（见图 6-1），产品经理可以对照自己的掌握程度，明确学习重点。各种创新方法在前面相应章节有详细的介绍。

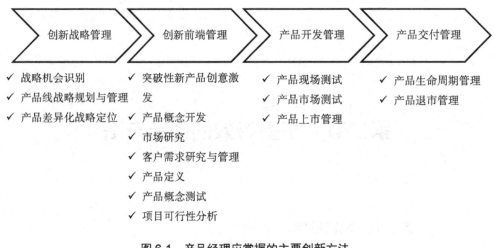

图 6-1　产品经理应掌握的主要创新方法

1. 战略机会识别

战略机会识别是指洞察企业新的战略机会点，为公司持续、快速、健康发展提供不竭动力。战略机会识别是产品经理的核心职责。产品经理既要管理好现有的产品线，实现产品线持续的整体投资回报最大化；同时，产品经理也需要持续"扫描"市场，发现新的战略性的增长点，提交公司决策评审。战略机会识别需要产品经理具有系统的、熟练的宏观环境、行业环境、竞争环境、技术环境等发展变化趋势的洞察力，具有客户隐性需求及其发展变化趋势的洞察力。"抓机会"的能力是企业各级产品经理的核心能力。

2. 产品线战略规划与管理

产品线战略规划包括产品线战略目标设定、产品平台规划、产品线规划和年度新技术、新产品开发计划制订等内容。产品经理要采取"规划一代，开发一代，上市一代"的产品开发理念，通过对产品线的有效管理实现产品线投资回报最大化。产品线管理是产品经理实现卓越业绩的核心抓手。

3. 产品差异化战略定位

"没有差异化，就没有一切！"产品的差异化是在洞察客户需求的基础上规划出来的，而不是在产品临上市前冥思苦想杜撰出来的。在规划一款产品时，就要定位产品的卖点，不能"输在起跑线上"。产品经理要在深入洞察目标客户隐性需求的基础上，识别客户最看重的价值要素，通过与主要友商同类产品比对，找出需要与主要友商同类产品拉开差距的方面，定量地实现差异化。

4. 突破性新产品创意激发

在创新前端，创意的数量是成功的朋友。产品经理要熟练掌握 CID 等多种新产品创意激发方法，善于组织团队采用有效、高效的方法激发尽可能多的高质量的新产品创意。产品经理要对新产品创意进行有效管理，适时筛选有"钱景"的创意走向概念开发阶段。

5. 产品概念开发

产品概念开发方法主要是对筛选出的新产品创意进行进一步的完善，以便让有"钱景"的创意获得进入立项分析阶段的机会。概念开发方法主要内容包括概念优势开发、概念不足开发、概念特色开发、概念不足改进和概念更新这 5 个部分。概念开发产品经理可以一个人单独进行，也可以邀请同事或潜在客户多人一起进行。概念开发过程本身就是一个创造性思考的过程，能有效地对创意进行丰富和完善。

6. 市场研究

市场研究是产品经理必须熟练掌握的最基本、最重要的创新方法。市场研究为产品定义及项目可行性分析提供输入。市场研究需要对组成市场的各个利益相关者进行研究，主要包括行业研究、竞争研究及客户需求研究 3 个方面。市场研究方法包括二手研究方法和一手研究方法，包括定性研究方法和定量研究方法。市场研究的基本准则是：先二手，后一手；先定性，后定量。

7. 客户需求研究与管理

客户需求研究和管理是产品经理的核心职责。客户需求研究主要是深入研究客户对此类产品的价值需要和对同类产品的看法，为产品定义提供输入。客户需求研究的质量直接决定了开发出的新产品是否能满足客户需要，决定了新产品的市场表现。客户需求研究方法主要包括现场观察、深度访谈及焦点小组方法等。产品经理需要在产品全生命周期进行客户需求研究和管理。产品经理根据客户满足需求的紧迫程度不同，将客户需求分为远期需求、中期需求和近期需求，据此进行产品线规划和管理。

8. 产品定义

产品经理需要有效协同市场与研发人员共同做好产品定义工作。产品定义是将客户的语言转化为产品的语言，即将客户需求转化为产品的功能定义，为新产品的设计和开发提供输入。产品定义主要采用 QFD 方法进行。该方法不但能将客户的需求转化为产品的功能定义，而且是市场人员和研发人员进行有效交流和沟通的一种工具。QFD 方法不但能在客户需求与产品功能之间建立起对应关系，而且可以通过与主要竞争对手的同类产品进行比较，找出企业需要强调的差异化需求，从而实现新产品的差异化的价值定位。QFD 方法也是发现产品功能间冲突、减少冗余功能、降低产品成本的一种有效方法。有效的产品定义能大幅减少设计开发过程中的需求变更和返工，加快开发进度，抢占上市先机。

9. 产品概念测试

产品概念测试是一种产品经理必须掌握的非常重要的客户需求研究方法。产品概念测试是指在产品开发前，通过原型、图片等方式将产品呈现给目标客户，征求客户对拟开发产品的看法，低成本获取客户需求信息，尽可能减少在产品开发过程中的需求变更。

10. 项目可行性分析

项目可行性分析需要产品经理组织跨职能团队进行。项目可行性分析的质量很大程度上决定了项目决策的质量。项目可行性分析主要包括市场可行性分析、技术可行性分析和财务可行性分析 3 个方面。市场可行性分析主要分析开发出的新产品有没有人要、有多少人要，包括行业分析、竞争分析、客户需求分析和上市分析等。技术可行性分析主要分析定义的新产品能否开发出来、生产出来，能否进行有效服务，主要包括开发技术可行性分析、测试可行性分析、可制造性分析和可服务性分析等。财务可行性分析主要分析开发和上市该新产品公司能否赚到钱，包括开发进度计划、资源需求计划、投资回报分析及风险管理等。项目可行性分析需要在整个新产品开发和测试过程动态进行，在立项评审、样机评审及上市评审 3 个关键评审点基于更新的信息对项目可行性进行多次评审，及时中止不再具有投资吸引力的项目，以控制投资风险，争取公司整体的投资回报最大化。

11. 产品现场测试

产品现场测试是指产品样机开发出来后，放到客户实际使用的环境中由客户进行使用测试，发现产品存在的问题，征求客户对产品的改进意见。在大规模上市产品前，产品经理组织一定样本量的产品现场测试是必不可少的步骤。基于现场测试的客户反馈意见，产品开发团队对产品进行改进，解决产品质量缺陷，确保产品真正满足客户需求。

12. 产品市场测试

产品市场测试是指产品经理组织产品上市团队在局部市场上市产品，以检验产品营销策略与上市方案的可行性。产品营销策略测试的主要内容包括产品卖点陈述、产品定义、销售渠道选择及宣传促销方式等。产品上市方案测试的主要内容包括批量生产能力、订单交付能力、服务能力等。通过产品市场测试，及时修订产品营销策略与产品上市方案，为产品规模上市做好充分准备。

13. 产品上市管理

产品上市需要产品经理精心组织产品上市团队按计划展开，确保"一鼓作气"成功上市。产品上市管理阶段的工作主要包括营销宣传、渠道建设、销售管理、订单交付、售后服务、产品改进等。产品上市管理阶段是由开发走向运营阶段，在产品稳定或销量实现盈亏平衡时转入产品生命周期管理阶段。

14. 产品生命周期管理

产品生命周期是产品赚钱的阶段，需要产品经理领导产品生命周期管理团队精心管理，确保实现公司产品投资回报目标。产品生命周期包括导入期、成长期、成熟期和衰退期4个阶段，不同产品生命周期阶段需要产品管理团队采取不同的营销管理策略，以实现产品的投资回报最大化。在产品生命周期内，产品管理团队也需要考虑产品的改进、升级和系列化等工作，以保持产品的新颖性，实现尽可能大的产品投资回报。

15. 产品退市管理

"慎始敬终！"产品退市也需要精心管理。产品经理要在产品生命周期末端的适当时机向公司产品评审委员会（PAC）提出产品退市建议，经 PAC 批准后组织产品退市管理工作。产品退市管理主要包括退市计划制订、退市计划实施及产品退市后总结3个步骤。产品退市要考虑公司产品的新陈代谢，考虑竞品的市场表现，也要考虑对客户以往投资的保护。

以上只是概要总结了对产品创新成功影响较大的 15 个常用的创新方法，我们并不否认其他创新方法的意义和价值。企业领导者及产品经理可根据实际需要灵活选择和运用本书列举的各种创新方法，并在应用的过程中结合企业的创新实际修正、丰富和完善各种创新方法，不断提升产品经理创新能力，提升企业的创新绩效。

第三节　践行关键的创新行动

创新的关键在于行，而不在于知。

 产品经理思考

（1）作为产品经理，我应该如何进行职业生涯规划？

（2）作为产品经理，我未来 3 年的职业生涯目标是什么？

（3）我应当采取哪些行动，才能实现未来 3 年的职业生涯目标？

创新是知、行、信的结合。知而行，行有信！只有行动，才能转变观念；只有行动，才能掌握方法；只有行动，才能改变世界。

1. 评估自己是否适合当产品经理

俗语云："男怕入错行，女怕嫁错郎。"选择从事自己有激情且擅长的职业，成功的概率将会大增。产品经理是 21 世纪最有"钱景"的职业之一，但是也是挑战最大的职业之一。希望朝产品经理职业生涯发展的朋友可以从以下 3 个方面评估自己是否适合当产品经理。

（1）**我具有极强的企业家精神吗**？企业家精神可以简要概括为敢于冒险，善于创新。企业家精神就是从 0 到 1 的精神，即将别人没做过的事做到极致，或者将别人没做好的事做到极致。具有企业家精神的人通常具有专注、谦逊、执著、追求完美等品格。产品经理是企业的内部创业者，是产品的迷你 CEO，需要对产品的投资回报负责。不具备企业家精神，掌握再多的创新方法也难以开发出精品产品，难以创造卓越绩效。

（2）**我有非常强的学习能力吗**？学习能力是将不会的事情变会的能力。快速的学习能力是一家企业、一个人的核心竞争力。事情不会做不要紧，但要学得快。学习能力是一种适应能力，也是洞察问题、分析问题和解决问题的能力。产品经理在职业生涯中将会面临很多重大挑战，需要做出很多艰难的决策，只有具备快速的学习能力，才能持续披荆斩棘，勇往直前，卓有成效。

（3）**我有足够的实践工作经验吗**？"经历的都是财富。"一个没有实际工作经验的大学毕业生，即使具有极强的企业家精神、快速的学习能力，也很难胜任产品经理的工作。对于一个复杂的科技产品的产品经理而言，有 3 年左右的研发工程师经历，再有 3 年左右的产品开发项目经理经历（或者市场销售工作经历），是比较理想的历练。缺乏对行业、市场、技术及产品开发管理等较深认识的产品经理，是很难开发出精品产品的。

2. 思考自己应该重点培养哪些创新能力

一个人的品格往往是天生的，但很多能力是可以后天培养的。虽然公司的流程和制度应该支持产品经理成功，但是产品经理自身的创新能力对产品创新成功也非常关键。产品经理除了靠组织赋予的职责与权力开展工作外，自身应该注重以下创新能力的培养与提升。

（1）**洞察力**。发现其他人难以发现的问题和机会的能力。洞察力是产品经理最重要的能力。产品经理或许正是看到了其他友商没有看到的客户的隐性需求，从而开发出创新性的产品，开创出了一个巨大的"蓝海"市场。比如苹果公司创始人乔布斯领导开发的 iPhone 智能手机。

（2）**创造力**。通过不同的、更为高效的方式解决复杂问题的能力。洞察问题的能力很重要，创造性地解决问题的能力同样重要。产品经理的创造力主要体现在低成本、高效地实现产品功能与性能指标，满足客户需求，甚至超越客户期望。

（3）**领导力**。通过自身威信与魅力吸引他人追随的能力。领导力是一种影响力，而非正式的权力。产品经理是"无冕之王"，通常没有直接管理的团队成员，很多时候需要靠自己的威信和魅力获得公司内外多个角色的支持和帮助。当然，产品经理的威信主要来自过往产品创新成功的业绩，"威从信中来"。

3. 思考自己应该重点掌握哪些产品创新管理方法

具有极强的企业家精神，极强的快速学习能力，极强的洞察力、创造力和领导力，你的产品经理之路已经成功了一半，剩下的就是要系统学习和掌握主要的产品创新管理方法。基于最佳实践的有效的创新方法能让你在产品经理之路上做到"四少一多"：少走不必要的弯路，少犯不必要的错误，少冒不必要的风险，少交不必要的学费，多开发精品产品。上节我们概要总结了产品经理需要掌握的 15 个产品创新管理方法，产品经理需要通过"行动学习法"在产品创新管理实践中学习、运用和总结这些方法，达到"事半功倍"的实践效果。

4. 全程参与一个典型的新产品开发项目

产品经理的成长也应该是循序渐进的，"一口不能吃成胖子"。要了解产品开发全过程，最好的方式就是全程参与一个典型的新产品开发项目。候任产品经理最好作为助理产品经理，作为优秀产品经理的"徒弟"，全程参与一个典型的新产品开发项目，系统了解产品创新管理的主要内容和关键细节。对于很多中小型科技企业而言，最好的产品经理导师就是企业的创始人、董事长/CEO——企业的首席产品官。企业的首席产品官应该承担选拔和培养产品经理的重任，使得企业由只有一个"孙悟空"变成有大大小小多个"孙悟空"。企业首席产品官如果能够帮助各级产品经理成功，自己也就成功了。

5. 主导一个重大改进型新产品开发项目

就像小孩学习走路一样，牵着走和自己走是有很大不同的，牵着走的目的是为了能够自己走。企业训练产品经理的最好的方式就是让其自始至终负责一个有较大挑战性的新产品开发项目。不能担心实习产品经理会犯错误就不给其犯错误的机会。人都是从错误中成长的，小孩走路时从摔跤的过程中真正学会走路的关键要领。公司领导要给实习产品经理历练和成长的机会，甚至要对一些可能的错误"视而不见"，让其自己领悟和改正。当然，公司领导要通过关键节点的评审和把关，避免产品经理犯"输不起的错误"。

作为实习产品经理，要全力投入，遇到问题时要及时查看相关书籍手册或向"师傅"请教，不能为了掩盖自己的无能而拒绝学习和请教。须知，产品成功是产品经理的终极目标，任何有助于产品成功的资源和方法都要采取拿来主义。"牢记使命，从善如流"是产品经理的行动准则。

6. 主导一个全新产品开发项目

成功主导过一个重大改进型新产品开发项目后，产品经理对产品全生命周期的管理会有较深入的认识，会大大增强自己成为一个优秀产品经理的自信。重大改进型产品毕竟是在现有产品基础上的改进，创新程度比较有限，对产品经理的要求也不是非常高。主导一个全新产品开发项目将是产品经理的重大挑战。当然，这也是产品经理非常难得的学习和历练机会。

全新产品一般是指企业没有做过的产品，可能是世界上全新的，也可能只是对于公司而言是全新的。全新产品开发意味着市场、需求、技术等的不确定性都非常高，开发周期长、开发风险高、管理难度大，对产品经理及产品开发团队的智力、毅力都是重大挑战。如果产品经理能够带领产品开发团队成功开发和上市一款全新产品，则表明产品经理开始由优秀走向卓越了。

7. 成为一条产品线的管理者

由参与典型的新产品开发项目，到主导重大改进型新产品开发项目，再到主导全新产品开发项目，产品经理一步步由实习产品经理走向合格的产品经理，再走向优秀的产品经理。这时候，公司首席产品官可以考虑进一步给优秀产品经理压担子了，可以任命其为一条产品线的经理，对整条产品线的投资回报负责。

作为产品线经理，需要考虑基于共用平台的系列产品规划和开发管理。产品线经理要主导产品线共用平台的搭建、规划、开发和管理，主导针对不同细分市场的产品规划，主导识别整条产品线的关键技术，组织相关人员提前进行技术预研。产品线经理要通过看板管理，以年度为单位安排年度平台开发、技术开发和产品开发计划。产品线经理要进行产品线级的产品组合管理，基于战略一致性、长短期平衡及价值最大化原则，通过不同的细分市场、不同档次的产品组合实现产品线整体投资回报最大化。此时，产品线经理成为产品线的总经理、产品线的迷你 CEO。

8. 成为一个事业部的产品管理负责人

能管理好一条产品线，就有可能管理好多条类似产品线。优秀的产品线经理可以进一步晋升为负责多条产品线管理的事业部总经理，管理一家准公司。

事业部总经理或事业部产品总监要管理多条产品线，帮助多条产品线的产品线经理成功。事业部总经理要进行事业部级的产品组合管理，规划多条产品线的共用平台，在多条产品线之间进行创新资源分配，实现事业部级的创新投资回报最大化。事业部总经理要基于事先定义的决策评审准则，适时对产品线、产品进行生杀决策，确保让最有"钱景"的产品组合进入开发和上市管道。事业部总经理还要负责事业部级的创新体系建设与创新人才培养工作，确保事业部能够源源不断地开发和上市精品创新产品，实现持续成功创新可复制。

9. 成为一家公司的首席产品官

能管理好一个事业部，就有可能管理好多个事业部。优秀的事业部总经理可以进一步晋升为负责多个事业部产品管理的企业首席产品官，对整个公司的创新投资回报负责。

企业的首席产品官要从系统上帮助多个事业部实现持续成功创新。企业要建立起以客户为中心的创新组织模式，以客户需求为导向建立产品创新管理体系，系统培养包括产品经理在内的各类创新人才。"建体系，提能力，出精品"是企业首席产品官的核心职责。

10. 成为一家集团公司的董事长

过去 30 年，世界 500 强的 CEO80% 以上来自营销体系，今后 30 年将有越来越多的集团企业的董事长/CEO 来自产品管理体系。企业首席产品官将是未来集团企业董事长/CEO 的主要人选。在消费者需求没有得到充分满足的时代，做产品不是最重要的，将产品卖出去才是最重要的，因此过去 30 年企业的营销负责人最重要，最有可能成为企业的董事长/CEO。从现在开始，消费者的基本需求已经得到满足，企业要将更多的产品卖给消费者越来越难，持续开发出创新性的精品产品越来越成为创新型企业持续增长的核心抓手。因此，首席产品官成为企业最高领导者的概率将越来越大。

当然，首席产品官成为企业董事长/CEO 之后，可能并不会不管产品，可能会继续兼任集团首席产品官之职。谷歌公司聘请专人当董事长/CEO，公司的两位创始人分别任产品总裁（首席产品官）和技术总裁（首席技术官）。其实，企业创始人、董事长亲自兼任公司首席产品官，更有利于企业把握战略方向、洞察战略机会、实现持续成功创新。从战略视角看，企业董事长把握住了企业产品创新机会，就把握住了企业生存和发展的命脉，就表示企业命运真正掌握在自己手里，就是真正"懂事"。

图 6-2 列出了产品经理职业生涯规划示意图，供各位有志于从事产品管理工作的朋友参考。所处行业不同，个人悟性不同、勤奋程度不同、职业平台和机遇不同，进步速度可能也会有所不同。进步比较慢的产品经理要从企业家精神、创新能力、创新方法掌握程度及勤奋程度等方面进行反思；进步比较快的产品经理也无须沾沾自喜，要反思基础是否牢固，未来后劲是否很足，是否能够从优秀走向卓越。

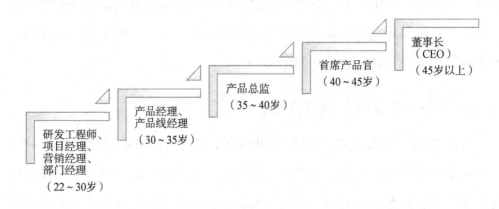

图6-2 产品经理职业生涯规划（示意）

"知易行难！"在创新成长之路上，我们不但需要伟大的创想家，更需要孜孜以求的践行者。斯托普博士主导奔驰最豪华的 S 级轿车设计 17 年，是奔驰 S 级轿车的首席工程师（也可以理解为首席产品官），被誉为"S 级轿车之父"。在 2017 年最新一代奔驰 S 级轿车发布时，斯托普博士作为 S 级系列轿车创新团队负责人谈了自己的产品创新心得体会：

> "能主导设计如此优秀的产品，感觉实在太棒了，简直像做梦一样。这就像争夺冠军杯，竞争对手在身后穷追不舍，时而右侧防守比我们严密，时而差点被攻入一球，但最后还是我们赢了，比分 4：1。我们最近又在新一代 S 级轿车这场比赛中大获全胜，S 级轿车从始至终都是全世界最棒的车。"

奔驰公司是汽车发明者，在自创立至今的130多年里，创新激情永不灭！奔驰公司"探索、革新、创造、颠覆，为心中所向，驰之以恒"。我们以奔驰公司的产品创新理念与各位产品经理、首席产品官共勉：

要么领先，要么死亡！心所向，驰以恒！

附录 A

企业创新能力成熟度（ICMM™）评估表

请对贵公司产品创新管理水平从以下 6 个方面进行评级，并根据评级结果与 IV 级标准对照，发现差距和改进重点。

评 级	I 级（不规范）	II 级（有规范）	III 级（有效）	IV 级（高效）
1. 创新战略管理（ ）	• 无明确的新产品开发目标； • 无明确的新产品开发重点和方向，"拍脑袋"项目普遍存在	• 有不清晰的新产品开发目标，未对新产品开发目标进行有效分解 • 有不清晰的新产品开发重点和方向，有一些"拍脑袋"项目进入开发流程	• 有清晰的新产品开发目标，按产品线进行目标分解 • 有清晰的新产品开发重点和方向，新产品项目基于创新战略进行选择，很少有"拍脑袋"项目	• 定义多个维度的创新战略目标，对照创新战略目标进行持续改进 • 通过清晰的创新战略规划指导新产品项目的选择，所有项目的选择都是基于战略的
	• 缺乏产品线概念，无明确的产品线战略规划	• 有产品线概念，对针对不同细分市场的产品进行了大致划分	• 有清晰的产品线规划，各产品线有清晰的技术路线图	• 产品线战略规划符合"上市一代、开发一代、储备一代"的原则，能够有计划地推陈
	• 产品缺乏差异化，同质化竞争激烈，主要靠价格战进行竞争		• 产品有明显的差异化优势，差	出新

续表

评　　级	I 级（不规范）	II 级（有规范）	III 级（有效）	IV 级（高效）
1. 创新战略管理（　）	● 研发投入为人为被动响应型，缺乏计划性	● 部分产品有些差异化，但差异化优势不明显，容易被模仿 ● 比较注重研发投入，但计划性不够	● 异化不易被模仿 ● 基于创新战略进行创新资源规划和配置，不同类型的项目有明确的创新资源分配比例	● 出新 ● 能定量地实现产品差异化，产品差异化很难被模仿，能带来高附加值 ● 创新资源规划和配置具有前瞻性，创新能力成为公司的核心能力
2. 创新前端管理（　）	● 新产品创意主要来源于个别领导 ● 不能对新产品创意进行有效的完善、筛选和评审 ● 基本上未进行系统的市场研究，新产品开发以模仿竞争对手产品为主 ● 市场人员和技术人员沟通困难，技术人员很难真正了解市场要的是什么样的产品	● 有专人负责搜集新产品创意，但新颖的创意很少 ● 会对新产品创意进行筛选，但缺乏有效的评审准则 ● 主要通过销售人员做一些市场研究，但信息了解不系统，不完整 ● 市场人员和技术人员会一起沟通客户需要什么样的产品，但沟通不够充分，技术人员对客户需求的理解不系统	● 有专人负责搜集和管理新产品创意，有一些突破性的新产品创意 ● 能对新产品创意进行有效筛选 ● 有专职或兼职的市场研究人员，重要的新产品都进行比较系统和完整的市场研究，能对需求信息进行有效的分类与整理，在开发过程中还持续了解和验证客户需求	● 掌握有效的突破性的创意激发方法，新产品创意中突破性创意较多 ● 掌握有效的概念开发方法，能快速对新产品创意进行完善和筛选 ● 由产品经理组织团队进行系统、完整的市场研究，通过深入洞察客户需求寻求产品差异化

续表

评　级	I级（不规范）	II级（有规范）	III级（有效）	IV级（高效）
2. 创新前端管理（　）	• 认为技术基本可行，项目就进入开发阶段了	统、不完整 • 主要对技术可行性进行一些分析，可行性分析报告不系统、不完整，难以作为项目决策评审的依据	• 掌握了有效的产品定义方法，能将客户需求转化为产品功能定义，市场人员与技术人员之间沟通充分 • 进行比较系统的市场、技术和财务可行性分析，可行性分析报告能作为项目决策评审的依据	• 掌握有效的产品定义方法，由市场人员与技术人员共同完成产品定义，定量地实现产品差异化 • 由产品经理组织跨职能团队进行项目可行性分析，项目可行性分析报告的完整性和可信度高，在新产品开发过程中还持续完善和修订项目可行性分析报告
3. 创新技术管理（　）	• 无技术研发战略规划，新产品开发中临时寻找或开发相关技术 • 没有专门的技术研发流程，技术研发流程与新产品开发流程混为一谈，在新产品开发过程中解决重大技术问题	• 列出了技术开发重点，但缺乏系统的技术战略规划 • 有专门的技术开发流程，但流程的执行有效性不高 • 任命了技术研发项目经理和项目小组，但是项目小组无须对项目最终结果负责	• 有规范的技术研发战略规划，并用于指导公司日常技术研发工作的开展 • 技术研发项目基于规范的技术研发流程进行，在重大技术问题解决后才进入新产品开发流程	• 在技术研发战略指导下，进行平台化、模块化开发，技术复用率高 • 技术研发流程有效用于技术开发和技术平台开发 • 核心技术人员主要负责解决关键、共性的技术问题，基

续表

评级	I级(不规范)	II级(有规范)	III级(有效)	IV级(高效)
3. 创新技术管理 ( )	• 技术开发采用任务式管理,未成立项目组负责相关技术的开发 • 很少与外部合作进行技术研发 • 基本上没有技术专利	• 与外部一些高校及科研院所建立了一些合作关系,但是合作效果不理想 • 有一些技术专利,没有专人负责专利管理工作	• 技术研发团队对最终的研发结果负责,根据研发结果对项目团队进行激励 • 能根据实际需要与相关高校或研究院所进行合作,合作项目大多数能眼看预期成果 • 技术专利数量在同行中处于领先地位,有专人负责专利管理工作	• 未不参与日常"救火"项目的开发和维护 • 有系统地开展开放式创新,协同创新项目,有较大比例的技术成果来自合作开发 • 有明确的技术专利战略,能运用专利战略保持公司竞争优势
4. 创新团队管理 ( )	• 无项目评审团队,项目决策个人说了算 • 无产品经理岗位,无专人负责市场研究工作 • 新产品开发是研发部的事,各职能部门只是帮忙,部门之间沟通协调困难 • 无人对项目的过程监控和最终结果负责	• 有由相关领导组成的项目评审团队,但评审流于形式,主要还是老板个人说了算 • 有兼职或专职人员负责市场研究工作,但是市场研究工作不够专业,对客户需求了解不够深入和完整 • 有项目经理负责新产品开发团队,但组织形式比较松散	• 评审团队基于事先定义的评审流程和评审准则对项目进行评审,项目由评审团队集体决策 • 产品线经理对整条产品线的收入及利润目标负责,产品线经理组织团队进行有效的市场研究,产品定义和项目可行性分析工作	• 不同类型的项目及项目的不同阶段由不同的决策评审团队进行决策,在保证决策质量的前提下提升了决策效率 • 产品线经理是客户的代言人,整个公司的创新工作围绕产品线经理展开,公司每条产品线都有称职的产品线经理

续表

评 级	I 级（不规范）	II 级（有规范）	III 级（有效）	IV 级（高效）
4. 创新团队管理（　）	• 无人对流程的有效性负责	• 散，项目经理主要起协调和跟进作用，项目团队并不承诺对项目的最终结果负责 • 有项目工程师负责项目的跟进和监控工作，但对项目团队缺乏必要的影响力 • 有专人负责流程的设计和完善，但对各个项目是否走流程缺乏必要的影响力	• 产品开发采用项目经理负责制的跨职能团队对项目目标负责 • 成立项目管理办公室，对所有项目进行进度和质量管理，项目管理办公室能较好地安排和调度创新资源 • 任命流程经理对流程的有效性负责，流程经理能有效监控项目是否走流程，能及时修订和完善流程	• 不同类型的新产品项目采用不同复杂程度的跨职能团队进行，在保证项目进度和质量的同时，能大大节省创新资源 • 项目管理办公室持续培养项目管理人员，并给子项目团队管理人员及员的指导和帮助，根据项目绩效及时改进和优化项目管理方法 • 流程管理团队及时将公司最佳实践做法融入创新流程，创新流程成为公司的核心竞争力

续表

评级	I 级（不规范）	II 级（有规范）	III 级（有效）	IV 级（高效）
5. 创新流程管理（ ）	• 无规范的新产品开发流程，新产品开发活动管理混乱，效率低下 • 每个阶段要做什么事由经验丰富的前辈安排 • 项目无评审流程与评审准则，项目决策个人说了算	• 有基于 ISO 9000 等的流程，但流程的执行流于形式，很多人在实际工作中忘记了流程 • 大致规定了每个阶段的工作内容，但交付标准不清晰 • 由团队进行项目决策，评审准则不规范，决策流程不科学	• 技术研发流程与新产品开发流程分开，新产品开发流程是基于跨职能团队的，是公司级的流程，大多数项目都能按照流程运行 • 明确规定了每个阶段的工作任务和交付件·每个阶段的工作任务有明确的工作进度和质量基本符合预期 • 有明确的决策评审流程和决策评审准则，项目决策分多次进行，项目的风险能能有效掌控	• 不同类型的项目适用于不同复杂程度的流程，每类项目都有适用的流程，所有项目均按流程运行 • 有明确的流程绩效目标，流程管理团队根据流程绩效目标定期对流程进行审计，及时修订和完善流程 • 不同类型项目及项目的不同阶段由不同的决策评审团队进行决策，在保证决策质量的同时提高了决策效率 • 将流程进行了 IT 化，IT 化的流程成为公司知识管理的重要组成部分

评级	I级（不规范）	II级（有规范）	III级（有效）	IV级（高效）
6. 创新项目管理（ ）	• 无明确的项目目标定义 • 无明确的项目进度计划 • 项目负责人及项目团队成员未接受过有效的项目管理方法培训 • 项目过程缺乏监控 • 项目结果缺乏评估	• 定义了项目目标，但项目团队未与公司决策评审团团队签订面的项目任务书 • 项目开始时制订了项目计划，但项目启动后基本没有按照项目计划实施 • 项目负责人及项目团队成员接受过一些项目管理方法和工具培训，但很少有效应用到实际项目管理中 • 过程中设定了里程碑，但很少在里程碑进行严格的节点检查 • 有项目结果验收，但未根据项目结果对项目团队进行绩效考核和激励	• 项目团队与公司决策评审团队签订书面的项目任务书，项目团队基于项目任务书面的项目目标设定的项目目标开展项目工作 • 制订严密的项目计划，定期修订和更新项目计划 • 组建明确任命的跨职能项目团队，项目经理和项目团队成员掌握了必要的项目管理方法 • 采取项目看板等可视化方法对项目进程进行监控，及时发现项目进度偏差并采取有效方法纠正偏差	• 项目任务书制定得科学合理，绝大部分项目能基于设定的目标完成 • 双周滚动制定和更新项目计划，每周检查项目进展，项目实际进度与计划进度偏差控制在10%以内 • 跨职能团队组织模式成为项目组织模式的常态，项目团队成员之间配合默契，不同类型的项目采用不同强度的跨职能团队组织模式 • 通过可视化项目看板同时监控多个项目的进度，及时在不同项目之间动态调整创新资源

续表

评　级	I 级（不规范）	II 级（有规范）	III 级（有效）	IV 级（高效）
6. 创新项目管理（　　）			• 由公司决策评审团队进行正式的项目评审，根据项目结果对项目团队进行绩效考核和激励	• 通过规范的项目总结评审总结项目经验和教训，通过创新流程与制度的优化避免重复再犯同样的错误，通过经验的总结和分享缩短同类项目的开发周期

附录 B

产品经理能力成熟度模型（PMCMM™）

实习产品经理	产品经理	产品线经理	产品总监	首席产品官（CPO）
• 能够有效进行市场研究工作， • 能够有效洞察客户需求	• 能够有效论证一款新产品，提交完整的立项分析报告 • 能够在产品开发过程中有效进行客户需求变更管理工作 • 能够有效组织进行产品上市管理工作 • 能够有效组织进行产品生命周期管理，产品退市管理工作 • 能够实现一款产品预期的投资回报	• 能够有效进行一条产品线的战略规划和日常管理工作 • 能够有效领导产品线管理团队开展工作 • 能够实现一条产品线预期的投资回报	• 能够有效组织进行事业部层面的创新战略分析与决策 • 能够有效培养和领导多个产品线管理团队 • 能够在事业部层面对多条产品线进行有效的创新项目评审决策和组合管理 • 能够实现一个事业部预期的投资回报	• 能够有效组织进行集团层面的创新战略分析与决策 • 能够有效领导多个事业部的产品管理团队 • 能够在集团公司层面对多个事业部进行战略性的组合管理 • 能够领导建立和有效运行系统、完整、科学、高效的研发与产品创新管理体系 • 能够对各类创新人才进行有效规划和赋能 • 能够实现一家公司多个事业部预期的投资回报。

参考文献

[1] Michael E M. Product Strategy for High Technology Companies. New York: The McGraw-Hill Companies, 2001.

[2] Belliveau P, Griffin A. Stephen M. Soermeyer. The PDMA Toolbook 1 for New Product Development. New York: John Wiley & Sons, Inc., 2002.

[3] Belliveau P, Griffin A, Soermeyer S M. The PDMA Toolbook 2 for New Product Development. New York: John Wiley & Sons, Inc., 2004.

[4] Cooper R G. Winning at New Products: Accelerating the Process from Idea to Launch. New York: Basic Books, 2001.

[5] Cooper R G, Edgett S J, Kleinschmidt K J. Portfolio Management for New Products. New York: Basic Books, 2001.

[6] Cooper R G, Edgett S J. Lean, Rapid, and Profitable New Product Development. Product Development Institute Inc., 2005.

[7] Cooper R G. Product Leadership. Product Development Institute Inc., 2005.

[8] Cooper R G, Edgett S J. Generating Breakthrough New Product Ideas. Product Development Institute Inc., 2007.

[9] Cooper R G, Edgett S J. Product Innovation and Technology Strategy. Product Development Institute Inc., 2009.

[10] Karol R, Nelson B. New Product Development for Dummies. New York: John Wiley & Sons, Inc., 2007.

[11] Haines S. The Product Manager's Desk Reference. New York: The McGraw-Hill Companies, 2009.

[12] Manning T. Making Sense of Strategy. Zebra, 2001.

[13] Kim W C, Mauborgne R. Blue Ocean Strategy. Boston: Harvard Business School Press, 2005.

[14] 彼得·德鲁克. 创新与企业家精神. 北京：机械工业出版社，2007.

[15] 成海清. 产品创新管理. 北京：电子工业出版社，2011.

[16] 成海清. 创新辞典. 北京：电子工业出版社，2015.

[17] 成海清. 华为"傻"创新. 北京：企业管理出版社，2016.

[18] 吉姆·柯林斯. 从优秀到卓越. 北京：中信出版社，2006.

[19] 吉姆·柯林斯. 基业长青. 北京：中信出版社，2006.

[20] 老子. 道德经. 吉林：吉林文史出版社，2006.

[21] 史蒂芬·柯维. 高效能人士的七个习惯. 北京：中国青年出版社，2007.

[22] 孙武. 孙子兵法. 上海：上海古籍出版社，2006.

反侵权盗版声明

电子工业出版社依法对本作品享有专有出版权。任何未经权利人书面许可，复制、销售或通过信息网络传播本作品的行为；歪曲、篡改、剽窃本作品的行为，均违反《中华人民共和国著作权法》，其行为人应承担相应的民事责任和行政责任，构成犯罪的，将被依法追究刑事责任。

为了维护市场秩序，保护权利人的合法权益，我社将依法查处和打击侵权盗版的单位和个人。欢迎社会各界人士积极举报侵权盗版行为，本社将奖励举报有功人员，并保证举报人的信息不被泄露。

举报电话：（010）88254396；（010）88258888
传　　真：（010）88254397
E-mail： dbqq@phei.com.cn
通信地址：北京市万寿路 173 信箱
　　　　　电子工业出版社总编办公室
邮　　编：100036